あなたのまちはなぜ揺れるのか！
首都大地震 揺れやすさマップ
東京23区・横浜・川崎・千葉・松戸・大宮・浦和など60地域

●はじめに

なぜ、土地・災害・地名の歴史を知ることが大切なのか

監修者
目黒公郎 Kimiro Meguro

東京大学生産技術研究所都市基盤安全工学国際研究センター長／教授。
東京大学大学院情報学環総合防災情報研究センター教授。専門は、都市震災軽減工学、防災戦略論。

　2011年3月11日に発生した東日本大震災は大きな衝撃と深刻な被害を日本国民に与えました。2年半経った今も復興の道筋が見えていない被災地も少なくありません。首都圏に暮らす人々にとっては、首都直下地震や東海・東南海・南海地震がいつ起こるのか、その時どうなるのか、という関心と不安がより切実なものとなっています。

　2012年4月に公表された「首都直下地震等による東京の被害想定」では都内の一部が震度7に、同年8月の「南海トラフの巨大地震の被害想定」では死者数が最大32万3000人になると予測されました。その後も自治体を含めさまざまな被害想定が発表されています。ところで被害の原因となる「揺れ」は何によって決まるのでしょうか。

　私は、防災対策の基本は「災害イマジネーション」にあると常々訴えてきました。災害イマジネーションとは、災害発生時のさまざまな条件を踏まえたうえで、その後の時間経過の中で、自分のまわりで起こる出来事を具体的に想像、イメージできる能力です。人間はイメージできない状況に対して、適切な心構えや準備、対応をすることは絶対にできません。また、災害イマジネーションを高めるうえで、日常生活をおくる地域の揺れの程度やその理由を知っておくことはとても大切です。それによって、建物の補強や住居地の選択の際に気をつけるべき点も明らかになります。

　本書では、①地盤や地形の特徴、②関東大震災と東日本大震災での震度、③過去・現在の地名の3つのアプローチから、その場所がどの程度揺れる可能性があるのか、その理由も合わせて考えていきます。

災害対策と土地の生い立ち

　専門家の間では有名な話ですが、宮城県沖地震（1978年）の仙台市、釧路沖地震（1993年）の釧路市、東北地方太平洋沖地震（2011年）の仙台市、白石市で、いずれも同じ地名の場所が、がけ崩れや地滑り、液状化現象などの甚大な地盤被害を受けました。何という地名でしょうか？　答えは「みどりがおか（表記は、仙台市が緑ヶ丘、釧路市が緑ヶ岡、白石市が緑が丘）」です。なぜ、このようなことが起こるのでしょうか。

　地震防災にとって、その土地の地勢（その土地の生い立ちや特性）はとても

1

首都大地震 揺れやすさマップ ●はじめに

重要で、それがわかっていないと適切な対策を講ずることはできません。

少し専門的な話になりますが、私たちは災害を理解するうえで、インプット（INPUT）→システム（SYSTEM）→アウトプット（OUTPUT）という考え方をします（図1）。「インプット」は自然の脅威であり、地震災害では地震や津波そのもの（これをハザードと言う）、「システム」は社会システムや地域特性（自然環境特性と社会環境特性から構成）と呼ばれる対象地域の特性、「アウトプット」は物理的・社会的応答で、これがある閾値を超えると初めてダメージ（被害）やディザスター（災害）となります。

ハザードは自然現象ですから一般に人間がこれを阻止することはできませんが、社会の脆弱性を低くすることによってその影響を軽減することは可能です。つまり、火山噴火を止めるとか、地震を起こさせないことは無理ですが、対象地域の自然環境特性（地形、地質、地盤条件、気候など）と社会環境特性（インフラや建物の特性、政治、経済、文化、宗教、歴史、伝統、教育など）によって特徴づけられる地域特性が有する脆弱性を改善することで災害に強い（災害レジリエンスの高い）社会を実現することはできるのです。

よく「災害は進化する」と言われますが、これはインプットとしてのハザードが変化（進化）しているのではなく、私たち人間がシステムとしての地域特性を変えてきたことで、アウトプットとしての被害や災害が大きく変わった（進化した）ことを意味します。本書との関係でいえば、人間が自然環境特性を変えてきたことも災害が進化した大きな要因です。たとえば、地域開発のために、本来は人が住むには適していない地形や地盤を人工的に改変し、そこに元の状況を知らない人間が移り住む。それは、昔は人が住んでいなかったので誰も被害を受けなかったのに、脆弱な地域に人が流入し居住することで災害リスクが高くなり、脆弱性の高い地域を増やしたことになるのです。

最近では「防災から減災へ」といった言葉をよく聞きますが、より大きな概念を表す「総合的な災害マネジメント」という考え方があります。これは3つの事前対策と4つの事後対策を合わせた7つの対策から構成されています（図2）。まず最初は「被害抑止力」で、これは構造物の性能アップと危険な地域を避けて住む土地利用施策によって、そもそも被害を発生させないという対策です。次が「被害軽減力」で、被害抑止力だけでは抑えきれずに発生する災害に対して、事前の備えでその影響が及ぶ範囲を狭くしたり、波及速度を遅くしたりする努力です。具体的には、対応の組織づくり、事前の復旧・復興計画や防災マニュアルの整備、日頃からの訓練などです。3番目として発災の直前にやるべきことは、「災害の予知／予見と早期警報」です。ここまでが事前対策です。発災後にまずすべきことは「被害評価」で、どこでどんな災害がどれくらい発生しているのかを早く正確に把握すること。次が、その結果に基づいた「災害対応」です。これは「緊急災害対応」と言われるもので、人命救助や2次災害の防止、被災地が最低限持つべき機能の早期回復が目的です。「災害対応」は被災地の回復までは対象としていないので、「復旧」「復興」が必要になります。「復旧」は元の状態まで戻すことですが、その状態で被災したことを考えればそれでは不十分なので、改善型の復旧としての「復興」が必要となります。

以上の7つの適切な組み合わせによって被害を最小化するのが「総合的な災害マネジメント」ですが、前に紹介した「地域特性」とその主要な構成要素である自然環境特性（地形、地質、地盤条件、気候など）は、どの対策を実施するうえでも非常に重要です。「被害抑止力」は土地利用施策そのものですし、「被害軽減力」のための備えにも、

図1 災害現象のメカニズム

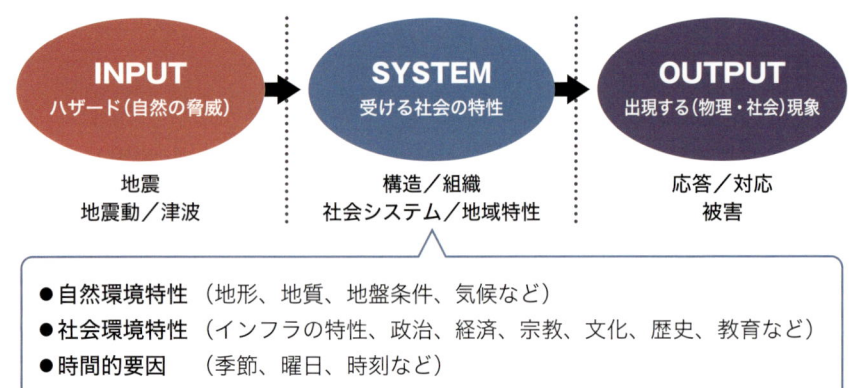

図2 総合的な災害マネジメントシステム

その土地の特性に関する理解が不可欠です。「災害予知と早期警報」に際しても、条件の悪い場所に住む人たちには、より注意を喚起する必要があります。「被害評価」では、同じハザードでも被害が変化するので注意が必要です。同様に「災害対応」「復旧」「復興」の実施に際しても、地域特性を踏まえないと適切には対処できません。

被害を及ぼす地震動の性質と地盤条件

では、地震の影響は地盤条件によってどのように変化するのでしょうか。地震の揺れ（地震動と言う）と被害の関係を議論するうえでは、地震動の持つ3つの重要な性質（最大振幅、主要動の継続時間、周波数特性）があります。被害は、「最大振幅」が大きいほど、「継続時間」が長いほど大きくなります。「周波数特性」に関しては、建物や施設はすべて固有周期という揺れやすい周期を持っていて、この周期と近い周期（実際には、被害によって固有周期が伸びるので、固有周期から少し長い周期）成分を多く含む地震の揺れが襲うと、非常に大きく揺れ（共振現象と言う）被害が出やすくなります。

次に、これらの揺れの3つの性質に影響を及ぼす3つの要因（震源特性、伝播経路、観測点特性）があります。一般に「震源特性」はマグニチュードと断層メカニズム（断層の壊れ方）によって、「伝播経路」は震源から観測点までの距離、「観測点特性」は観測点の地盤特性（地盤の硬さと層厚）や地形によって決まります。以上の地震動の特性と決定要因の「3×3」のマトリックスで揺れの特性が決まります（図3）。

1つの決定要因の影響を見るときは他の2つは固定して考えます。「マグニチュード」の影響を、「震源距離」と「地盤特性」を固定して考えると、マグニチュードが大きくなると断層の大きさも破壊時間も長くなるので、最大振幅は大きく、継続時間も長くなります。周波数特性は低い周波数成分が増え、

図3 被害に影響を及ぼす地震動の特性とその原因

代表的なパラメータ	震源の特性 マグニチュード（M）		伝播距離と経路 震源距離 (起振断層と観測点の位置関係)		観測点の地形や地盤の特性 地盤特性	
	大きいほど	小さいほど	遠いほど	近いほど	かたい地盤	やわらかい地盤
A: 最大振幅	大きくなる	小さくなる	減衰する	変化しない	変化しない	増幅する
D: 主要動の継続時間	長くなる	短くなる	長くなる	変化しない	変化しない	長くなる
Q: 周波数特性	低周波成分が増える	高周波成分が増える	低周波成分が卓越する	変化しない	変化しない	低周波成分が卓越する

結果として被害は大きくなります。同じマグニチュードでも、断層の破壊メカニズムの違いから、観測点に近づいてくる方向に断層が壊れる場合には、観測点から遠ざかる方向に壊れる場合よりも地震動が大きくなります。

次に、「マグニチュード」と「地盤特性」を固定して「震源距離」の影響を見ると、震源からの距離が遠くなると最大振幅は減衰するので小さくなります。遠い地震の際にP波とS波の到着時間の差が大きくなることからもわかるように、継続時間は長くなります。しかし距離減衰によって振幅が小さくなるので、被害は一般に小さくなります。周波数特性は、高周波成分が低周波成分よりも早く減衰するので、相対的に低周波の波が多くなります。理由は同じ距離を伝播する際に、高周波は低周波に比べて数多くの振動を繰り返す必要があり、減衰比が同じでも繰り返し数が大きいので急激に減衰するからです。逆に低周波の代表である津波は周期と波長が非常に長いため、遠い距離を伝播しても減衰が少ない。結果として地球の裏側のチリから、はるばる約2万キロメートルの距離を伝播して日本まで伝わってくるのです。

次は問題の「地盤特性」です。「マグニチュード」と「震源距離」を固定して考えます。「かたい地盤」と「やわらかい地盤」で揺れ方がどう変わるのか。これは、同じ大きさの固めの羊羹と柔らかいプリンを例に考えるとよくわかります。両者を同じサイズの器に入れて机の上に載せ、「ポン」と机を叩くとどうなるでしょうか。器には同じ衝撃が加わったわけですが、中身の揺れ幅は柔らかいプリンの方が大きく、しかも「ぷよんぷよん」とゆっくりと長く揺れます。つまり「最大振幅」は大きく、「継続時間」は長く、「周波数特性」は周期が長く周波数は低くなるということです。

地盤変状による建物の崩壊

これを東日本大震災が起こった際の首都圏の各地の揺れに当てはめてみましょう。同じ地震による揺れなのでマグニチュードは同じ、震源からの距離も首都圏の中で多少の差はあるものの、遠く離れた場所の地震なので、「震源距離」にもそれほど大きな差はないと考えられます。つまり、「マグニチュード」と「震源距離」を固定した問題と考えると、揺れの違いは「地盤特性」、つまり観測点の地盤条件や地形、地質で決まるということです。

地形の影響を少し補足すると、固定端と自由端では拘束されていない自由端がよく揺れます。たとえば、片側は箱にくっ付いていてもう一方は少し食べて隙間の空いた羊羹の入った箱を「ポン」と叩いたら、隙間のある側の羊羹の端の方がよく揺れるでしょう。それと同じで、ひな壇のような造成地では崖の方向によく揺れます。したがって家を造る場合はよく揺れる方向に抵抗するように壁を配置すれば揺れにくくなるし、家具も揺れにくい方向に配置すると安全性は高まります。以上をまとめると、図3のようになります。

地下水と地形変改の問題

地盤特性で触れてないことに地下水の問題があります。地下水位が高い(地面を少し掘ると水が出てくるという意味)と、いろいろな問題を引き起こします。たとえば、液状化現象は地下水がなければ絶対に起こりません。

液状化現象を引き起こす条件は4つです。1つ目は「緩詰め」の砂地盤であること。砂粒どうしは互いに骨格を作って支え合っていますが、緩詰めの砂の場合には砂粒の間には空隙がいっぱいあります。2つ目の条件はその空隙が水で満たされているということ。3つ目は砂粒の骨格を崩す何らかの外力が働くこと。4つ目が非排水条件で、水が簡単に逃げないということ。この4条件が満たされたときに液状化現象が起こります。

外力によって、砂粒どうしの骨格がはずれると、砂粒は水の満たされた隙間に落ち込みます。水は非圧縮性の流体なので、水漏れしない条件(非排水条件)で砂粒が落ちると、水鉄砲と一緒で水圧が急に上がります。この水圧(過剰間隙水圧と言う)によって骨格がさらに乱れて泥水の状態になり、高圧の泥水が地表面の割れ目などから吹き出す(噴砂と言う)場合もあります。これが液状化現象です。地盤が液状化すると支持力を失うので、それまで地面に支えられていた建物や電柱などは地中に潜り込んでしまいます。逆に、地下に埋設されていたタンクやマンホールなどは、周囲が密度の高い液体になることで大きな浮力を受け、浮き上がってしまいます。

液状化現象を阻止するには、4つの条件のどれか1つを取り除けばいいわけです。地震外力をなくすことは難しいので、他の3つの条件を考えます。緩詰め条件を除くには締め固めればよいし、間隙の水をなくすには地下水を汲み上げて地下水位を低くすればよいのです。非排水条件に関しては、周辺に穴を掘って中に水が移動しやすい砂利などを詰めおけば水は速やかに移動するので水圧は上昇しません。

また、地下水位が高い場所は地盤に浮力が働いた状態なので締め固まりませんので、軟らかい地盤になります。水田とか沼地の跡地がどうしても地盤条件が悪いのは、密度が高くなるように締め固めることが難しいからです。

昔の人工島はもっと酷い状況でした。海底の砂を水と一緒にポンプで吸って、それを仕切りだけ施した中に流し込みます。そのまま放置して、水が抜けていくと、そこに乾いた砂場ができます。そんな状態で液状化対策をしなければ、液状化するのは当たり前です。

もう一つは、大都市圏へ人口が大量流入したために宅地が足りなくなり、周辺の山とか丘を造成してつくった宅地です。土木工事としては土の移動を最小限にしたいので、山や丘を削った土砂を近くの窪地や谷地に埋めて平坦にします。これを切り土・盛り土と言います。何万年もの長い時間をかけて締め固められた山や丘をブルドーザーなどで削ると土の体積がすごく増えます。これを窪地や谷地に入れて、ブルドーザーなどで締め固めるわけですが、長い時間をかけて締め固まった土地に比べて十分ではありません。ですから、時間とともに沈下することも多く見られます。切り土の多くは丈夫な地盤なので家を建てても安心です。また盛り土部分でも平坦な土地に均質に造成されていれば、沈下も均等になり問題は少ないのですが、多くの場合は元の地盤が傾斜しているので不同(不等)沈下します。さらに深刻なのは、切り土と盛り土の境界に家を建てた場合です。家の半分は丈夫な地盤の上、半分は弱い地盤の上なので、境界部に段差ができ家が傾いてしまいます。

また、山や丘を削って窪地や谷地を埋めても、地下にはもとの地形があるので、雨が降るとその地形に沿って水道ができ、そこを水が流れます。もとの地形と後から埋めた土の間の非連続性が高いので、そこを滑り面として地すべりが発生しやすくなります。

さらに、地震の揺れが激しい場所は、洪水の危険性の高い場所と一致することも多く見られます。旧河道とか谷底・氾濫・海岸平野や後背低地などです。

東日本大震災の液状化によって地面から噴き出した泥で立ち往生したタクシー(千葉県浦安。提供:朝日新聞社)

なぜ、土地・災害・地名の歴史を知ることが大切なのか

日本は、洪水・氾濫危険地域と言われる国土全体の約10％の面積に人口の50％、資産の75％が集中しています。

以上のような危険な土地に住んでいる人を、その人の土地の災害の発生頻度と発生した場合の被害程度を加味したうえで、人口減少によって地盤条件のいい場所で不要となる地域にうまく誘導する土地利用施策が重要です。

土地情報に対するアクセシビリティーを高めるために

本書で紹介するような土地情報は多くの皆さんが当然知るべき情報ですし、アクセシビリティーを高くして広く知ってもらうとともに、対処法も理解してもらうことが大切です。長い将来にわたる土地利用施策の方向性を明示し、災害リスクの低い地域へ人口を確実に誘導しておくことによって、わが国の災害リスクを大幅に低減する道筋をつけることが今求められています。

この点を理解してもらうために、両極端の事例を紹介します。1つはアメリカ多くの地域の災害保険、特に洪水保険です。たとえば、ある人が洪水の危険性が高いところに住みたいと言って役所に申請します。役所は、洪水リスクのマップを見せ、「あなたが住みたいと言っているところは洪水リスクが高いところです。理解できたらイエスと言ってください」と市民に「イエス」と言わせます。つまり「あなたはリスクを認知したんだよ」という意味です。次に、「この地域は洪水に襲われる可能性が高いので、洪水リスクの低いところに住んでいる人に比べて高いスペックの建物にしてください。そうしないと許可しません」と言います。次に「それでも、もしあなたが被災した際に、行政があなたの支援のために多くの税金を使うのは、あらかじめ洪水リスクの低いところを選んで生活している納税者たちからのコンセンサスが得られないので、危険性に応じた高いレベルの災害保険に入りなさい。そうすれば、もしあなたが被災しても自助努力としての災害保険から支援金が出るので、行政は不相当な税金をあなたに使う必要はなくなり、彼らも文句は言えません」と言います。

ハードルの高い一連の手続きで、災害危険度の高い地域には住みにくい環境をつくり、地域全体としての災害リスクを低くしているのです。つまり、リスクコントロールに貢献する保険になっているということです。

一方、我が国の状況はどうでしょうか。災害の危険性の高いところは、土地の価格が相対的に安いので、何も対処しないとそこに人口が流入します。しかも、その土地のリスクを適切に伝えないので、被災したときには当然の権利と考えて、行政に助けを求めます。行政はその地域に人々が住まなければ使う必要のなかった莫大な額の公的なお金を使わなければいけない状況になっています。全体として、地域の災害リスクを高める方向に進んでいるということです。

我が国の地震保険制度も改善の余地があります。現在の制度では、保険料率は都道府県単位で決められた当地区分と耐震性の高低による30％の割引があるだけです。津波危険性の高い地域に位置する住家と津波危険性の全くない内陸部の住家が同じ都道府県内であれば全く同じということです。言い換えると、津波危険性の低い地域に住む人々が津波危険性の高い地域に住む人々のリスクを大幅に負担しているということです。またすでに説明したように地盤特性によって地震動は大きく変化し、同じ耐震性の建物であっても被害には大きな差が生じます。しかし、現在の地震保険制度の中にはこれを考慮する仕組みはありません。また耐震性の高低によって、たとえば1971年以前の建物と2002年以降の建物では震度6以上の地域での地震被害率には30〜50倍（3000〜5000％）の差がありますが、実際の割引率はわずか30％にすぎません。今のままでは保険の三原則の1つ「公平の原則」が成立しない状況です。津波リスクや地盤特性、さらには建物の耐震性の定量的な評価に基づいた適切な料率を決め、リスクのコントロールに貢献する保険制度をつくっていくことが重要です。本書で紹介するような土地情報のデータベースを作成するとともに、これらへのアクセシビリティーを高めていかない限り、人々の意識や考え方は変わりません。

最後に、地名の重要性に触れておきたいと思います。本来の地名は、その地域に昔から住んでいる人たちが、実際に体験したり、近くにいて観察したりした出来事が蓄積されたものです。しかし、宅地造成して、それを耳ざわりがいいイメージ地名に変えて売り出しています。少なくとも、そこに住む人は、昔の地名ぐらいは調べて、その土地の成り立ちを知っておくことが必要だと思います。

首都直下地震や東海・東南海・南海地震など、巨大地震がいつ起きても不思議ではない今日、読者の皆さんがご自身の生命、そして大切なご家族や財産を守り、受ける被害を最小化していただくために、本書が少しでもお役に立てば幸いです。

1984年長野県西部地震による土砂災害（大滝村村越地区。撮影：伯野元彦 東京大学名誉教授）

「首都大地震 揺れやすさマップ」活用ガイド

なぜ揺れるかを知る3つの方法

1 土地の歴史から知る
なぜその場所が地震のたびに周辺よりも揺れるのか

「土地条件図」よって、そこが現在どのような性状の土地であるのか、「旧版地図」によって、そこが関東大震災前はどのような土地であったのかを示すことで、その土地の変化がわかるようにしました。同時に、「揺れやすさ評価図」によって、その土地の現在の揺れやすさを色分けして示しました。

2 災害の歴史から知る
過去の地震で首都圏の各地がどれくらい揺れたのか

「土地条件図」に東日本大震災（2011年3月11日）の際に東京ガスの地震防災システム（SUPREAME）によって記録された震度分布（6弱～2）を、「旧版地図・揺れやすさ評価図」に関東大震災（1923年9月1日）の際の東京中心部の震度分布（7、6強）を示しました。両震災を引き起こした関東地震と

土地条件を独自の色分けで表示

土地条件を色分けで表示

揺れや土砂崩れ、洪水、液状化などの災害に関係する、盛土地、埋立地、干拓地、旧河道、海岸平野・三角州、砂州、氾濫平野、谷、自然堤防、扇状地などが色分けによってわかるようになっています。

土地条件図は、防災対策や安全な土地利用計画・地域開発のために、土地に関する自然条件の基礎資料の提供を目的にして国土地理院が作成したものです。1959年9月の伊勢湾台風による洪水や高潮などの被害が、土地の性状や生い立ち、地盤の高低、干拓、埋立などの歴史から、かなりの程度まで推定できることが明らかとなったことを契機に、作成が開始されました。さらに、95年の阪神・淡路大震災を契機に、地震災害と地形・地盤などの自然条件との関係についても反映させています。

※本書は、2010年度に人口地形情報を更新した地形分類を2012年基盤地図に色分けしたもので、その後、地形変化している場合もあります。

東日本大震災の震度を表示

「土地条件図」上に、東日本大震災による各地点の震度を色分けして示しました。これは東京ガスの地震防災システム（SUPREME）によって記録された震度分布（6弱～2）に基づいています。

首都圏全体の震度分布については130頁の「東日本大震災の震度分布」を参照してください。

土地条件図内の地図記号としては、防災対策や災害対応に関わる公的な機関・施設を記載しました。

●「土地条件図」「旧版地図・揺れやすさ評価図」の見方・使い方

東北地方太平洋沖地震は、発生の場所も規模も異なりますが、過去の震度分布を知ることによって、今後発生が予想される地震による各地の揺れの強さを相対的に把握することが可能になります。

3 地名の歴史から知る 地名は何を表すのか

古い地名には、その土地の自然条件に基づく性格を表したり、その場所を襲った過去の災害を教訓としたものが多くありました。しかし、自治体の合併や地域開発、たび重なる町名変更によって、土地本来の性格を表す地名が消えてしまった地域も少なくありません。本書では、大正期（関東大震災直前）の地図と現在の地図を併載することによって、変更される前の地名がわかるようにしました。

以上の3つの方法に基づき、①その地域の歴史的な特性、②土地条件図からわかる危険な地域、③地名（旧地名）が示す危険な地域、④過去の地震、水害、液状化などの災害について、わかりやすく解説しました。

> 土地条件の区分と名称、それぞれの揺れやすさ、浸水・液状化の可能性について一覧表にまとめました。

> **旧版地図について**
> 現在の地図と関東大震災当時の地図を比べて見るために、旧版地図としては、基本的に1923年以前に測量した地図を掲載しました（東京国際空港周辺は1928年、荏田周辺は1927年、浦和・与野周辺は1924年）。

> **関東大震災の震度を表示**
> 「旧版地図・揺れやすさ評価図」に、関東大震災時の東京中心部の震度（震度7と6強）を示しました。震度評価は武村雅之氏の「1923年関東地震による東京都中心部（旧15区内）の詳細震度分布と表層地盤構造」の研究結果に基づくものです。
> 震度6弱から5弱までの分布については128頁の「関東大震災の震度分布」を参照してください。

> 解説する地域などを □ で表示

> 現在の区市境

> **揺れやすさ評価**
> 土地条件図をもとに、揺れやすさを3段階で評価したものです。地震による揺れの評価は、土地条件ごとの地盤の増幅度をもとにしています。本書では、揺れやすさは「中」、「やや大」、「大」の3段階で評価しています。山地斜面等は本来揺れやすさ評価「小」ですが、本書の対象とする地域では本来の山地斜面に分類されるべき土地はないと考え、「小」とはせず、「山地斜面等」と表記しました。

> 解説欄では、①その地域全体の特性、②歴史的な地形・土地活用の変化、③土地条件図から見る危険な地域、④地名（旧地名）が示す危険な地域、⑤地震、洪水、液状化など過去の災害の経験などをわかりやすく紹介します。解説内に出てくる土地条件の名称については、地図と見比べやすくするため、初出の際に名称の前に色分けマークを置きました。

2つの地図を使ってその土地を知ろう

土地条件図（左地図）と旧版地図（右地図）を見比べたり、照らし合わせることで、今までに得られなかったその場所の特徴と揺れやすさがわかります。

〈活用の仕方〉

①解説を読む。
はじめに下段の「解説」を読みながら地域の特徴を知ろう。

②知りたい地点を「土地条件図」（左地図）で探す。

③その地点の色を「土地条件の色分けチャート」で確認。
例えば ■ 色だったら、その土地は「更新世段丘」で、揺れやすさ「中」、浸水の可能性「低い」、液状化の危険性「ない」の土地であることがわかります。もし、■ だったら、その土地は人工的に造られた「盛土地」あるいは「埋立地」で、揺れやすさ「大」、浸水の可能性「高い」、液状化の危険性「非常に高い」の土地であることになります。

④土地条件図で東日本大震災時の震度を知る。
その地点の東日本大震災の時の震度が、6色の○印で色分けされています。

⑤その地点を「旧版地図」（右地図）で確認。
その土地が、関東大震災前はどのような土地（水田、河川、池・沼、丘陵、集落、海浜など）であったかがわかります。

⑥その地点の「旧版地図」での地名を知る。
旧地名からその土地のもともとの性格を知ることができます。例えば、現在の旭丘という地名は、関東大震災前は江古田新田でした。

⑦その地点が赤や青の点線で囲われていたら。
赤だったら関東大震災の時の震度が震度7、青だったら震度6強であったことになります（東京中心部のその他の震度は128頁の「関東大震災の震度分布」参照）。

⑧その地点の色分けを見る。
その地点が揺れやすいかどうかは、「旧版地図」の3色の色分けからわかります。

01 さいたま新都心、大宮

土地条件図
[基盤地図：2012年]

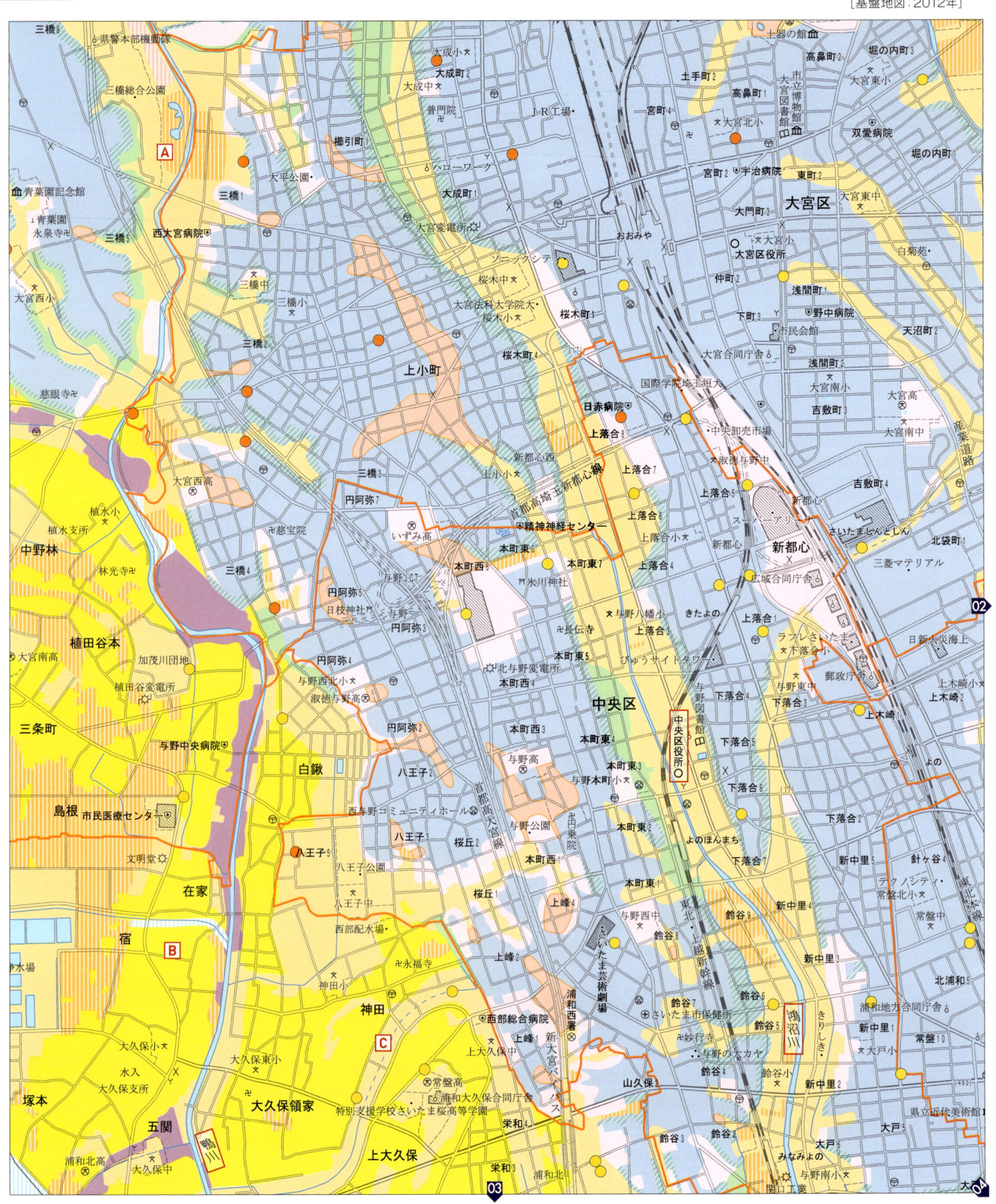

東日本大震災の震度
- 震度2 ○
- 震度3 ●
- 震度4 ●
- 震度5- ●
- 震度5+ ●
- 震度6- ●

🔍 **大宮大地**：さいたま市大宮区・中央区周辺には大宮台地（土地条件図では「更新世段丘」）が広がり、北から南へ流れる鴻沼川や鴨川が谷を形成している。揺れやすさ評価からも分かるように、台地上の地盤はおおむね良好だ。旧版地図で集落の多くがこの台地上に分布しているように、この地域で住居を構える上で最も適当な場所であることを示している。

鴻沼川の谷にそっては「谷底平野・氾濫平野」や「凹地・浅い谷」、あるいは「盛土地・埋立地」が分布している。いずれも地盤が柔らかく、揺れやすさ評価も「大」や「やや大」であり、洪水の際にも水がたまりやすい場所だ。旧版地図では水田として利用されていたように、居住するには適さない土地だった。中央区役所のあたりはまさにそんな水田地帯だった。現在も地名として残っている「上落合」「下落合」の「落合」は川や谷が合流する（落ち合う）場所を表しており、大雨の際には氾濫しやすい土地であることが多いので注意が必要だ。

🔍 **揺れやすい鴨川流域**：図の西側を見ると、鴨川の流れが確認できる。その上流側 [A] は大宮台地を刻む谷底平野（多くは盛土されている）で地盤は柔らかく、旧版地図では水田となっており、揺れやすさ評価も「大」や「やや大」を示す。下流側 [B] を見ると、荒

旧版地図・揺れやすさ評価図

[基盤地図：1924年]

1:25,000

揺れやすさ評価

- 中
- やや大
- 大
- 評価範囲外
- 山地斜面等

川がつくった広い氾濫平野となっており、その中に「■自然堤防」が点在している。自然堤防は洪水の際に水害に遭いやすい氾濫平野の中で、比較的水に浸かりにくい微高地であり、旧版地図でも集落がほとんどこの自然堤防上にある。揺れやすさ評価は「やや大」だが、かつて荒川低地の中で居住地として考えるならばこの自然堤防上しかなかったのだ。

🔍 **旧河道は液状化にも注意**：土地条件図で鴨川に沿う形で「■旧河道」が点在している。ここはかつての川の流路にあたる部分で、洪水の際に水がたまりやすく、地盤も悪い場所であり、住居には適さない。揺れやすさ評価も「大」となっているように、地震の際に大きな被害になりやすいことはもちろん、液状化も起こりやすい。かつては水田として使われていた場所であり、そのことを示すように旧版地図では「新田」という地名が見られる（低湿地を新たに水田として開拓した場合に多い地名）。現在では団地や学校、工場などが立地しており、十分な注意が必要だ。

かつて蛇行しながら流れていた河川を、水害対策のために河川改修を行って直線化した場所ではこうした旧河道が残っているほか、周辺の盛土地も旧河道を盛土・埋土している場合が多い（例：C）。地震時の揺れ・液状化には警戒したい。

卍 寺院　 神社　 博物館・美術館　 工場　 発電所・変電所　 図書館　 公民館　── 区市界　── 都県界（右図記号）　 田　 桑畑　 広葉樹林　 針葉樹林

02 さいたま見沼

土地条件図
[基盤地図：2012年]

東日本大震災の震度
- 震度2 ○
- 震度3 ○
- 震度4 ○
- 震度5- ○
- 震度5+ ○
- 震度6- ○

🔍 **文字通り「沼」だった見沼**：今でこそ海のない埼玉県だが、この図の範囲にあたるさいたま市東部は、縄文時代には「奥東京湾」といわれる海が入り込んでいた地域だ。そのことを示すように周辺には貝塚が点在している（図中でも中川貝塚や山崎貝塚の遺跡が発見されている）。その後海岸線が後退すると、奥東京湾があった低地は「見沼」と呼ばれる広大な沼となり、これが現在の「見沼区」の由来にもなっている。

土地条件図で「谷底平野・氾濫平野」を示している谷地の範囲が沼の跡に該当するが、こうした歴史を持つ土地なので当然地盤は軟弱で、揺れやすさ評価でも「やや大」を示し、東日本大震災の際にも周囲に比べて揺れが大きくなっている。また、もともと低湿地なので大雨の際には湛水しやすいほか、さいたま市が公開している液状化危険度マップでも、該当地域は「液状化の可能性がある」とされている。見沼は干拓地として新田開発が行われ、「見沼田んぼ」と呼ばれる水田として利用されてきた。その景観は今も名残をとどめている。

🔍 **遊水池としての見沼**：1958年の狩野川台風は関東地方の多くの場所で浸水被害をもたらした。しかし、当地では見沼田んぼが遊水池として機能して被害を最小限にとどめる治

10　地図記号　◎区・市役所　○町・村役場　⊗警察署　X交番・駐在所　🏛官公署　Y消防署　⊕病院　⊗高等学校　文小・中学校　⊕保健所　〒郵便局　旦自衛隊

旧版地図・揺れやすさ評価図

[基盤地図：1924年]　1：25,000

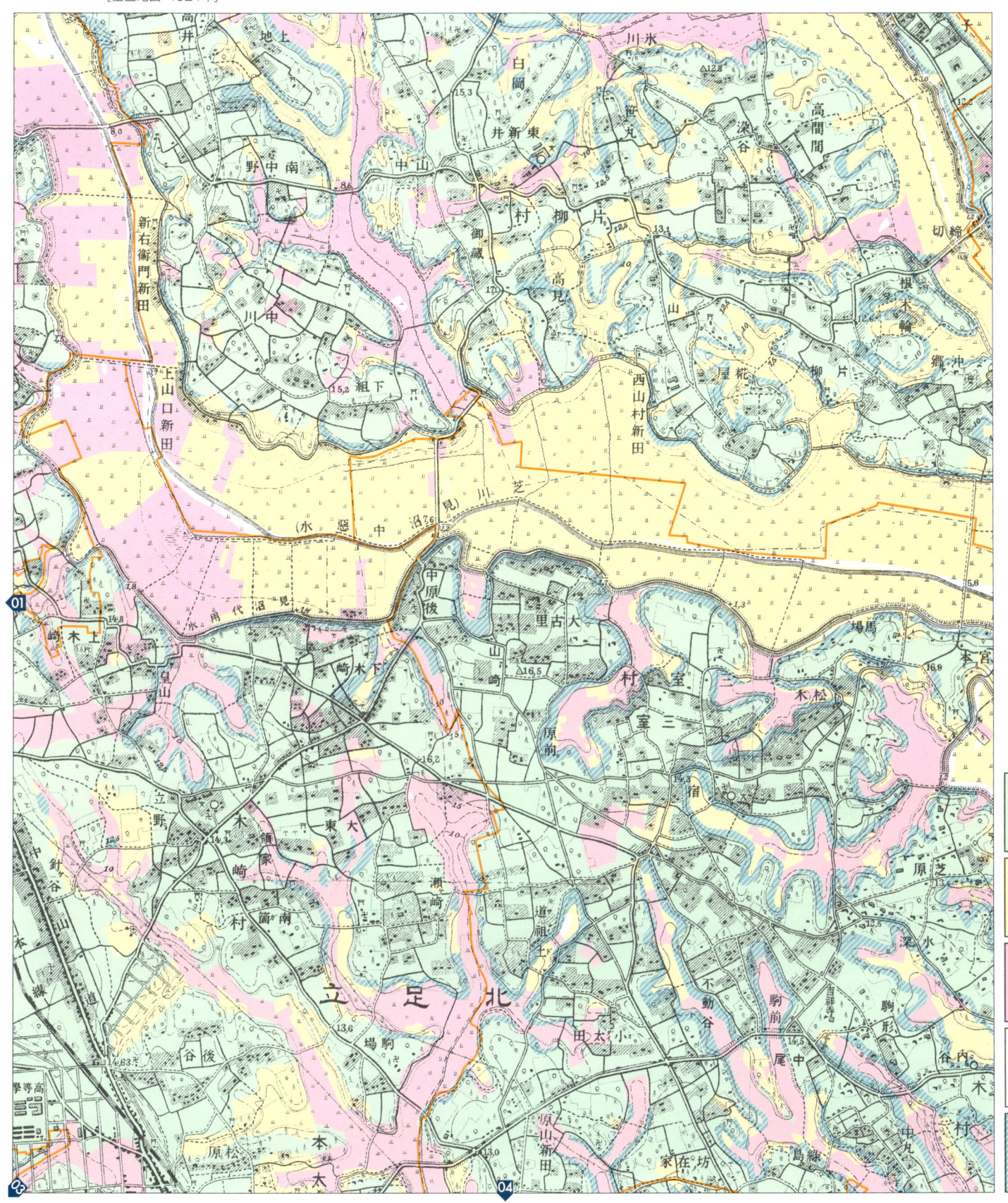

水能力を示したことから、埼玉県は「見沼三原則」という規則をつくり、この地域の農地の転用を防ぐことで緑地を残す政策をとった。さいたま市は東京のベッドタウンとして多くの人口が流入しているが、この広大な地域が乱開発されずに残されているのは防災の面からも好ましいことといえるだろう。

ただし、最近では大原や天沼など一部地域では、公園として整備しつつ（浦和レッズの大原競技場などが該当する）も、周辺の宅地化が見られるようになっている。居住するにあたっては、見沼田んぼのことも含めた土地の歴史をきちんと認識しておきたい。

🔍 **三室の地名由来**：見沼跡の低地以外の大部分は「更新世段丘」となっており、地盤はよく、揺れやすさ評価も「中」となっている。しかし、こうした台地には複雑に谷が刻まれており、土地条件図では「凹地・浅い谷」や「盛土地・埋立地」となっている部分がこれに該当する。こうした場所は地盤が軟らかく、実際に揺れやすさ評価でも「やや大」や「大」を示す（駒場スタジアムや緑区役所などがこうした場所に位置している）。

見沼跡の南側に「三室」という地名があるが、「ムロ」は山の中に入り込んだ小さな入江を意味しており、この地域の地形を物語る地名になっている。

03 さいたま秋ヶ瀬

土地条件図
[基盤地図：2012年]

東日本大震災の震度
- 震度2 ○
- 震度3 ●（青）
- 震度4 ●（緑）
- 震度5- ●（黄）
- 震度5+ ●（橙）
- 震度6- ●（赤）

🔍 **秋ヶ瀬公園は川の中**：図の中央に荒川が流れ、秋ヶ瀬公園やさくら草公園（サクラソウ自生地）、荒川彩湖公園など広大な緑地になっている。この部分は「高水敷・低水敷・浜」に分類される、いわゆる河川敷になる。普段は緑地として利用されるが、荒川が増水すると水に浸かる堤外地に位置している。つまり、川の中の土地ということになる。堤外地であるため揺れやすさ評価の対象外となっ

ているが、地盤は緩い。旧版地図と比べると、河川は大幅に改修されており、行政界はおおむね蛇行するかつての荒川に沿っている。

🔍 **自然堤防と後背湿地**：一方、堤内地には「谷底平野・氾濫平野」「盛土地・埋立地」の中に「自然堤防」が発達している。自然堤防は低地の中にある微高地で、旧版地図を見ると、集落はほとんど自然堤防上にあることが分かる。その周辺のかつて水田とし

て利用していた部分は後背湿地と呼ばれる場所で、氾濫の際に水のたまりやすい低湿な土地で地盤も悪い。東日本大震災時の震度を見ても、中浦和駅の北側で震度6弱を記録しているのをはじめ、こうした土地では軒並み高い震度を示している。もともと水田に適した土地であり、居住には向かないが、現在では盛土されて住宅地となっている場所も多い。

🔍 **旧河道を埋土した土地**：図の北東部分に

12　地図記号　◎区・市役所　○町・村役場　⊗警察署　✕交番・駐在所　ö官公署　Y消防署　⊕病院　高等学校　文小・中学校　⊕保健所　〒郵便局　自衛隊

旧版地図・揺れやすさ評価図
[基盤地図：1917〜24年]

1:25,000

揺れやすさ評価

中 / やや大 / 大 / 評価範囲外 / 山地斜面等

揺れやすさ評価が「大」の地域が連なっている（A）。この部分はかつての荒川の流路にあたる旧河道を埋土・盛土した場所で、土地条件図では盛土地・埋立地となっている。こうした場所は地盤が軟らかく、揺れやすいことはもちろん、液状化のリスクも高い。埋められてしまえばこうした土地も簡単には見分けがつかないため、居住する場合はとくに注意が必要だ。

🔍 **鹿手袋という地名**：図の東端に「鹿手袋」という地名が確認できる。鹿手袋の「袋」は蛇行する河川が大きく膨らむ場所を示し、かつては洪水時に遊水池の役割を果たした低湿な土地が多い。鹿手袋は現在でこそ川の流れから離れているが、前述の旧河道（揺れやすさ評価「大」）を見るとまさに「袋」地形であることが確認できる。こうした袋状の旧河道は地盤が軟弱なことが多く注意が必要だ。

また、現在の荒川の対岸（朝霞市）にも揺れやすさ評価「大」の場所がある。ここは新河岸川がかつて蛇行していた名残の旧河道。現在でこそ改修されて直線化された新河岸川だが、かつては洪水の度に流路を変えて蛇行していた。周辺に見られる自然堤防はこの新河岸川の流れで形成されたものと考えられる。もちろん、ここでも旧河道は揺れやすさや液状化のリスクなどから居住地には向かない。

卍寺院　田神社　血博物館・美術館　☆工場　⚡発電所・変電所　📖図書館　公民館　━区市界　━━都県界（右図記号）　∴田　ϒ桑畑　◌広葉樹林　Λ針葉樹林

13

04 さいたま浦和

土地条件図 [基盤地図：2012年]

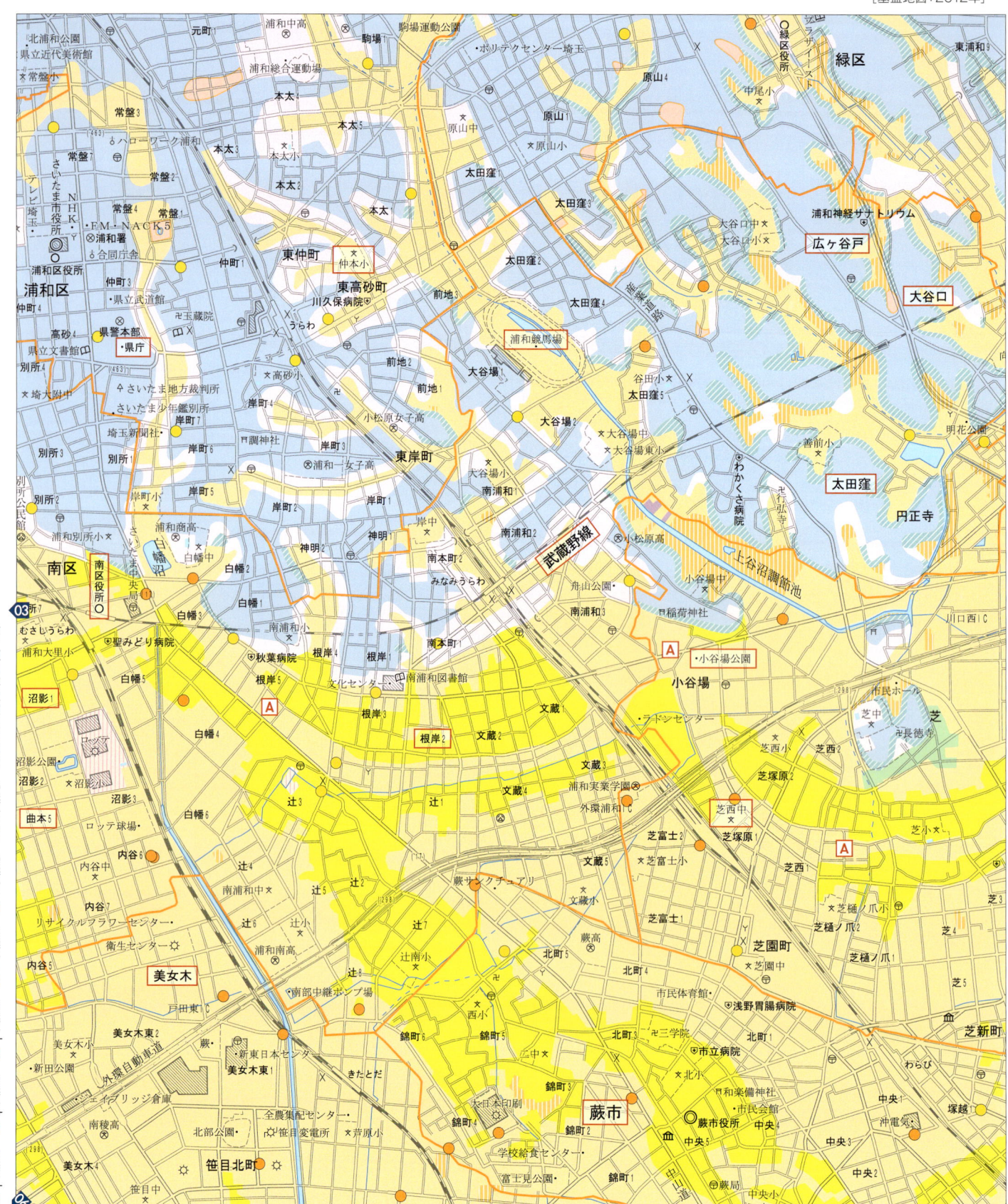

東日本大震災の震度
- 震度2 ○
- 震度3 ○
- 震度4 ○
- 震度5- ○
- 震度5+ ○
- 震度6- ○

🔍 中山道の宿場町だった浦和：現在では都市化の進んだ浦和だが、江戸時代には中山道の一宿場町であり、旧版地図を見ても当時の市街地はまだ小さい。この後、市制施行により浦和市となるのは1934年のことである。

周辺は台地（土地条件図では「更新世段丘」）に複雑に谷（同「盛土地・埋立地」）が入り組んだ地形となっているが、旧版地図での市街地や集落はほとんど台地上に位置していることが分かる。台地上は揺れやすさ評価が「中」となっているように地盤は比較的良好だ。しかし谷地は揺れやすさ評価「大」の軟弱な土地で、当時の居住地の分布が防災上非常に理にかなっていることがよく分かる。その後高度成長期に東京のベッドタウンとして人口が流入し、現在では旧版地図上で人が住んでいなかった谷地もほぼ隙間なく都市化されている。谷地といっても現在では盛土さ

れていることもあり、谷であることに気づきにくい場所も多い。ただし地盤は明確に異なるので、こうした土地の由来や性質は知っておくべきである。現在の浦和競馬場のあたりは周囲に比べて低いことに気づきやすいが、浦和駅東口のパルコ東側や仲本小学校あたりが谷地であることは分かりにくいし、浦和駅西口から県庁へ向かう際に谷を横断していることに気づく人も少ないのではなかろうか。

地図記号 ◎区・市役所　○町・村役場　⊗警察署　×交番・駐在所　ɤ官公署　Y消防署　⊕病院　⊗高等学校　★小・中学校　⊕保健所　⊕郵便局　⊟自衛隊

旧版地図・揺れやすさ評価図

[基盤地図：1921〜24年]

1:25,000

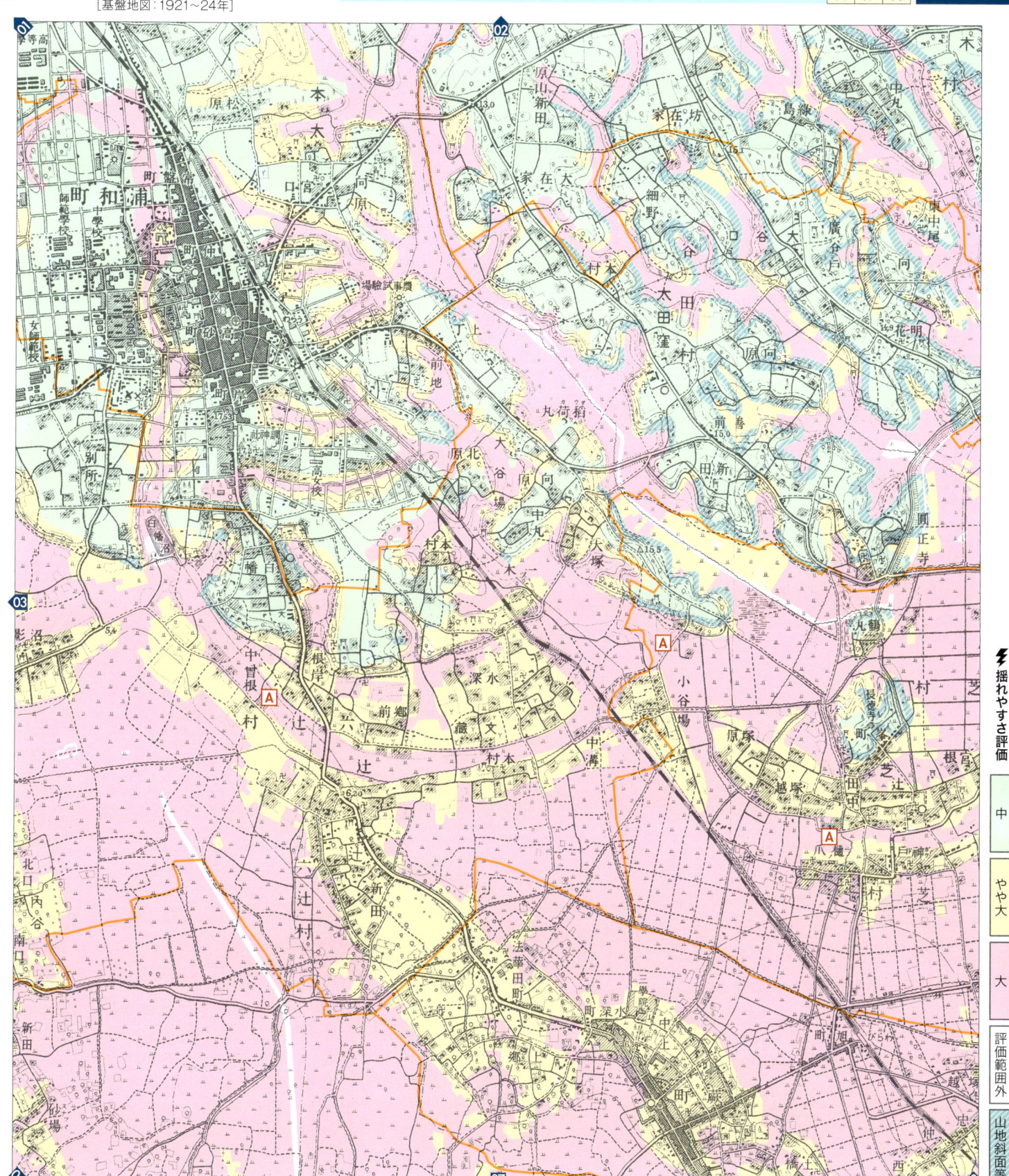

武蔵野線以南に広がる荒川低地：図の南半分は荒川の氾濫平野が広がる低地で、土地条件図では盛土地と「　自然堤防」に大きく二分されている。盛土地はもともと後背湿地だった部分で、洪水時には浸水しやすく、地盤も軟らかい。旧版地図では該当する場所には水田が広がっており、集落や街道は自然堤防上に集中していることが見てとれる。

揺れやすさ評価「大」が分布する A は、いわゆる旧河道にあたる部分だ。土地条件図では自然堤防に挟まれる形で盛土地が、かつての河川の流れを再現するかのように続いていることが分かる。南区役所や小谷場公園、芝西中学校などがこの地域に該当する。東日本大震災時の揺れも台地上より大きい震度5強が分布し、地盤が軟らかいこと、液状化に注意が必要なことを示している。

地形を表す地名が並ぶ：この地域の地名を見ると、地形の特徴を忠実に表しているものが多い。「大谷口」「広ヶ谷戸」「太田窪」などは台地の間に入り込む谷を示す地名だ。「根岸」は台地と海や川が接する場所を、「沼影」は低湿地を、「曲本」は川が大きく蛇行する場所を示す。また、「美女木」は「ビジョ」がぬかるみや湿地帯を表し（全国的に「美女」地名はこうした土地が多い）、「ワラビ」（蕨）は川に挟まれた場所を意味している。

05 新座、野火止、朝霞台

土地条件図
[基盤地図：2012年]

東日本大震災の震度
震度2 ○
震度3 ●（青）
震度4 ●（緑）
震度5- ●（黄）
震度5+ ●（橙）
震度6- ●（赤）

🔍 **武蔵野台地と野火止用水**：図内の大部分は関東ローム層が堆積する武蔵野台地であり、雨水が浸透しやすいために河川に恵まれず、また地下水位も深くなるため、江戸時代までは農業用水はおろか、生活用水にも苦労する土地だった。しかし江戸時代に玉川上水から新河岸川へと野火止用水が開削されたことで水の便が大幅に改善した。こうした土地柄なので、全体として地盤は良好である。

台地は土地条件図では「　更新世段丘」となっているが、段丘の形成年代は2通りある。土地条件図で「　山地斜面等」となっている細長い部分は斜面（段丘崖）を表しており、この段丘崖を境に段丘の形成年代が異なり、より高い方（川から離れる方）が古いため地盤もより固い。

🔍 **黒目川と柳瀬川**：この台地を割るように黒目川と柳瀬川が流れ、流域に「　谷底平野・氾濫平野」（または「　盛土地・埋立地」）が分布する。こうした谷底平野は旧版地図で水田が分布していることからも分かるように、比較的水の便に恵まれていたが、そのぶん地盤は軟弱だ。

柳瀬川低地は現在では工場や大型商業施設、学校（新座柳瀬高校や新座四中、新座小学校など）が分布するほか、新座団地など住宅として利用されている場所もある。一方、黒

16　地図記号　◎区・市役所　○町・村役場　⊗警察署　×交番・駐在所　台官公署　Y消防署　⊕病院　⊛高等学校　文小・中学校　⊕保健所　〒郵便局　卍自衛隊

旧版地図・揺れやすさ評価図
[基盤地図：1917年]　　1:25,000

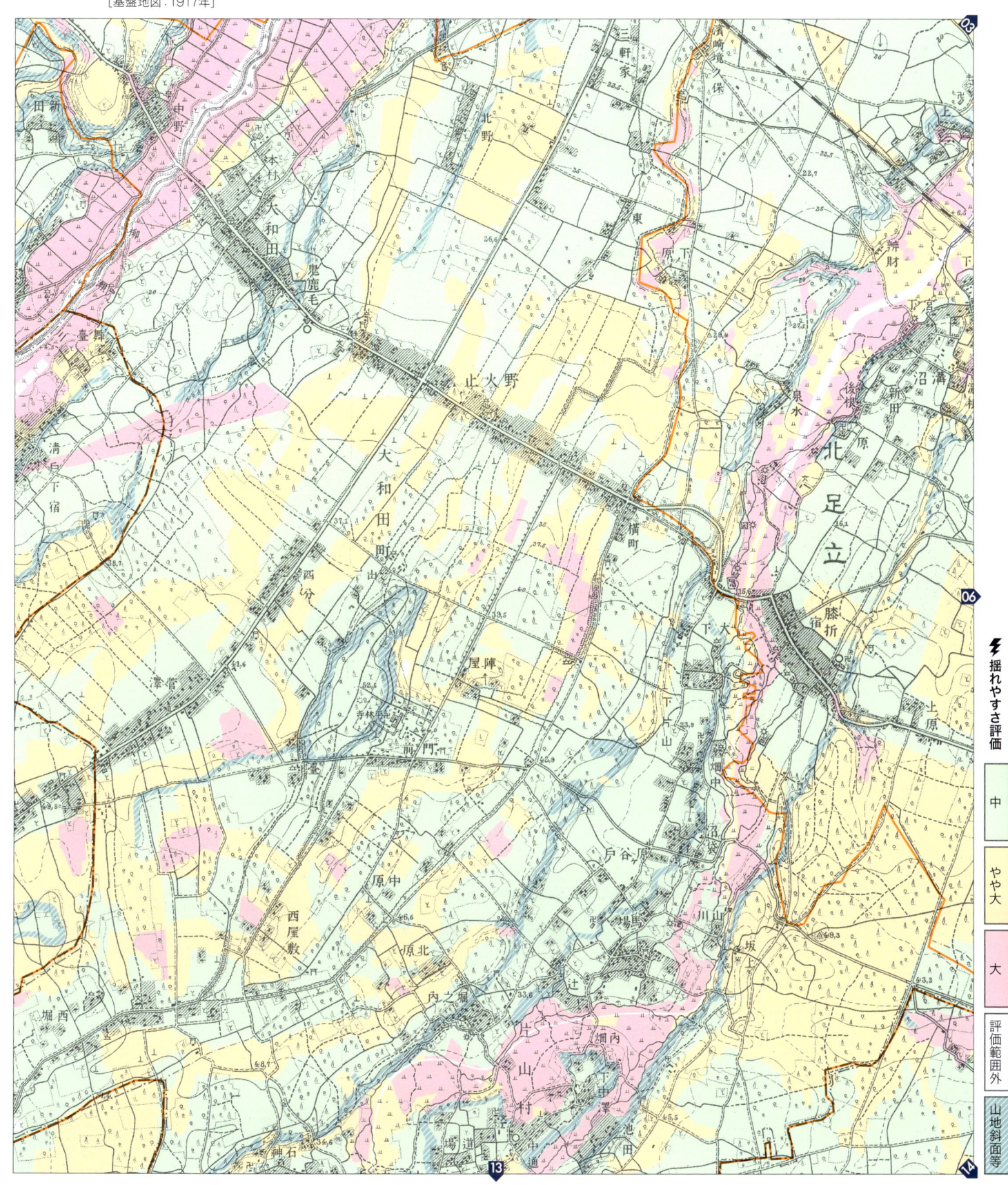

目川低地でも学校（朝霞三中や朝霞十小など）のほか、膝折団地など住宅地となっている場所もある。揺れやすさ評価「やや大」または「大」となっていることから注意が必要だ。

浅い谷が細かく分布：土地条件図を見ると、更新世段丘の間に細かく「凹地・浅い谷」（一部「盛土地」）が分布していることが分かる。こうした場所は段丘上に比べると地盤が軟らかいうえ、集中豪雨があった場合、一気に水が集中する場所となる。ゲリラ豪雨で浸水するのは決まってこういう場所であり、同じ場所で繰り返される傾向があるので注意したい。新座変電所や石神小学校、新座六中などが浅い谷の部分に位置している。また、揺れやすさ評価が「大」となっている場所が何カ所かある。新座貨物ターミナルがある部分が特に目立つが、こうした場所は土地条件図では「高い盛土地」となっており、盛土量が多いことを示している。揺れはもちろんのこと、液状化にも注意が必要だ。

余談だが、この地域には所沢市・三芳町の「三富新田」に代表される武蔵野台地特有の景観を見ることができる（新田といってもここでは田んぼでなく畑を意味している）。道の両側に並ぶ農家の家屋・畑・雑木林が均等な面積で細長い短冊型になる地割で、新座でも宅地化が進む中、わずかに名残を残している。

06 朝霞、和光、成増

土地条件図
[基盤地図：2012年]

軟弱地盤が広がる荒川低地

図内北東部には荒川や新河岸川の氾濫平野（荒川低地）が広がる。土地条件図で「高水敷」とされている部分はいわゆる河川敷（堤外地）で、河川が増水した場合には浸水する場所。「谷底平野・氾濫平野」や「盛土地・埋立地」となっている場所も河川が氾濫した場合は浸水しやすい場所で、地盤は軟弱であり、東日本大震災時の震度分布を見ても震度5強と台地に比べて揺れが大きかったことが分かる。

旧版地図を見ると集落はわずかに自然堤防上に分布するのみで、氾濫平野のほとんどが水田として利用されていた。現在でもまだ農地として残されている場所が比較的多いが、一部が住宅として利用されるようになってきている。また、広い敷地が必要な学校や公共施設、工場などとして使われるケースも多く、東洋大学朝霞キャンパスや朝霞二中、朝霞三小、朝霞九小、和光高校などが確認できる。また、揺れやすさ評価「大」がところどころ分布しているが、これらはほとんどがかつての氾濫の名残である旧河道や後背湿地に該当する。地盤は非常に軟弱であり、氾濫時には浸水しやすい。新河岸川水循環センターや三園浄水場はこうした場所を利用して設置されている。

台地に混在する切土地と盛土地

図内の

旧版地図・揺れやすさ評価図
[基盤地図：1917～21年]

1:25,000

06

自然堤防上の集落

新河岸川

荒川

川越街道

揺れやすさ評価

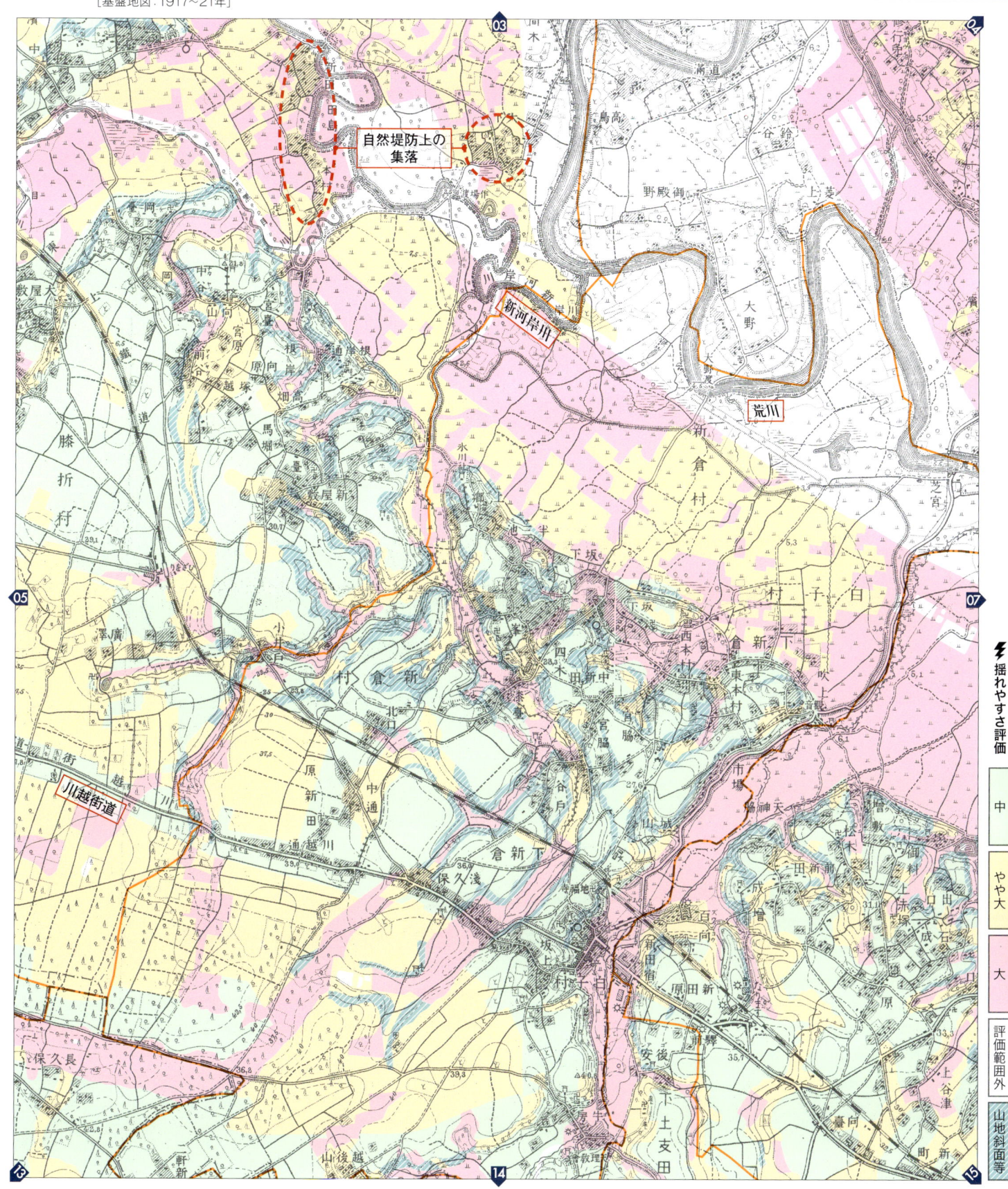

中 / やや大 / 大 / 評価範囲外 / 山地斜面等

南半分は土地条件図で「更新世段丘」が広く分布しており、いわゆる武蔵野台地に該当する。地盤は比較的良好で、川越街道周辺などを中心に古くから集落が形成された。ところで、台地上に揺れやすさ評価「やや大」のエリアが広くが分布している（陸上自衛隊朝霞駐屯地や税務大学校、西大和団地、朝霞中央公園などが該当）が、いずれも「切土地」であり、台地を削って平坦化した土地になる。土地条件図から揺れやすさ評価への読み替えを行う際に「人工地形＝揺れやすさやや大」となっているが、実際には同じ人工地形でも盛土地と切土地では全く性質が異なり、切土地の地盤は必ずしも悪くない。ただし、台地に入り込んだ谷地を切土地と同じ高さで盛土している箇所もあり（土地条件図で「盛土地・埋立地」となっている）、この部分は地盤が軟弱なので注意が必要だ。

谷の分布に注意：台地の間には小さな谷がいくつか確認できる。白子川の谷底平野も含めて盛土地がこれに該当するが、いずれも台地に比べて地盤は軟らかく、またゲリラ豪雨などの際は氾濫を起こしやすい場所だ。また、台地と氾濫平野の境目は急傾斜地となっており、「急傾斜地崩壊危険個所」に指定されている場所も多く、大雨の際には土砂災害への警戒も忘れないようにしたい。

卍 寺院　日 神社　血 博物館・美術館　✿ 工場　☼ 発電所・変電所　図 図書館　◎ 公民館　─ 区市界　─ 都県界（右図記号）　‖ 田　Υ 桑畑　◎ 広葉樹林　∧ 針葉樹林）

19

07 戸田、高島平、浮間舟渡

土地条件図 [基盤地図：2012年]

東日本大震災の震度
- 震度2 ○
- 震度3 ●
- 震度4 ●
- 震度5- ●
- 震度5+ ●
- 震度6- ●

大きく流れを変えた荒川：図内の大部分が荒川低地に該当する地域。左右の図を見比べると、荒川が大きく流れを変えているのが分かる。旧版地図では大きく曲がりながら流れていた荒川は、河川改修により蛇行が解消されており、かつての流路の一部は現在新河岸川の流路となっている。このため、そこここに旧河道が確認できる地域でもある。

現在の浮間公園の池は、かつての荒川の流れの名残であり、浮間舟渡駅は旧河道を埋立てた真上に建っていることも確認できる。「浮間舟渡」という駅名は「浮間」と「舟渡」の二つの地名の合成だが、かつての流路から、この二つの場所がもともと荒川の対岸に位置していたことが分かる。

現在の荒川の堤外地が「　　高水敷」となっているのは当然のこととしても、堤内側にあたる現在の高島平や新河岸、舟渡、蓮根、浮間といった地域も旧版地図を見ればほとんどが水田であり、氾濫すれば浸水する場所なのだ。もちろん地盤は軟弱であり、東日本大震災時にも軒並み震度5強を記録しており（一方南側の台地上は震度5弱が分布）、揺れやすさ評価「やや大」を証明している。旧河道に該当する地域は特に液状化の注意も必要だ。

戸田市側に発達する自然堤防：荒川の北側には「　　自然堤防」が発達しているのが

20　地図記号　◎区・市役所　○町・村役場　⊗警察署　X交番・駐在所　ὁ官公署　Y消防署　⊕病院　⊗高等学校　文小・中学校　⊕保健所　〒郵便局　戸自衛隊

旧版地図・揺れやすさ評価図
[基盤地図：1921年]

1:25,000

揺れやすさ評価
- 中
- やや大
- 大
- 評価範囲外
- 山地斜面等

確認できる。旧版地図を見ると、集落や街道はほとんどこの自然堤防上に分布しているが、荒川の南側には集落が少なく、自然堤防自体が戸田市側に多いことが分かる。自然堤防は微高地であり、周辺の後背湿地と呼ばれる低湿地に比べると浸水リスクは少し低くなる。荒川の南側も含めて、現在ではこうした後背湿地も多くが住宅地となっているが（土地条件図では「 盛土地・埋立地」となってい

る）、自然堤防上に比べても地盤は軟弱であることを知っておくべきだろう。

🔍 **武蔵野台地のへり**：図内の南側には「 更新世段丘」が分布しているが、これは武蔵野台地のへりの部分にあたる。これらの地域は一部志村三丁目駅付近に確認できる「 扇状地」も含め、揺れやすさ評価「中」となっているように地盤は比較的良好だ。ただし、台地を縫うように入り込んでいる「 凹地・浅

い谷」や盛土地は台地に比べて地盤が軟らかい。また、台地と低地の境目にあたる部分（土地条件図では「 山地斜面等」「 山麓堆積地形」など）は急傾斜地が分布しており、大雨の際には、土砂災害への警戒も必要になる。

　都営地下鉄三田線に乗って都心から高島平方面へ向かうと、志村坂上を過ぎて地中を走っていた地下鉄が突然地上へ出て高架になる。これは台地から荒川低地へ抜けるためだ。

卍 寺院　　 神社　　 博物館・美術館　　☼ 工場　　 発電所・変電所　　 図書館　　 公民館　　 区市界　　 都県界（右図記号　 田　 桑畑　 広葉樹林　 針葉樹林）

21

08 川口、赤羽

土地条件図
[基盤地図：2012年]

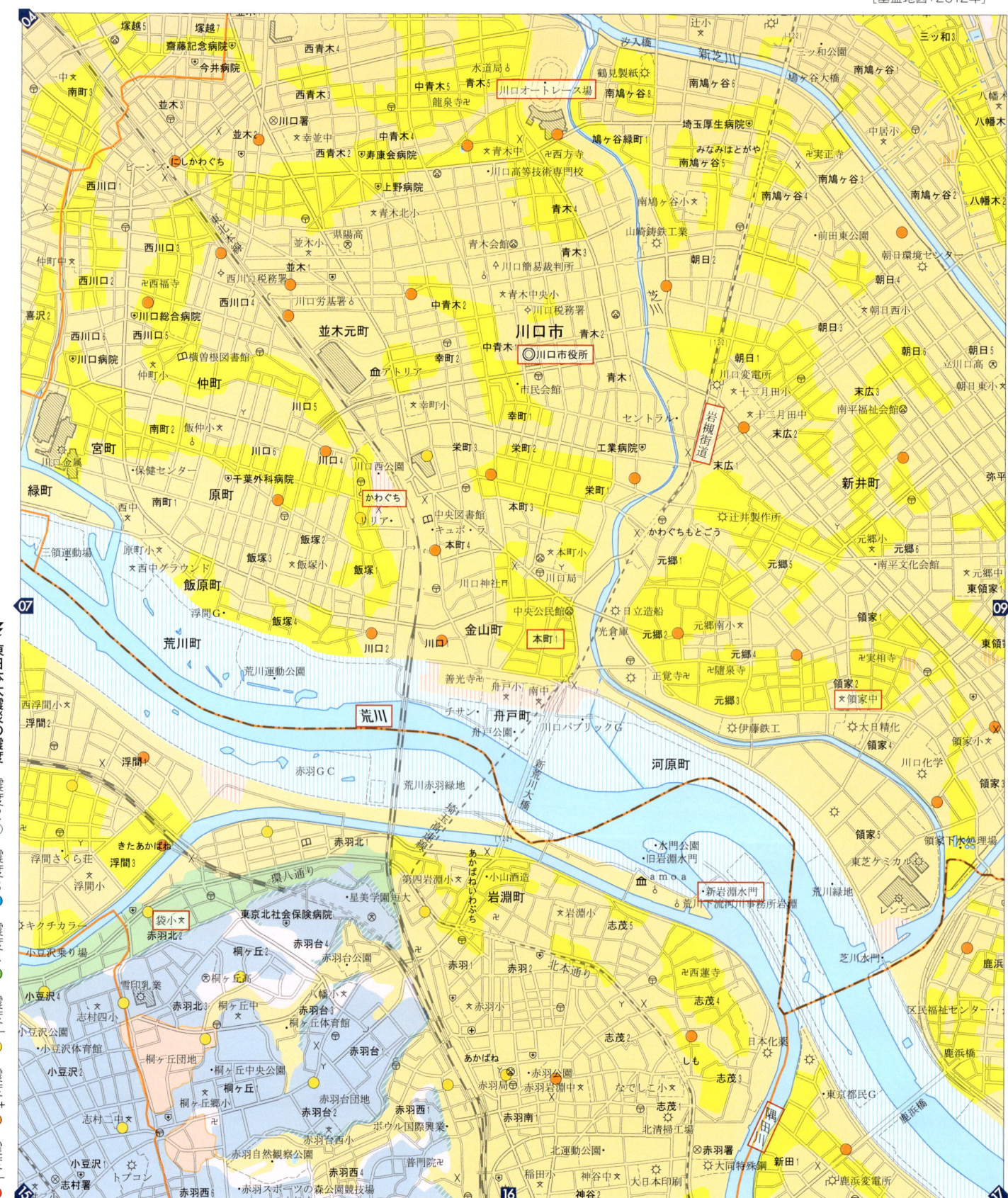

氾濫平野が広がる川口：川口市は江戸時代に岩槻街道の宿場が置かれたが（現在の本町あたり）、明治時代までは小さな町だった。大正期の旧版地図を見ても、まだ岩槻街道から川口駅にかけてわずかに町になった程度だ。周辺部の集落の分布は、土地条件図の「自然堤防」のそれとほぼ一致する。当時は洪水の際に比較的浸水しにくい自然堤防上に居住し、浸水しやすい後背湿地を水田とする土地利用が自然に徹底していた。しかし現在では都市化が進んだこともあり、それまで人が住まなかったような低湿地が盛土されて住宅地となっている（土地条件図では「盛土地・埋立地」）。こうした土地の地盤は軟弱で、揺れやすさ評価「大」となっており、東日本大震災時にも軒並み震度5強を観測している。川口市役所やオートレース場、川口駅などが盛土地に該当する。また、氾濫平野ではかつて洪水の度に河川が流路を変えたため、思わぬところに旧河道やそれを埋土した場所が残っていることがある。領家中学校の敷地などがこれに該当する。

「赤羽」は水害地名？：荒川の南側にもわずかに自然堤防が分布しており、旧版地図を見ると、岩淵や志茂（当時は下）といった集落は自然堤防上に位置している。そして川から見て自然堤防の裏側にあるのが赤羽であり、

旧版地図・揺れやすさ評価図 08

[基盤地図：1921年]　1:25,000

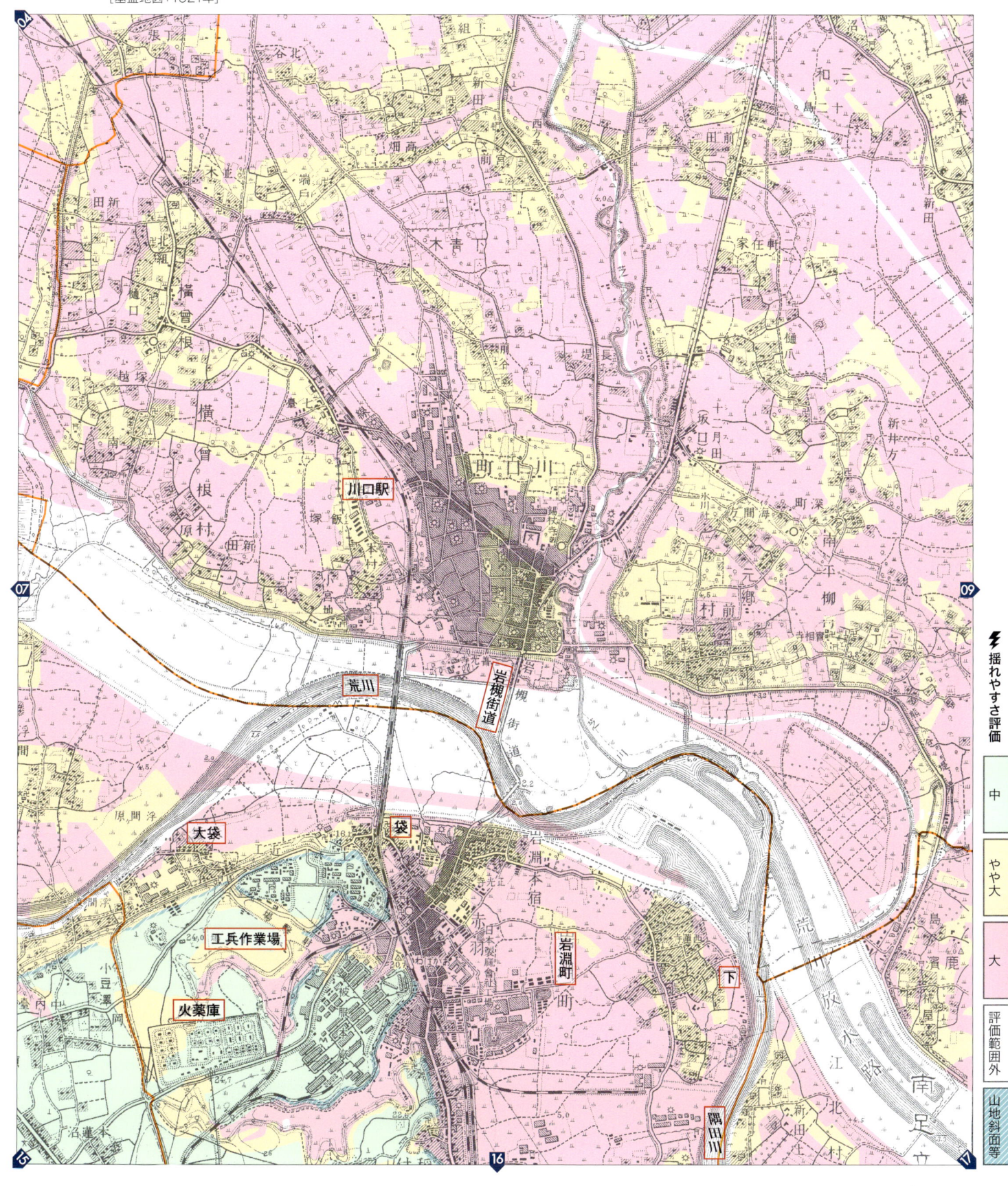

　いわゆる後背湿地にあたる場所である（現在は盛土されているため「盛土地」となっている）。この「赤羽」という地名の「アカ」は軟弱土が堆積した低湿地を意味しており、まさに後背湿地の特徴と一致する水害地名だ。また、旧版地図を見ると赤羽の北側に「袋」、その西側の荒川（現在の新河岸川）のほとりには「大袋」という地名がある。このあたりは明治時代には「袋村」と呼ばれた地域だ。

　「袋」は河川が大きく蛇行するあたりの水がたまりやすい低湿地を意味する水害地名であり、地盤は軟弱と考えた方がよい。「袋村」は現在の住所では「赤羽北」に該当し、袋地名はわずかに「袋小学校」に名残を見せている。

　岩淵水門：荒川以南の東北本線の線路の西側は武蔵野台地のへりの部分（土地条件図は「　　更新世段丘」）である。旧版地図を見ると工兵作業場や火薬庫など軍事施設がある

ことからも分かるように、比較的地盤はいい。東日本大震災時も震度5弱の箇所が多く、低地に比べて揺れていない。

　隅田川は明治までは荒川の本流だったが、現在では岩淵水門で仕切られ、荒川の水は荒川放水路（現荒川）へと流れていく。放水路建設以降、都内では隅田川も荒川も氾濫していないが、ハザードマップ等では両河川とも破堤も想定されている。

09 舎人、竹の塚、西新井

土地条件図
[基盤地図：2012年]

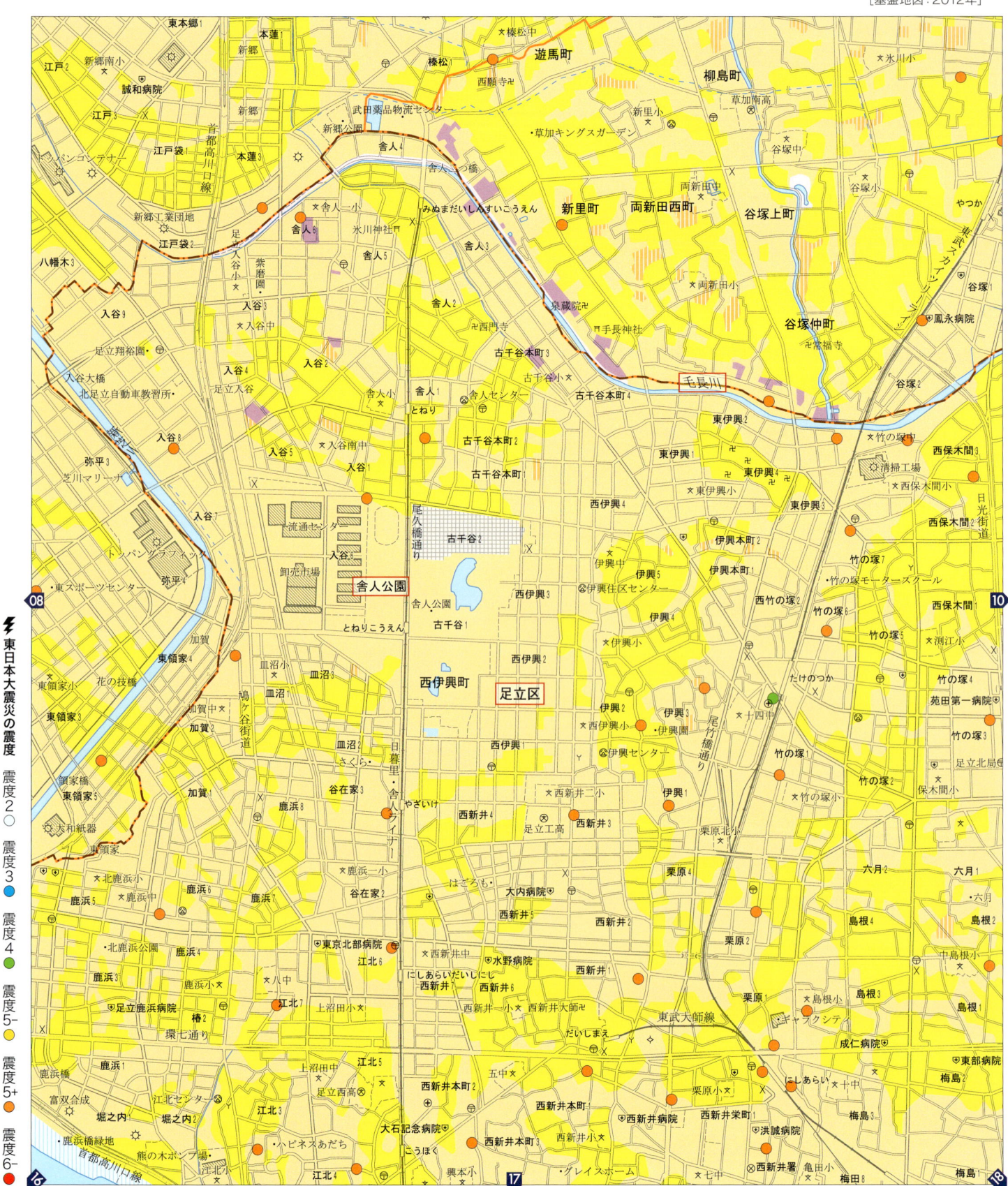

東日本大震災の震度
- 震度2 ○
- 震度3 ○（青）
- 震度4 ○（緑）
- 震度5- ○（黄）
- 震度5+ ○（橙）
- 震度6- ○（赤）

宅地化された低湿地
足立区や葛飾区はかつて東京湾へ注いでいた利根川が形成した氾濫平野にあたる地域である。もともと広大な湿地帯だったが、さまざまな治水対策や新田開発により人が住むようになった。東日本大震災の震度分布も軒並み5強を記録していることからも分かるように、地盤は非常に軟弱といえる。

土地条件図と旧版地図を見比べると、集落の分布が見事なまでに「■自然堤防」と一致する。この土地の原風景を知る人たちは、必然的に自然堤防という微高地に住み、後背湿地を水田として利用していた。しかし現在では水田地帯であった低湿地も「■盛土地・埋立地」となり、宅地化されていることが分かる。舎人公園もこうした低湿地を盛土した場所であるが、住宅地として利用するには地盤が軟弱だ。

毛長川周辺の旧河道
現在の毛長川は一級河川として河川改修がされているが、かつては「毛長堀」と呼ばれた狭い排水路的な川で、大雨が降ると溢れることもしばしばあった。川の周辺には旧河道、あるいは旧河道を盛土したような土地が分布しており、地盤は極めて軟弱で、地震の際の揺れの増幅はもちろん、液状化の心配もあり、豪雨時などの水害のリスクも高い。

24 　地図記号　◎区・市役所　○町・村役場　⊗警察署　X交番・駐在所　δ官公署　Y消防署　⊕病院　⊛高等学校　X小・中学校　⊕保健所　⊕郵便局　Ⅱ自衛隊

旧版地図・揺れやすさ評価図
[基盤地図：1921年]

1:25,000

揺れやすさ評価

- 中
- やや大
- 大
- 評価範囲外
- 山地斜面等

しかし現在では、こうした居住地には向いていない土地まで宅地化されており、防災上、気になるところだ。しかもこのような土地に住む人々の多くが新しく流入した人々であり、この土地本来の性質を知らない可能性が高いことも懸念される。

水害地名の宝庫：旧版地図の字名等を見ていくと、水害地名（すなわち軟弱な地盤）が非常に多い。

「江戸袋」「袋在家」の「袋」は河川が大きく蛇行している水のたまりやすい場所を意味する。「谷塚村」「古千谷」「入谷」といった「谷」地名や「蓮沼」「皿沼」「横沼」「上沼田」などの「沼」地名、さらに「柳島」「西島」のような「島」地名も周囲が低湿地であったことの裏返しだ。また、「彦右衛門新田」「市右衛門新田」「彌兵衛新田」など湿地帯を開発した「新田」地名も多く分布している。

このような土地の状況を反映したような地名は、ある程度その場所の原風景を知らせる役割を果たしてくれる。ところがこうした地名は後に改変されてしまうことも多い。最近では「〇〇ヶ丘」「〇〇台」など、耳触りのいいイメージ地名が全盛だが（特に新興住宅地として開発された土地に多い）、住民が自ら住む土地の性質を知ることで減災につながるという観点からは好ましいものではない。

卍 寺院　⊞ 神社　血 博物館・美術館　✿ 工場　⌀ 発電所・変電所　📖 図書館　◎ 公民館　━━ 区市界　━━ 都県界（右図記号）　‖ 田　Υ 桑畑　○ 広葉樹林　⋀ 針葉樹林

25

10 八潮、加平

土地条件図
[基盤地図：2012年]

東日本大震災の震度
- 震度2 ○
- 震度3 ●
- 震度4 ●
- 震度5- ●
- 震度5+ ●
- 震度6- ●

🔍 海の底だった八潮：八潮周辺は縄文時代の海進期（地球規模の温暖化で海面が高かった時期）には奥東京湾が入り込んでいた。海の底だったこの地がその後の海退により陸化したため、軟弱な「▯海岸平野・三角州」が点在している。また、陸化後は利根川水系の氾濫地帯となったため、洪水による土砂の堆積で川沿いに自然堤防が形成された。揺れやすさ評価を見ると、広範囲に揺れやすさ評価「大」が分布しており、実際に東日本大震災の震度分布も例外なく5強であった。地盤が軟弱なのは、かつて海の底であった海岸平野と、そこを盛土した土地が広がっているためで、揺れやすさ「やや大」となるのはわずかに自然堤防帯のみである。土地条件図と旧版地図を見比べると、当時の集落が「▯自然堤防」上に分布している様子がよく分かる。

八潮という地名は、八条村・八幡村・潮止村が合併した際に生まれたものだが、この「潮止」の地名は「海水が遡上する限界」の意味でつけられたという。海水が東京湾からここまで20km近く遡るのは、河床勾配の小さい低湿地ならではのことだ。

🔍 綾瀬川の改修：綾瀬川は頻繁に氾濫する川であったことから、江戸時代には盛んに河川改修が行われた。「西袋」（江戸時代は「西袋村」）は河川の蛇行部等の水のたまりやす

26　地図記号 ◎区・市役所　○町・村役場　⊗警察署　X交番・駐在所　🏛官公署　Y消防署　⊕病院　🎓高等学校　文小・中学校　⊕保健所　〒郵便局　戸自衛隊

旧版地図・揺れやすさ評価図
[基盤地図：1921年]

1:25,000

い場所を示す、いわゆる「袋」地名だが、文字どおり大きく蛇行していた綾瀬川を江戸時代の二度にわたる改修で直線化している。その後旧河道は水田として利用されていたが、現在では盛土されて一部宅地化されているのは気になるところ。現在の保健センターあたりは旧河道に該当する。旧版地図を見ると、当時の集落が（つまり自然堤防が）蛇行していた頃の流路に合わせて発達していることがよく分かる。また、浮塚以南の綾瀬川もやはり江戸時代に開削されたもので、それ以前の綾瀬川は現在の垳川にあたる。

消された新田：足立区の「花畑」は江戸時代には「花又村」であり、河川の合流部を意味する「又」がまさにこの土地の特徴をよくとらえている。この地域もまた海岸平野を盛土して宅地化されており、地盤は軟弱だ。旧版地図を見ると、たくさんの「新田」地名が

あるが、1932年に足立区が成立した際に「農村を思わせる地名は改める」という規定で消してしまった。八潮市の「垳」も氾濫常襲地を意味する「カケ」が由来と考えられるが、八潮市は区画整理に伴い「青葉」というイメージ地名への変更を発表。一部住民から反対を受けたように、本来の土地の特徴を表す地名を、イメージ地名に変更することは防災上は好ましいことではない。

揺れやすさ評価：中／やや大／大／評価範囲外／山地斜面等

卍寺院　⛩神社　🏛博物館・美術館　☼工場　発電所・変電所　図書館　公民館　区市界　都県界（右図記号）　⊞田　Ⅴ桑畑　○広葉樹林　Λ針葉樹林

11 水元公園、松戸

土地条件図
[基盤地図：2012年]

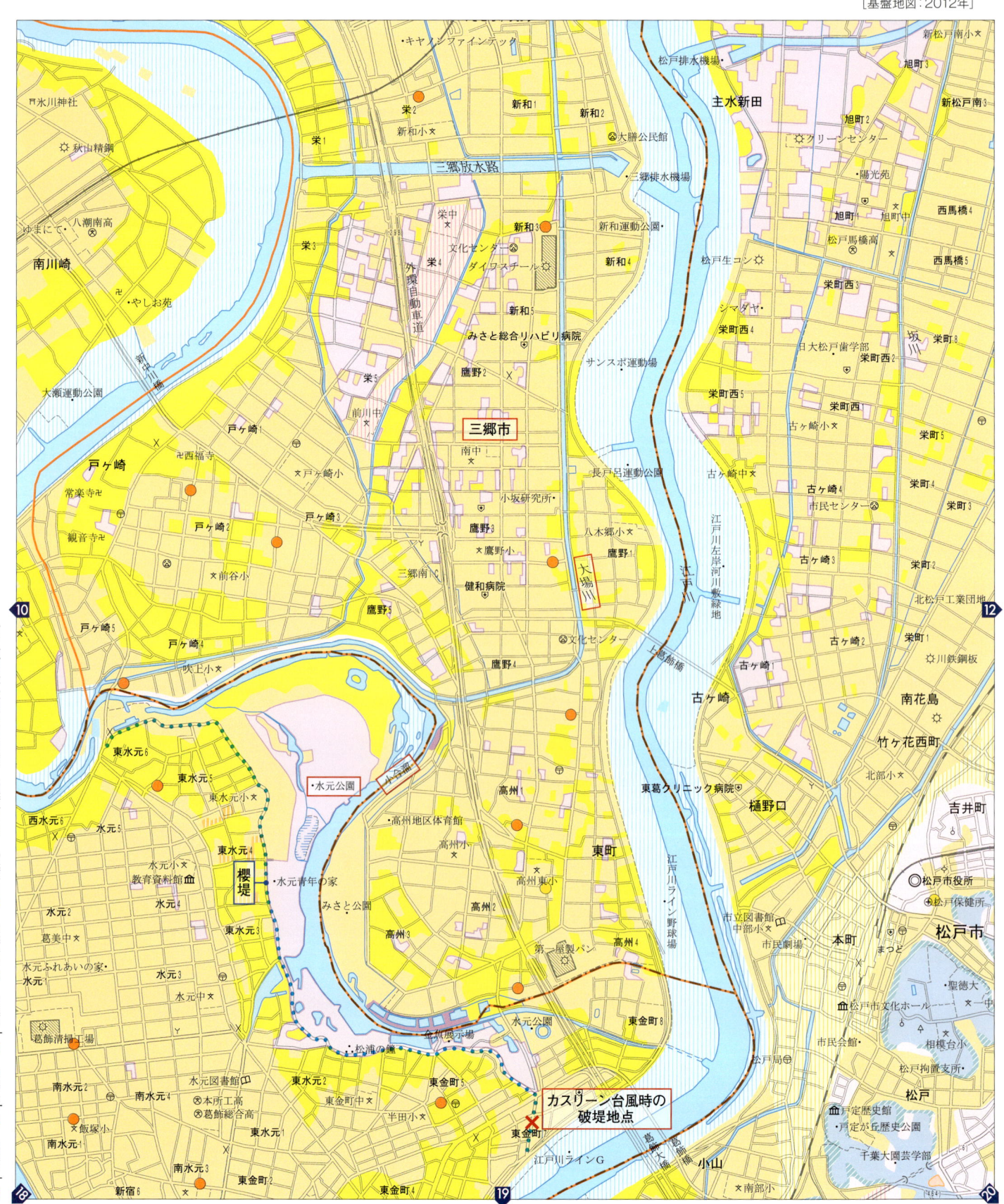

東日本大震災の震度
- 震度2 ○
- 震度3 ●
- 震度4 ●
- 震度5- ●
- 震度5+ ●
- 震度6- ●

🔍 **全域が低湿地の三郷**：三郷市は最高地点でも標高が3mという低地。縄文時代の海進期には奥東京湾が入り込んでおり、海退で陸化した地盤の悪い「海岸平野・三角洲」や「盛土地・埋立地」が大部分を占める。その後はかつての利根川の流域であったため、度重なる氾濫で土砂が堆積した場所が「自然堤防」となっており、集落や街道は氾濫時の浸水を避ける意味で自然堤防上に形成されている。

利根川の下流部は戦国時代頃までは人馬の通行もままならないほどの湿地帯であり、整備された当初の日光街道も千住宿から松戸方面へ迂回していたほどだった。その後江戸時代に河川の付け替えが盛んに行われ、かつての低湿地は新田として開拓された。さらにそうした土地が高度成長期以降の人口急増に伴い宅地化されていったのだが、軟弱地盤であることには変わりなく、氾濫時の浸水や地震時の揺れの増幅、場所によっては液状化にも注意が必要だ。

🔍 **「水元」公園の意味**：葛飾区と三郷市の境に整備された水元公園。都内最大の水郷公園として多くの人が訪れる場所だが、実はかつての古利根川の一部である「小合溜（小合溜井）」という遊水池なのだ。

小合溜は徳川吉宗の命を受けた井澤弥惣兵衛により1729年に完成した。弥惣兵衛は見沼

28　地図記号　◎区・市役所　○町・村役場　⊗警察署　X交番・駐在所　ö官公署　Y消防署　⊕病院　⊗高等学校　文小・中学校　⊕保健所　〒郵便局　▱自衛隊

旧版地図・揺れやすさ評価図
[基盤地図：1921年]

1：25,000

11

揺れやすさ評価

中
やや大
大
評価範囲外
山地斜面等

や手賀沼の新田開拓を手掛けたほか、多摩川の改修や中川の開削なども行った人物で、小合溜は遊水池としての機能を持たせながら、下流の灌漑にも利用された。「水元」という地名は、こうして小合溜の水が葛飾や江戸川地区の水田を潤したことに由来するという。

🔍 **カスリーン台風の教訓**：終戦から間もない1947年9月、関東地方をカスリーン台風が襲った。この台風は典型的な雨台風で、埼玉県と東京都の低地部が大洪水に襲われた。

洪水の発端は利根川が現在の埼玉県加須市付近で破堤したことだった。そして氾濫した水は古利根川の流路に沿った低地部をどんどんと下っていった。洪水は3日後には現在の水元公園付近の大場川の「櫻堤」に達すると、一時的に食い止められたのだ。しかしその後も水はたまる一方で、東京の下町への流入を防ぐため、東京都は東側を流れる江戸川の右岸堤防を爆破して、江戸川に水を逃がすことを試みるが堤防は頑強で爆破計画は失敗、翌日にはついに櫻堤が決壊する。洪水は葛飾区・江戸川区にも流れ込み、東京の下町も水没した。当時の浸水深は三郷で2m以上、葛飾・江戸川でも0.5～2m、湛水期間も三郷や水元周辺では10日間以上にも及んだ。この災害をきっかけに、上流部でのダムの整備や河川改修など様々な治水対策が進むことになる。

卍寺院　🏮神社　🏛博物館・美術館　☼工場　⚡発電所・変電所　📖図書館　🏢公民館　──区市界　──都県界（右図記号）　‖田　Y桑畑　○広葉樹林　⋀針葉樹林

29

12 馬橋、八柱、常盤台

土地条件図
[基盤地図：2012年]

常磐線以西の盛土地：常磐線以西の低地は、「盛土地・埋立地」となっているが、元々は「海岸平野・三角州」であり、縄文時代の海進期には海の中であった軟弱地盤地域である。旧版地図を見ると水田として利用されていたことが分かるが、現在では盛土されて、ほぼ隙間なく住宅が並んでいる。松戸競輪場もかつての水田地帯に位置している。

土地条件図では馬橋駅の東側に「砂州・砂堆・砂丘」が見られるが、これは元来海のそばで形成される地形だ。これだけ内陸に入りこんだ場所では珍しいが、海進期に海の影響を受けた土地であることを物語っている。旧版地図では水戸街道（陸前浜街道）沿いにいくつかの集落が見られるが、常磐線の西側にはほとんど民家は見られない。

台地の開発：もともと水戸街道の宿場町だった松戸だが、現在では市の人口は約48万人と、千葉市、船橋市に続いて千葉県内で第3位の大都市である。こうした人口の急増にともない、下総台地の宅地開発がどんどん進んでいった。

土地条件図と旧版地図を見比べると、かつてはぽつぽつと集落が点在していたのに対して、現在では新京成電鉄や武蔵野線が走り、大規模な新興住宅地が開発されている。開発に当たっては台地上をそのまま使うケースも

旧版地図・揺れやすさ評価図

[基盤地図：1921年]

1:25,000

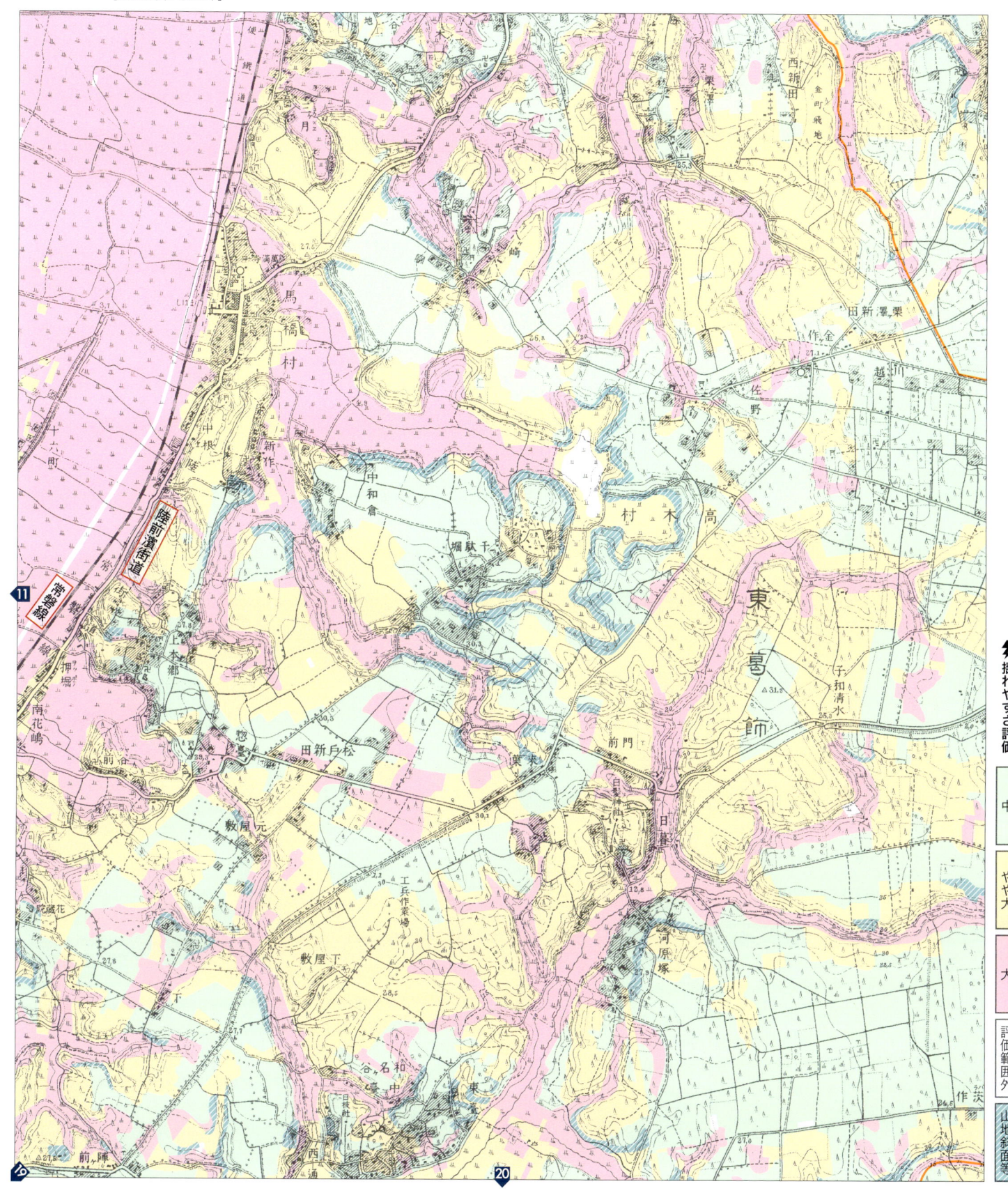

あれば、切土している例もある。
　台地は土地条件図では「■更新世段丘」であり、揺れやすさ評価も「中」と、比較的地盤はいい。また「■切土地」は揺れやすさ評価「やや大」となっているが、同じ更新世段丘を削っているわけだから、地盤も更新世段丘とほぼ同等と考えていい。
　入り込んでいる谷に注意：もっとも、台地には細かく谷も入り組んでいる。土地条件

図で「■谷底平野」や「■浅い谷」、あるいは「■盛土地」がこれに該当するが、こうした場所は周辺の台地部と比較すると地盤は柔らかく、揺れやすさ評価も「やや大」や「大」となっている。「常盤平」や「小金原」といった新興住宅地については台地・切土地・谷地が混在しており、地盤の強度も場所によって異なる。もともとの台地と谷には高低差があるので比較的わかりやすいが、切土と盛土が

混在している場合、高さが揃えられていることも多く、判断が難しい。土地条件図と旧版地図を見比べたうえで、判断して欲しい。
　図内南側の「八柱霊園」は一部「浅い谷」が入っているものの、ほぼ施設全体が更新世段丘上にあり、地盤は良好だ。「21世紀の森と広場」は谷底平野が利用されている。なお「河原塚」には古墳が残っており、この地に古くから人の暮らしがあったことが分かる。

13 保谷、大泉学園、東伏見

土地条件図
[基盤地図：2012年]

東日本大震災の震度
- 震度2○
- 震度3 ●
- 震度4 ●
- 震度5- ●
- 震度5+ ●
- 震度6- ●

🔍 **武蔵野台地と中小河川**：図中のほぼ全域が武蔵野台地上にあり、土地条件図上では「更新世丘」であることから比較的地盤は良好だ。揺れやすさ評価も大部分の地域は「中」であり、実際に東日本大震災時の震度分布でも5弱の箇所が多い（石神井台で震度6弱の記号が見られるが、実際にそれに見合った被害は報告されていない）。全体的な地盤は良好ではあるが、台地を刻んで流れる石神井川、白子川、黒目川といった中小河川の流路には「谷底平野・氾濫平野」や「盛土地・埋立地」、その支流の形成する「凹地・浅い谷」が分布しており、こうした土地は段丘地と比較すると地盤は軟弱である。

🔍 **武蔵野台地の湧水**：武蔵野台地はもともと透水性が高く、雨水はすぐに浸透してしまい、また地下水位も低い土地である。このため、あまり河川が発達することもなく、かつては農業用水や生活用水にも苦労していたが、江戸時代に玉川上水が開削されてようやく改善された地域だ。こうした地中深い地下水が、台地の勾配が緩くなる標高50m付近で湧水となって地上に顔を出すようになる。図中では石神井川の富士見池や、白子川の大泉井頭公園がこれに該当するが、武蔵野台地で中小河川が谷底平野を形成するのはこうした湧水の下流ということになる。そして台地に降っ

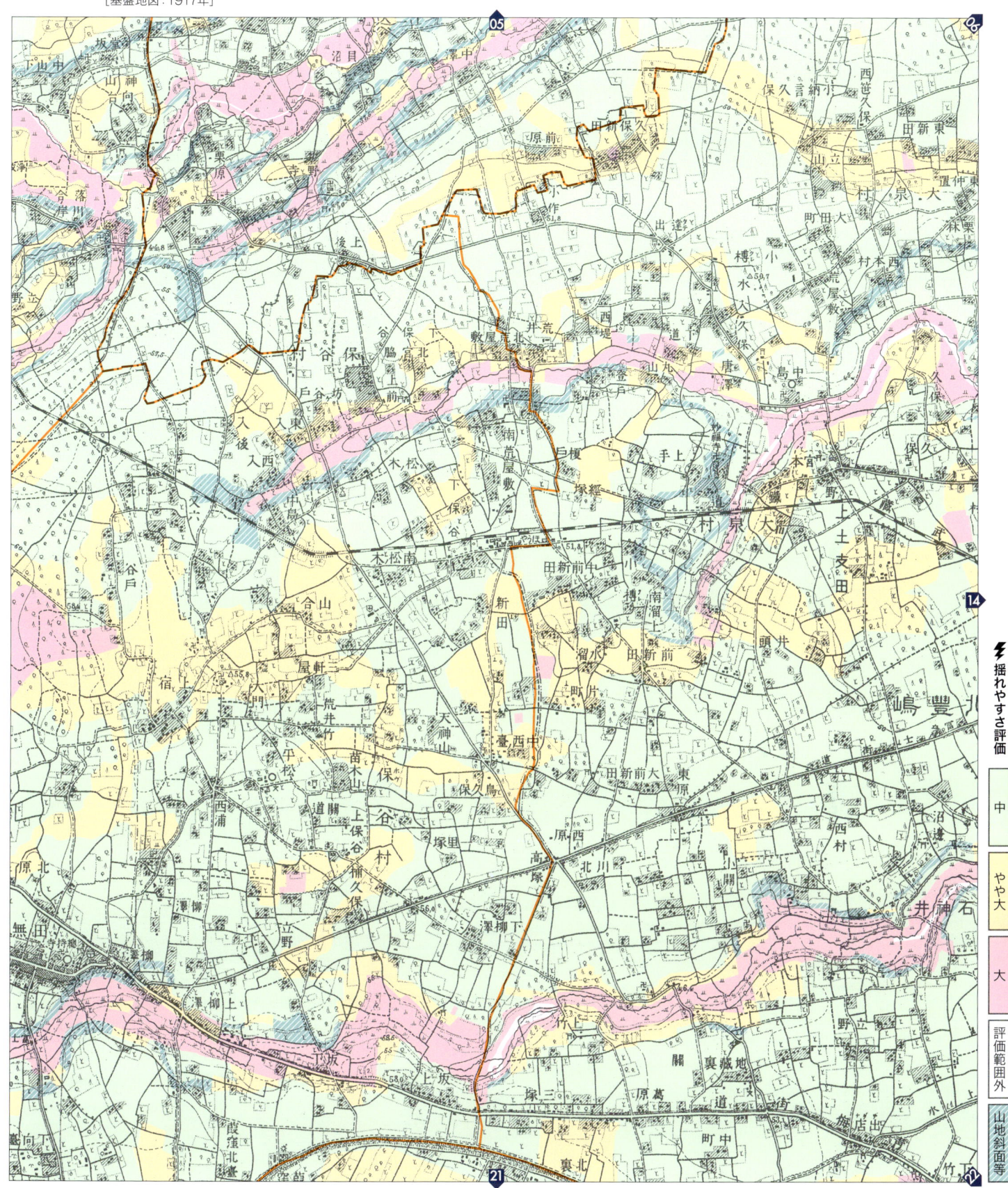

旧版地図・揺れやすさ評価図
[基盤地図：1917年]

1:25,000

揺れやすさ評価
- 中
- やや大
- 大
- 評価範囲外
- 山地斜面等

た雨水を集めて下流へと流れていく。

失われつつある天然の遊水池：このように武蔵野台地を流れる中小河川は、普段はそれほど水量が多いわけではないが、集中豪雨があった際には台地上に降った雨水が一気に周囲より低い谷地に流れ込む。このため、谷底平野や浅い谷では、近年多くなってきているゲリラ豪雨（局地的大雨）の際には床上浸水・床下浸水といった被害と背中合わせにあるといえる。

かつてはこうした豪雨で川が増水した際には、いったん水を川から溢れさせて溜めておく遊水機能を持った土地があった。しかし宅地化が進んだ現在ではこうした場所が失われている（図中では「柳沢児童広場」が増水時の遊水池として整備されている）。東京都では排水施設の充実を図っており、特に「環七地下貯水池」や「和田弥生幹線」といった巨大な地下治水施設で武蔵野台地の洪水を取り込む取り組みが始まっているが、それでも急激な増水や想定を越える雨量があればやはり周囲より低い土地にはそれなりのリスクがある。

また、かつて遊水機能を持っていた土地が、現在では盛土されて住宅になっている場所もある。石神井川周辺の揺れやすさ評価「大」となっている箇所がそれであり、高い盛土を行っているぶん地盤には不安がある。

卍 寺院　 神社　博物館・美術館　☆ 工場　発電所・変電所　図書館　公民館　区市界　都県界（右図記号） 田　桑畑　広葉樹林　針葉樹林

14 光が丘、石神井公園

土地条件図 [基盤地図：2012年]

🔍 **武蔵野台地と中小河川**：図中の全域に武蔵野台地（土地条件図では「更新世段丘」）が広がっており、地盤は良好だ。しかし台地を削るように流れる石神井川や白子川の流域に「谷底平野・氾濫平野」や「盛土地・埋立地」が分布しており、周辺の「凹地・浅い谷」も含めて台地上に比べると地盤は軟弱である。

旧版地図を見ると、当時の集落や街道の多くは台地上に形成されている。谷地の部分はほとんどが水田として利用されており、「田中新田」「橋戸新田」といった「新田」地名も見られる。しかし現在では水田は残っておらず、盛土されるなどして住宅地となっていることが多い。特に都営アパートなどの大型の団地に転用されているケースが多いのは気になるところだ。こうした土地は元来洪水の際の遊水機能をもっており、浸水しやすいことはもちろん、その遊水機能が失われた分、どこかで水が溢れるという流域全体の水害リスクにも影響を与える可能性がある。

🔍 **失われた地名に現れる土地の性質**：旧版地図を見ると、地名も現在と大きく変わっていることに気づく。現在の高野台1丁目や富士見台4丁目の石神井川に面した地域は、旧版地図では「谷原」という「谷」地名だ。谷地でありながら「台」地名が入り込んできて

旧版地図・揺れやすさ評価図
[基盤地図：1917～21年]

1:25,000

揺れやすさ評価
- 中
- やや大
- 大
- 評価範囲外
- 山地斜面等

いるのである。ちなみに現在の「谷原」は逆に谷筋から外れている。他にも「伊保ケ谷戸」「池淵」「蕪谷戸」「坂下」「根河原」「俵久保」「菲久保」など土地の特徴を示す地名が、現在では失われてしまっている。

🔍 **平坦化された光が丘**：光が丘は平坦化された「切土地」が広がっており、周囲とは異なった地形を示しているが、これはこの土地の特殊な歴史によるところが大きい。

もともとは名産であった練馬大根を中心にした農地が広がっていたが、戦時中の1942年、本土が初めて空襲（ドゥリットル空襲）に遭ったことで、日本陸軍が帝都防空のためにこの地に「成増飛行場」を建設した。農家は強制買収で移転させられ、飛行場は平坦である必要から、台地を切り取って平坦化された。これがこの地形の由来となる。

終戦後、成増飛行場は米軍に接収され、米陸軍の家族宿舎である「グラントハイツ」に姿を変えた。1973年にはグラントハイツは全面返還され、その跡地にニュータウンが建設された。これが現在の光が丘だ。この土地が平坦であるのはこうした理由による。また軍事施設であったことを考えれば地盤はそれなりに良好であるとも判断できるが、一部「谷底平野」や「浅い谷」などの軟弱な地盤が入っている場所があるのでその点は注意したい。

卍 寺院　 ⛩ 神社　 🏛 博物館・美術館　 ☼ 工場　 発電所・変電所　 📖 図書館　 ◎ 公民館　 ── 区市界　 ─── 都県界（右図記号　 ‖ 田　 ￥ 桑畑　 ○ 広葉樹林　 ∧ 針葉樹林）

35

15 練馬、江古田、小竹向原

土地条件図
[基盤地図：2012年]

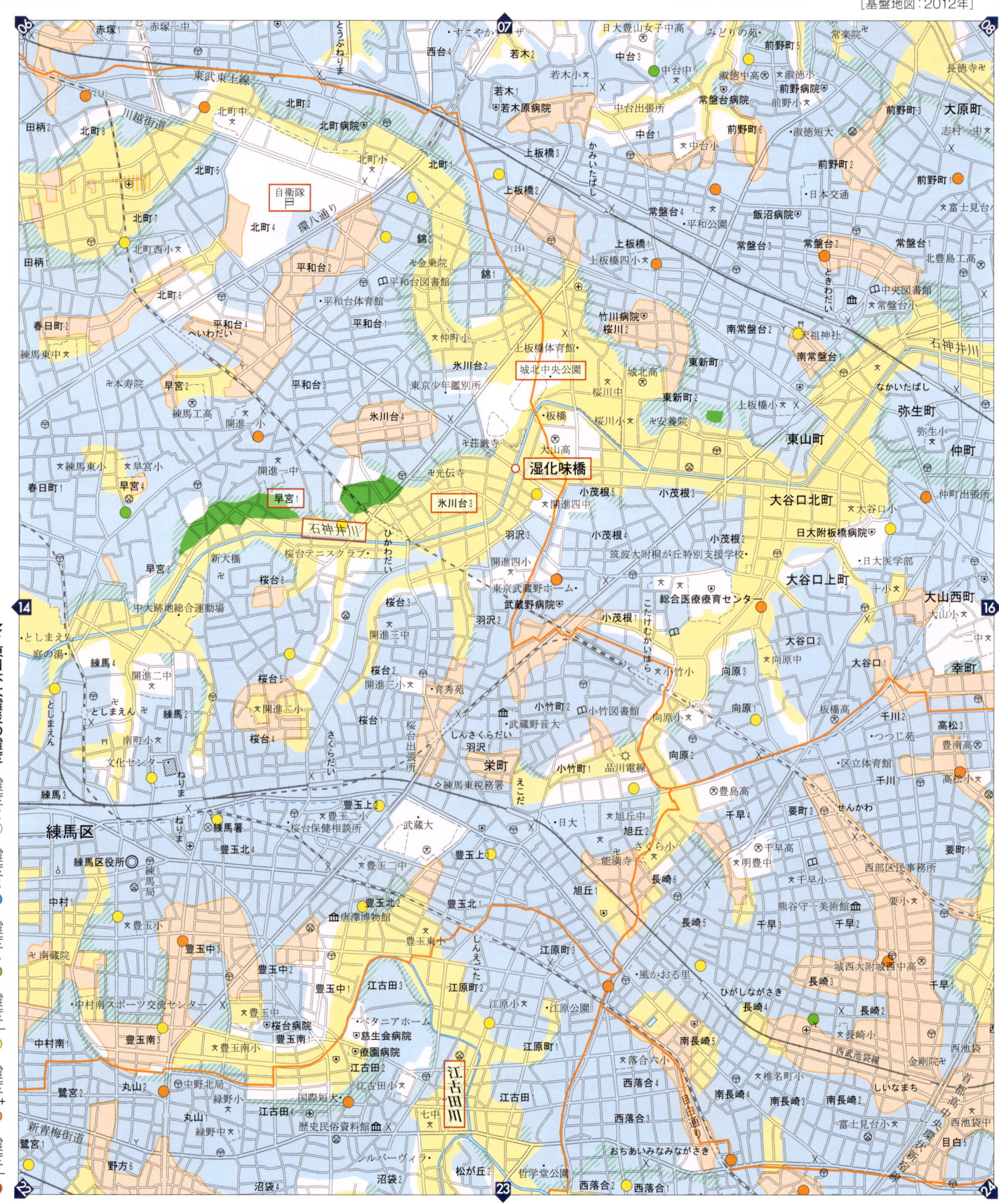

東日本大震災の震度
- 震度2 ○
- 震度3 ○（青）
- 震度4 ○（緑）
- 震度5- ○（黄）
- 震度5+ ○（橙）
- 震度6- ●（赤）

🔍 **武蔵野台地と石神井川の谷底平野**：図中の大半は武蔵野台地が占めるが、その間を流れる石神井川や江古田川といった中小河川の谷底平野が上流部に比べると広めになってきている。このため、地形に合わせて揺れやすさ評価も微妙に変わる地域である。

武蔵野台地は比較的地盤の良好な「　　更新世段丘」であり、揺れやすさ評価は「中」。その段丘面を切り取った「　　切土地」も地盤は段丘に準ずると考えていい（陸上自衛隊練馬駐屯地や城北中央公園などが該当）。一方、「▦▦谷底平野・氾濫平野」や「　　盛土地・埋立地」、そして「　　凹地・浅い谷」といった谷地は台地上に比べれば地盤は軟弱で、揺れやすさ評価は「やや大」あるいは「大」となっている。氷川台から早宮にかけての石神井川の北側には「麓屑面」（土地条件図では「■■山麓堆積地形」）も見られるが、堆積斜面であり地盤は安定しない。

🔍 **開発で一変した景観**：旧版地図を見ると、かつての石神井川は細かく蛇行しており、大雨が降れば氾濫を繰り返していたことを想像させる。流域は支流も含めて水田が多く見られる低湿地で、これは江古田川等他の中小河川も同様だ。

しかしこうした低湿地にも、現在では多くの住宅が建っている。もちろん排水施設等の

36 地図記号 ◎区・市役所　○町・村役場　⊗警察署　×交番・駐在所　ⓘ官公署　Y消防署　⊕病院　⊗高等学校　文小・中学校　⊕保健所　〒郵便局　☒自衛隊

旧版地図・揺れやすさ評価図

[基盤地図：1919～21年]

1:25,000

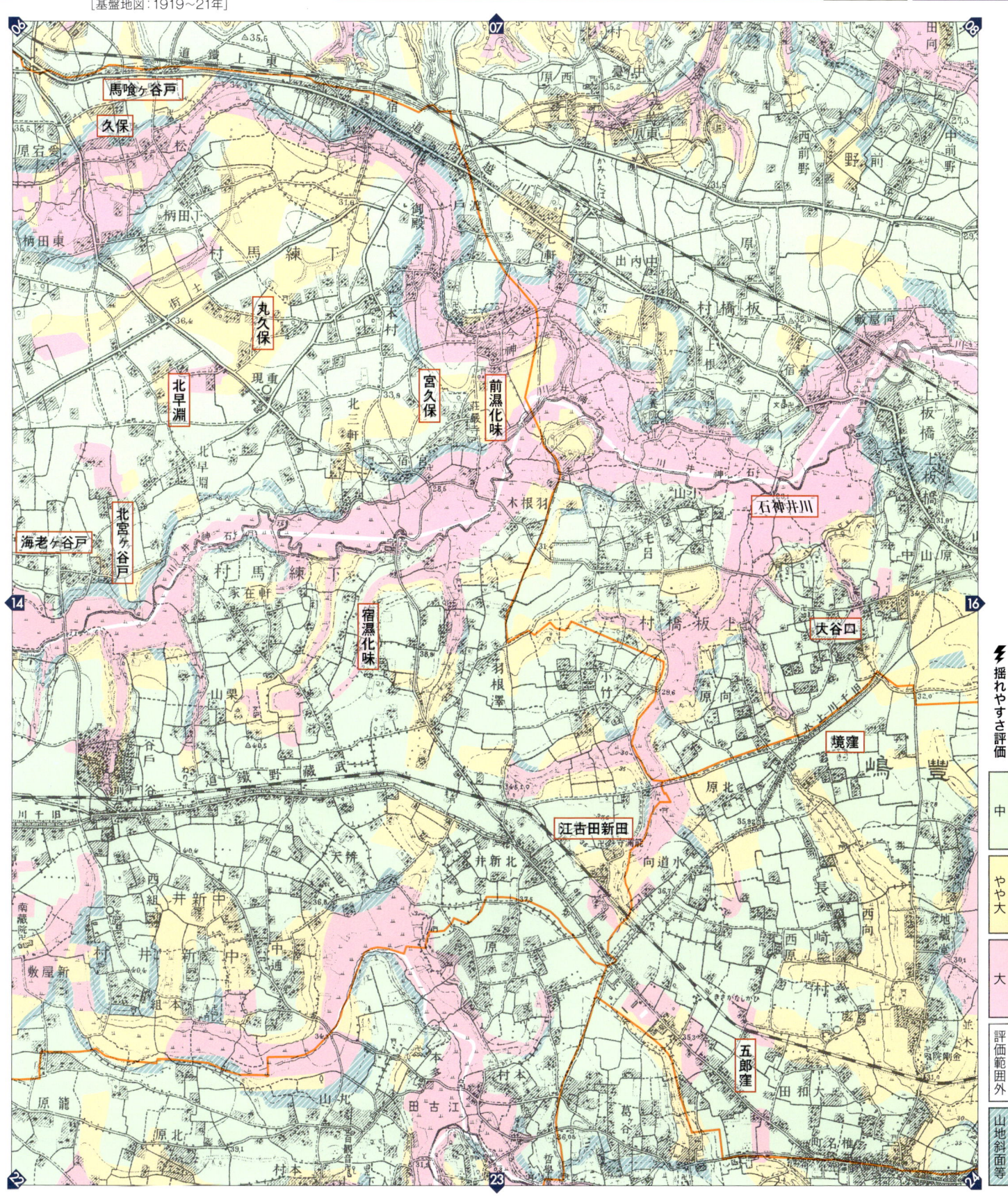

インフラ整備は進んでいるので、かつてのように雨が降るたびに氾濫して流路を変えるようなことはなくなっているが、それでも昨今増えているゲリラ豪雨（局地的大雨）の場合は排水容量を越えて氾濫を起こす（このような氾濫を「内水氾濫」という）ことも十分に考えられる。また低湿地だった土地は地盤が軟弱であるから、地震時には揺れが大きくなりがちなので、この点でも注意が必要だ。

土地の様を表す地名：旧版地図を見ると現在では残っていない地名が目に入ってくる。「前濕化味」「宿濕化味」など「濕化味」（シッケミ）なる珍しい地名があるが、これらは文字通り低湿地を意味している。現在は氷川台や桜台とった新興住宅地らしい地名へ変更されてしまっているが、「湿化味橋」という橋名が残っており、当時の名残を伝えている。

他では「馬喰ヶ谷戸」「北宮ヶ谷戸」「海老ヶ谷戸」といった「谷戸」地名や、「丸久保」「久保」「宮久保」「五郎窪」「境窪」などの「窪」地名、さらには「北早淵」「大谷口」「江古田新田」など、地形や土地の特徴を示す場所が非常に多く、しかもその多くが現在では失われてしまっていることには危惧を感じざるを得ない。地名がすべてを判断できる材料ではないにせよ、地盤の良し悪しにも大いに関係があるだけに残念だ。

揺れやすさ評価：中／やや大／大／評価範囲外／山地斜面等

卍 寺院　🇯 神社　🏛 博物館・美術館　☼ 工場　⚡ 発電所・変電所　📖 図書館　◎ 公民館　━ 区市界　┈ 都県界（右図記号）　‖ 田　Y 桑畑　○ 広葉樹林　∧ 針葉樹林

37

16 池袋、板橋、王子

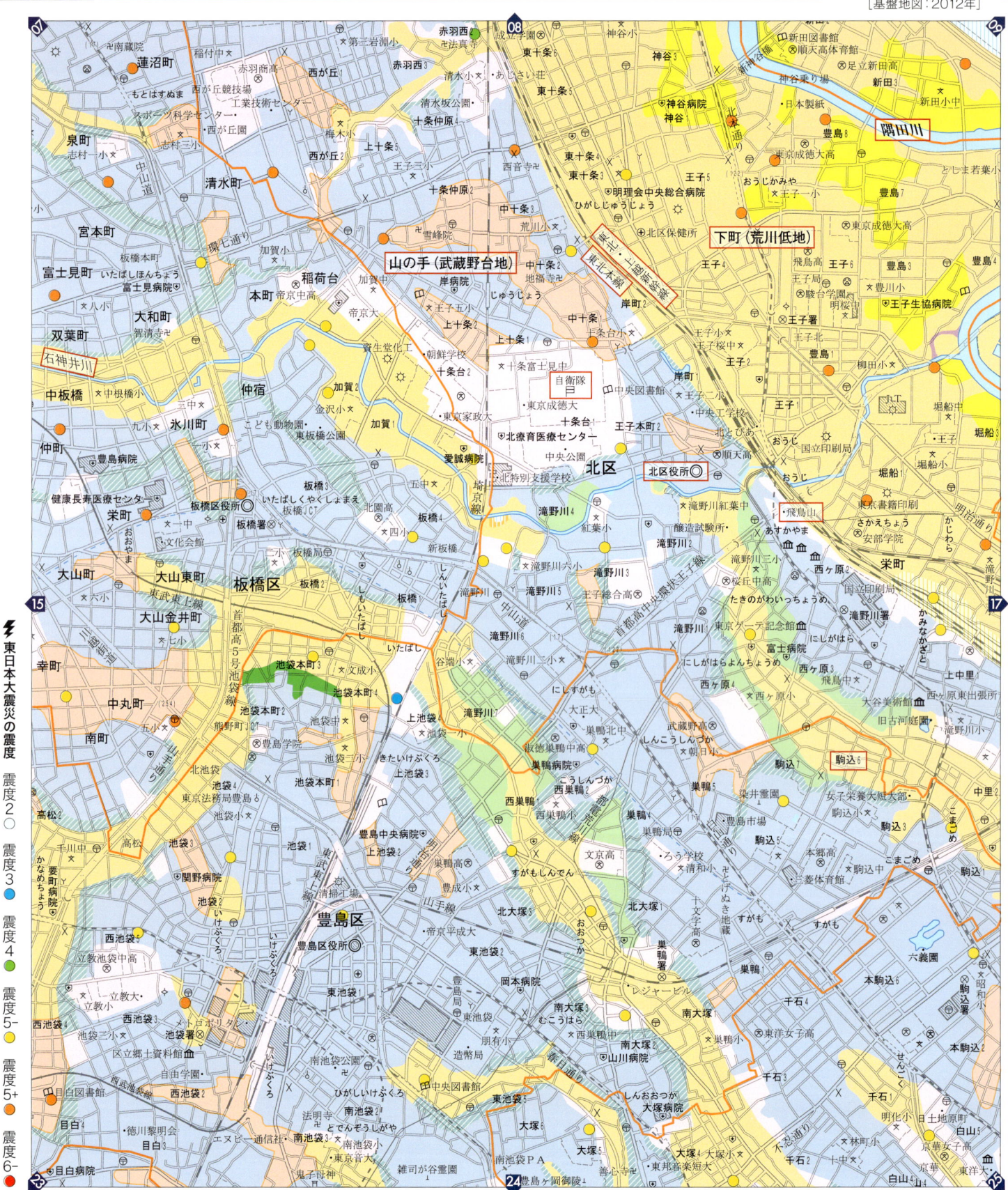

土地条件図
[基盤地図：2012年]

東日本大震災の震度
- 震度2 ○
- 震度3 ●（青）
- 震度4 ●（緑）
- 震度5- ●（黄）
- 震度5+ ●（橙）
- 震度6- ●（赤）

地図記号：◎ 区・市役所　○ 町・村役場　⊗ 警察署　✕ 交番・駐在所　♦ 官公署　Y 消防署　⊕ 病院　⊗ 高等学校　✕ 小・中学校　⊕ 保健所　〒 郵便局　戸 自衛隊

山の手と下町の境界線
まず東北本線、東北・上越新幹線の線路付近を境に大きく地形が変わることに注目したい。電車に乗っていても気づくと思うが、ここは線路に沿って崖が連なっている。実はこれがいわゆる山の手と下町の境界線になる。ここを境に南西側には武蔵野台地、北東側には荒川低地が広がり、地盤も大きく変化する。

荒川低地は縄文海進期には海の底にあり、その後陸化した地盤の軟弱な海岸平野（土地条件では「 盛土地・埋立地」）が広がり、そこに荒川（現隅田川）の氾濫で堆積した「 自然堤防」が点在している。明治に入る頃までは水田地帯だったが、旧版地図の時代には製紙会社（現王子製紙）や火薬製造所などの工場、市街地も見ることができる。現在では隙間なく住宅が建ち並んでいるが、揺れやすさ評価は「やや大」「大」であり、東日本大震災の際には軒並み震度5強を記録している。

台地と谷の地盤の違い
武蔵野台地（土地条件図では「 更新世段丘」、一部「 完新世段丘」も）は比較的地盤がよく、揺れやすさ評価は「中」と「やや大」、東日本大震災時の震度も軒並み5弱と、やはり低地部ほどは揺れていない。しかし、石神井川の谷底平野をはじめとした谷がいくつも入り込んでおり（「 凹地・浅い谷」「 盛土地」など）、

38

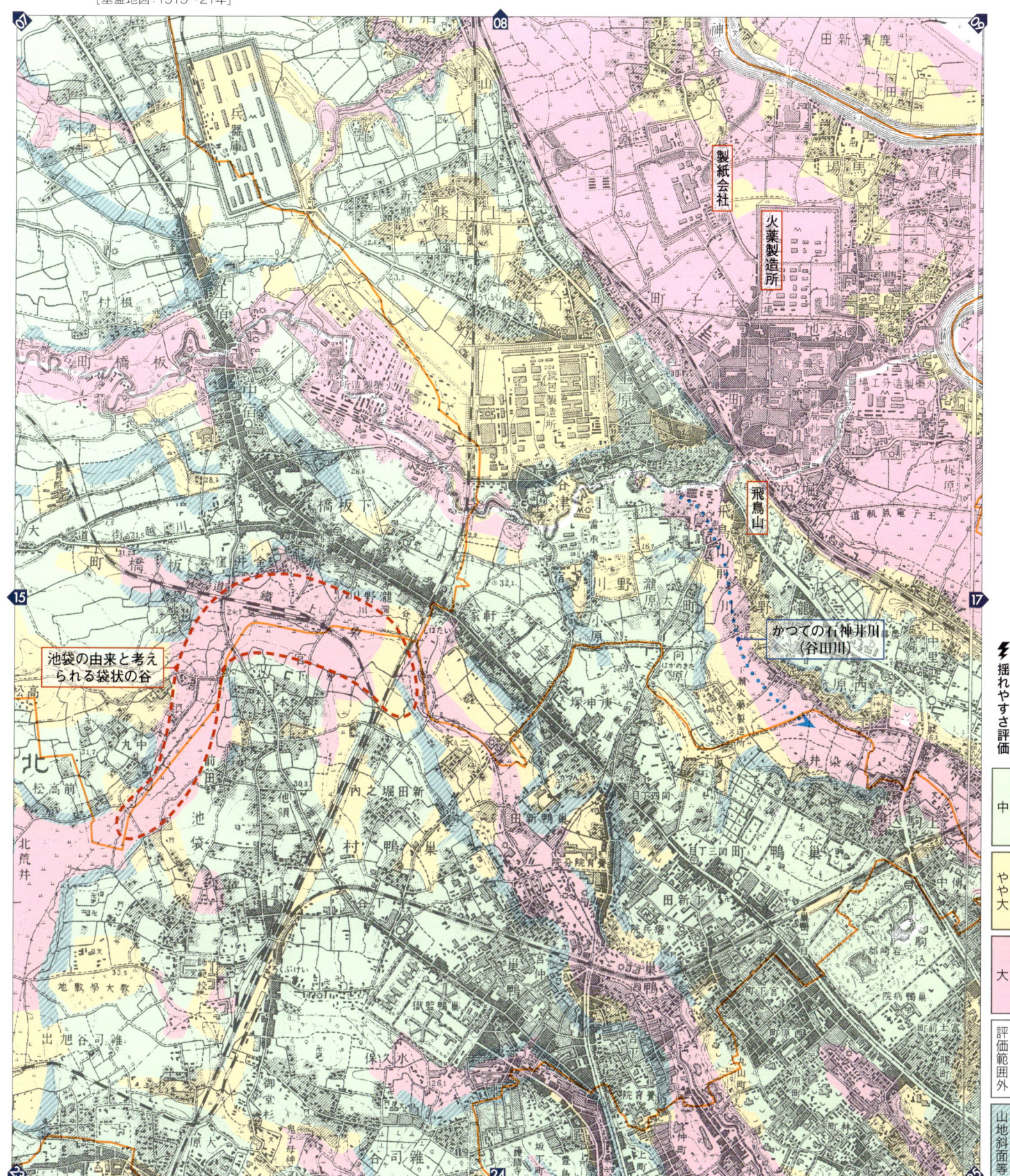

旧版地図・揺れやすさ評価図
[基盤地図：1919～21年]　　1：25,000

こうした場所では地盤は軟らかく、揺れやすさ評価も「やや大」や「大」となっている。また、一部「切土地」があり（陸上自衛隊板橋駐屯地など）、この部分の地盤は切り取る前の台地に準ずると考えていい。

🔍 **石神井川の謎と池袋の由来**：石神井川は現在北区役所の南から飛鳥山の北を下って王子で低地に流れ出て隅田川に合流しているが、谷の形を追うと飛鳥山の手前で蛇行して駒込方向へ向かう方が自然であることに気づく。この谷は現在では暗渠となった谷田川が形成したものだが、実は谷田川がかつての石神井川の本流だったのだ。石神井川はこの谷を下り不忍池（縄文海進期には東京湾の入江だった）に流れ込んでいた。石神井川の流れが現在の方向へ変わったのは、石神井川下流部の浸食が進み河川争奪が起こったとする説や人工的に開削されたとする説があり、両者の論争はまだはっきりと決着していない。

池袋の「袋」は河川の蛇行部等の水がたまりやすい場所を意味するが、現在の池袋1～池袋本町にかけて大きく蛇行する谷がまさに「袋」を表しており、かつては遊水機能を持った土地であったことが想像できる。これが「池袋」の由来だ。かつて池袋西口の近くにあった「丸池」を由来とする説もあるが、ここは明治までは雑司ヶ谷村で、池袋とは関係ない。

卍 寺院　日 神社　血 博物館・美術館　☼ 工場　発電所・変電所　図 図書館　公民館　─ 区市界　-- 都県界（右図記号）　𛰫 田　Y 桑畑　広葉樹林　Λ 針葉樹林

揺れやすさ評価
- 中
- やや大
- 大
- 評価範囲外
- 山地斜面等

39

17 日暮里、尾久、千住

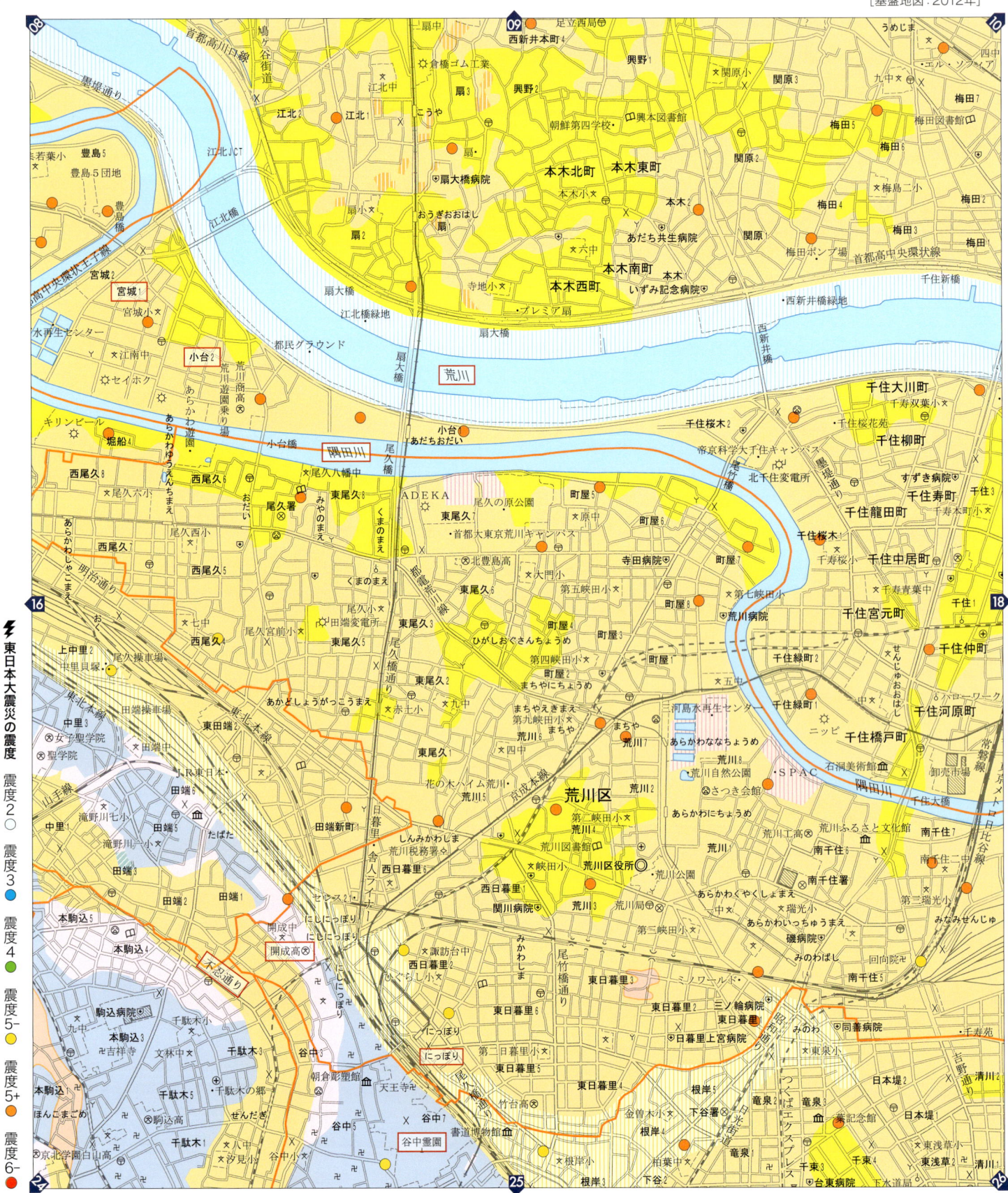

土地条件図
[基盤地図：2012年]

東日本大震災の震度
- 震度2 ○
- 震度3 ○
- 震度4 ○
- 震度5− ○
- 震度5+ ○
- 震度6− ●

🔍 **荒川と隅田川**：ほぼ全域が荒川低地だ。縄文海進時には海の底にあって、その後陸化した海岸平野が主体で、陸化後に荒川の氾濫により堆積した自然堤防が発達する地域でもある。

現在の隅田川がかつての荒川で、「自然堤防」の発達を見ても、洪水の度に暴れて流路を変えていたことが想像できる。旧版地図を見ると、当時の集落が自然堤防上につくられ、それ以外の土地は低湿地で、ほとんどが水田として利用されていたことが分かる。現在ではこうした低湿地にも多くの住宅や団地が建てられているが、地盤は軟弱で、揺れやすさ評価は「大」であり、東日本大震災時の揺れも軒並み震度5強を記録している。特に隅田川と荒川に挟まれた形の小台や宮城の隅田川寄りは、旧版地図を見ると湿地帯であり、地盤は軟弱である。その北側の自然堤防は明治までは集落があったが、後述する放水路建設で立ち退きになっている。

🔍 **大きな環境の変化**：この地域は江戸時代までは農村だったが、明治以降は荒川の水が使えるために多くの工場が立地し（旧版地図では「酸曹会社」「人造肥料会社」「胞衣会社」「皮革会社」などの文字が見える）、荒川区は1932年の区の発足当初、東京で最も人口が多い区であった。

1910年に関東大水害が発生、被害は関東

40 地図記号 ◎区・市役所 ○町・村役場 ⊗警察署 ✕交番・駐在所 ♁官公署 Y消防署 ⊕病院 ⊗高等学校 文小・中学校 ⊕保健所 〒郵便局 卍自衛隊

旧版地図・揺れやすさ評価図
[基盤地図：1919～21年]

1:25,000

地図中の注記
- 酸曹会社
- かつて自然堤防で集落があった
- 湿地
- 荒川放水路（建設中）
- 社會科肥造人
- 社會軍皮
- 肥衣會社

凡例
関東大震災の推定震度
- 6+
- 7

揺れやすさ評価
- 中
- やや大
- 大
- 評価範囲外
- 山地斜面等

卍寺院　日神社　血博物館・美術館　工場　発電所・変電所　図書館　公民館　区市界　都県界（右図記号）　⏀田　Y桑畑　○広葉樹林　▲針葉樹林

平野全体に及び、東京では下町が何日間にもわたり冠水した。この災害をきっかけに1913年から17年にかけて荒川放水路（現荒川）が建設されることになる。旧版地図の荒川放水路は、まだ建設途上のものということになる。

　放水路の完成以降、東京では荒川・隅田川の大規模な氾濫は起きていない。しかし現在各区で配布されている洪水ハザードマップは荒川（放水路）の破堤も想定に入っている。

もし荒川が破堤すると低い土地はほとんど浸水してしまう。放水路は確かに街を守っているが、同時にこの土地が抱える地盤の問題も含めたリスクを見えにくくしているともいえる。

武蔵野台地の端：日暮里駅の西側、谷中霊園のあたりが武蔵野台地の端にあたり、比較的地盤の良好な「更新世段丘」が主体となるが、不忍通りに沿う形で谷田川が形成した谷底平野（土地条件図では「盛土地・埋立地」）がある。この部分は台地部に比べて地盤が軟らかいので注意が必要だ。また、開成高校の周辺などには「切土地」が分布し、揺れやすさ評価が「やや大」となっているが、更新世段丘を削った土地であり、地盤の強度も更新世段丘と同等（揺れやすさ評価「中」）と見てよい。また、台地の切れ目の東側に「砂州・砂堆・砂丘」が見られるが、これは縄文海進期に海が奥まで入り込んでいた頃の名残だ。

18 綾瀬、亀有、立石

土地条件図
[基盤地図：2012年]

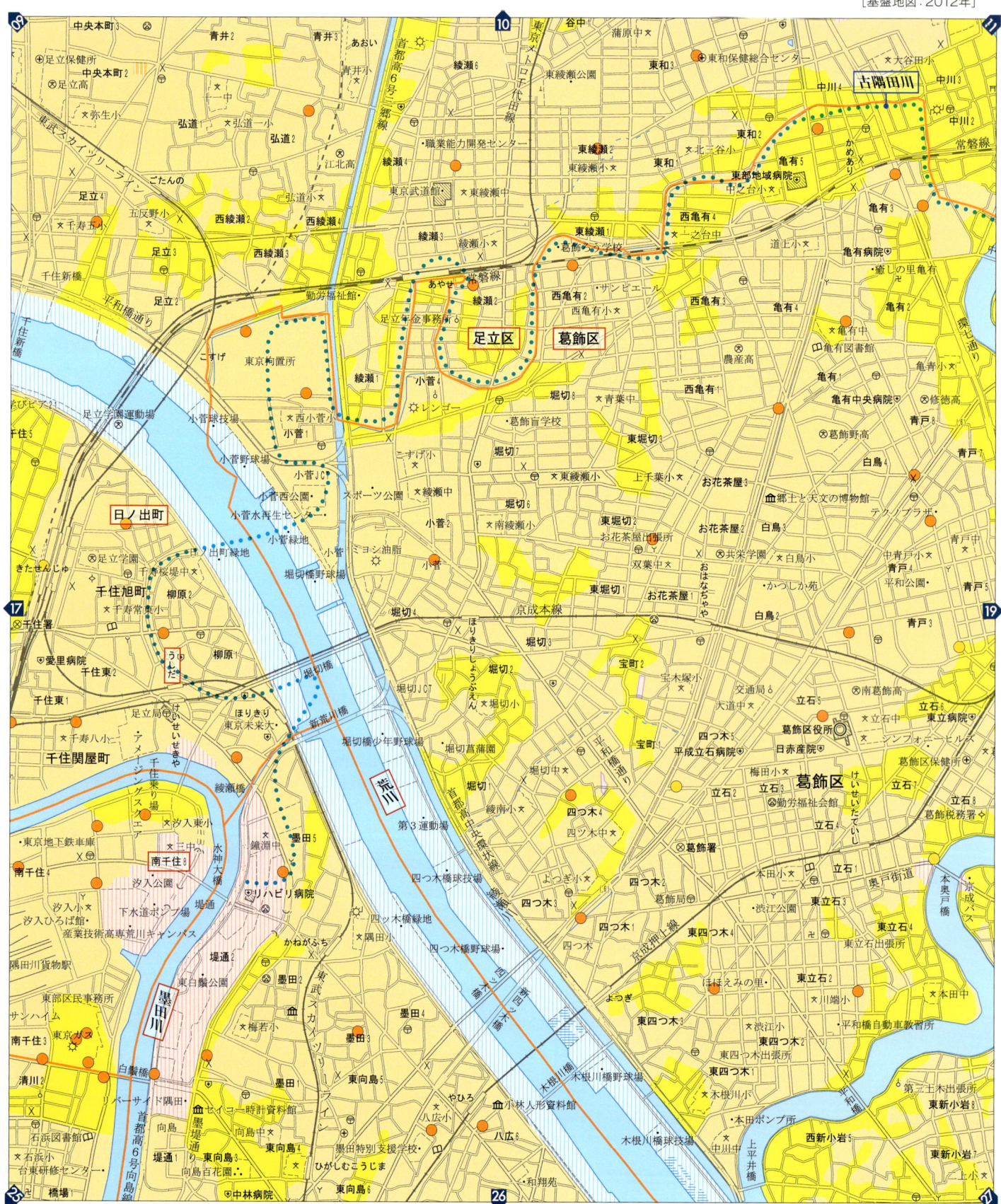

低湿地の中に点在する自然堤防
図内ほぼ全域が縄文海進期には海中にあった土地が陸化した「海岸平野・三角州」を基盤とした「盛土地・埋立地」であり、揺れやすさ評価「大」のエリアが広がる。東日本大震災時にも軒並み震度5強を記録している地盤の軟弱な地域である。わずかに存在する揺れやすさ評価「やや大」の地域は陸化した後に河川が形成した「自然堤防」で、旧版地図からは古い集落の多くがこの微高地に位置していることが分かる。

曲がりくねった複雑な区界
図中の上部で葛飾区と足立区の間の区界が不自然に曲がりくねっているのが目につく。これは、区界が古隅田川に沿って設定されたためだ。現在では大部分が暗渠になり、旧河道には住宅がびっしりと建ち並んでいるため、川の存在に気づきにくいが、河道を挟むような自然堤防の並び方に名残をとどめている。このように自然堤防は過去における氾濫を物語る地形であり、また自然堤防の分布や配置によって、ある程度昔の河川の流路を推測することもできる。

古隅田川の北側はかつての綾瀬村で、旧版地図にもあるように、「弥五郎新田」「五兵衛新田」「長右衛門新田」といった新田地名が並ぶ低湿地帯だった。南側は南綾瀬村で、自然堤防を繋ぐように通る陸前浜街道に沿って集

旧版地図・揺れやすさ評価図
[基盤地図：1919～21年]

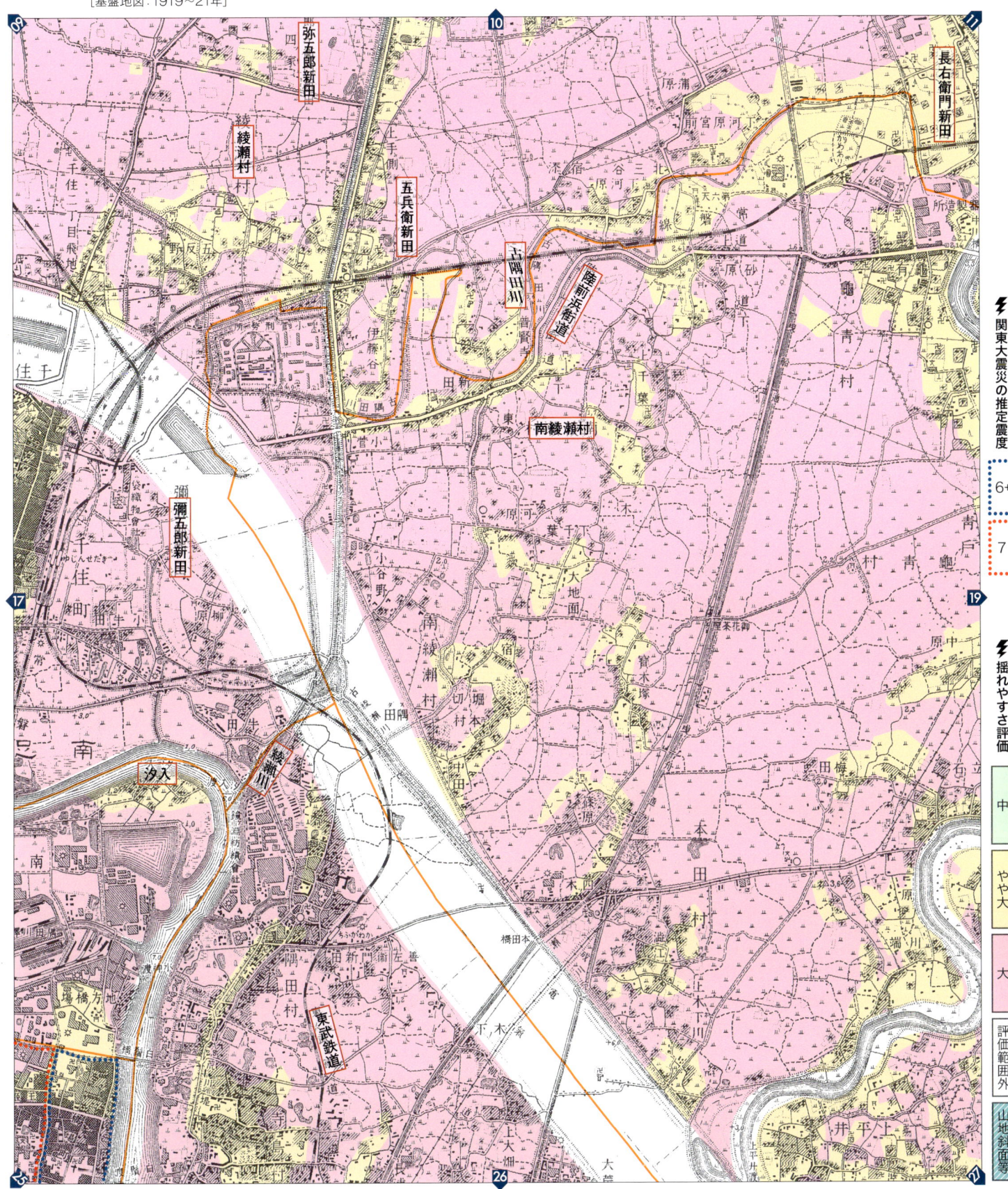

1：25,000

落が形成されていたが、低地の大部分は水田として利用されていたことが見てとれる。

🔍 **湿地帯だった「汐入」「日ノ出町」**：旧版地図では荒川放水路（現荒川）はまだ建設途上にあり、放水路の中にはその後付け替えられる綾瀬川や、東武鉄道が通っていたことが分かる。

隅田川が大きく蛇行する汐入（現南千住8丁目）付近は、その地名からも分かるように、かつてはこのあたりまで汐が入って来た場所であり、明治頃までは湿地だった（旧版地図でも一部名残を見ることができる）ため、元来地盤は軟弱である。また、古隅田川はこのあたりで合流しており、牛田駅北側の大きく回り込むような道路の並びは、その当時の川の流路を物語っている。同じ「盛土地」であっても、旧河道を埋めたような場所は特に地盤が弱く、揺れの増幅や液状化の可能性が高いので注意が必要だ。また、「日ノ出町」は典型的なイメージ地名で、新田地名から改称した際に明るいイメージでつけられたものと思われる。東日本大震災の際に複数の「日の出」地名が液状化しているが、ここでも河川敷で液状化が見られた。これは埋立地や湿地を開拓したような地盤の土地に耳触りのいいイメージ地名が充てられることが多いことのマイナス面といえるだろう。

19 青戸、高砂、金町、小岩

土地条件図
[基盤地図：2012年]

東日本大震災の震度
- 震度2 ○
- 震度3 ●
- 震度4 ●
- 震度5- ●
- 震度5+ ●
- 震度6- ●

低地を流れる二つの河川：図内の大部分は、かつて海の底にあった土地が陸化した「海岸平野・三角州」、さらにそこを盛土した「盛土地・埋立地」であり、揺れやすさ評価「大」の地域である。この軟弱地盤地を利根川水系の二つの河川が南北に流れ、流域に「自然堤防」帯を形成している。江戸川は古くは渡良瀬川の下流部だったが、戦国時代以降に行われた利根川の付け替えにより利根川水系となった。中川は付け替えの前は、利根川・荒川の本流だった。利根川の流れが東へ、荒川の流れが西へそれぞれ移され、残ったのが現在の中川というわけだ。

中川は高砂橋の下流で放水路である新中川が分流する。新中川が直線化されているのに対して、旧中川は分流点で大きく蛇行していた。旧版地図に見ることができる「曲金（マガリカネ）」という地名は、まさにこの中川の蛇行を示しているが、「カネ」は河川の決壊や氾濫が起こりやすい場所を表す地名でもある。現在の地名は「高砂」だが、これはおめでたいイメージ地名であり、土地の性質を表しているのはむしろ曲金という古い地名の方だ。

自然堤防が表すもの：自然堤防は過去の氾濫の履歴ともいえるものだが、この一見不規則に分布する自然堤防から、かつて河川が激しく流路を変えていたことが想像できる。

44　地図記号　◎区・市役所　○町・村役場　⊗警察署　X交番・駐在所　♢官公署　Y消防署　⊕病院　⊗高等学校　✱小・中学校　⊕保健所　〒郵便局　旦自衛隊

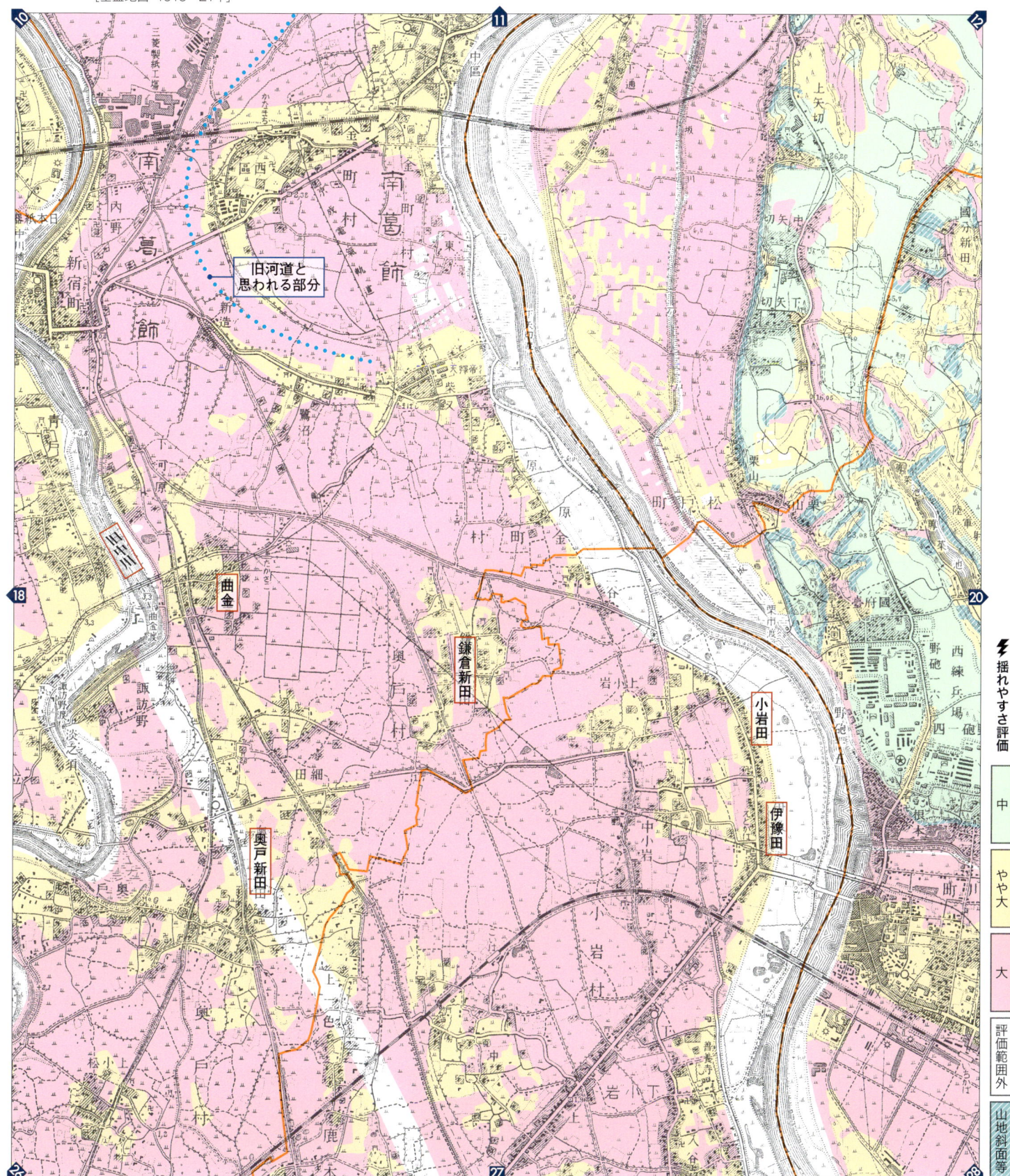

旧版地図・揺れやすさ評価図
[基盤地図：1919～21年]

1:25,000

揺れやすさ評価
- 中
- やや大
- 大
- 評価範囲外
- 山地斜面等

旧版地図からは、現在、金町浄水場がある場所の西側に半円状の地形を見ることができるが、ここはその形状や自然堤防の分布からは旧河道である可能性が高い。このような場所では地盤も割り引いて考えた方がよい。土地条件図からは、寅さんでお馴染みの柴又帝釈天が自然堤防上に位置していることが読み取れるが、「柴又」という地名は「嶋俣（シママタ）」が転訛したもので、三角州に見られるように川が分流した中の島状の地形を表している。この旧河道を復元すると確かにそんな地形が再現できそうだ。

また、旧版地図には「鎌倉新田」や「奥戸新田」、あるいは「小岩田」「伊豫田」など、水田由来の地名が見られる。この地域が（自然堤防の部分を除き）低湿地であった名残ともいえる。

🔍 **下総台地の西端**：江戸川の東側には比較的地盤の良好な「　更新世段丘」が分布しているが、これは下総台地の西端にあたる。揺れやすさ評価も「中」だが、一部谷底平野や盛土地など、谷戸地形のような部分があり、そこは地盤を割り引いて考える必要がある。また、京成電鉄の国府台駅南側（JR市川駅にかけて）には「　砂州・砂堆・砂丘」が分布しており、かつての海岸線がこのあたりにあったことを示唆している。

20 国分、東松戸

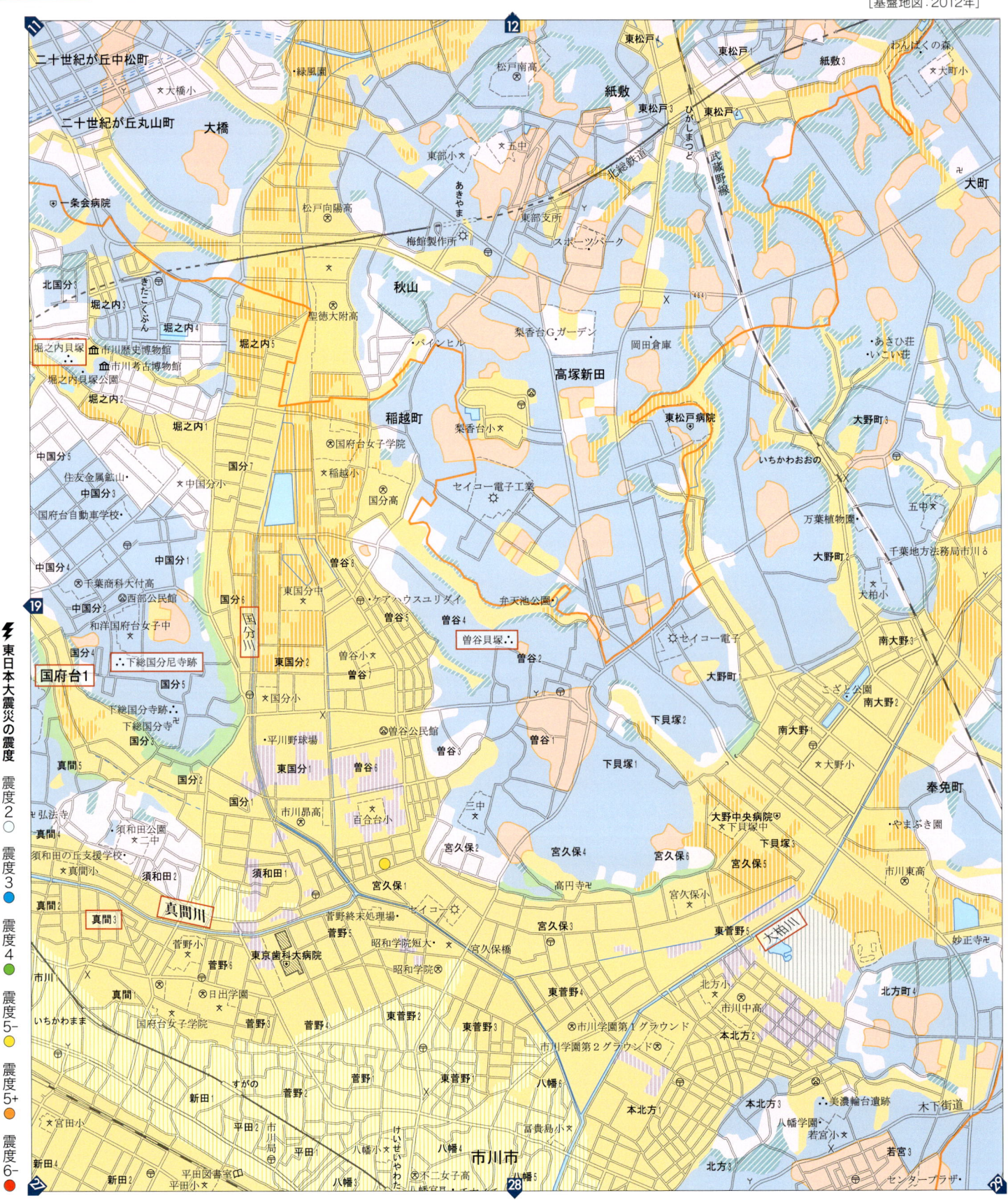

土地条件図
[基盤地図：2012年]

東日本大震災の震度
- 震度2 ○
- 震度3 ●（青）
- 震度4 ●（水色）
- 震度5- ●（黄）
- 震度5+ ●（橙）
- 震度6- ●（赤）

地図記号：◎区・市役所　○町・村役場　⊗警察署　X交番・駐在所　û官公署　Y消防署　⊕病院　★高等学校　★小・中学校　⊕保健所　〒郵便局　⌂自衛隊

混在する様々な土地条件：ここは様々な土地条件が混在する地域である。JR総武本線以南は、かつての海底が陸化した海岸平野で、現在ではそこに盛土が施されることで、地盤は軟弱、揺れやすさ評価も「大」となっている。総武本線の北側には海岸した砂が堆積した微高地である「砂州・砂堆・砂丘」があり、旧版地図を見ると、ここに集落が形成されていることが分かる。内陸部には「更新世段丘」の下総台地が広がっており、比較的地盤がいい。ただし、地盤が軟弱な「谷底平野・氾濫平野」や「凹地・浅い谷」が複雑に入り込んでおり、さらに「盛土地・埋立地」となっている部分もあるので、実際に周囲の地形を観察しつつ土地条件図や旧版地図を確認したい。

真間川・国分川・大柏川はやや広い谷底平野を形成しており、後背湿地（土地条件図では「後背低地」）が分布しているほか、盛土されている部分も多いので注意が必要だ。

古くから人が住んだ土地：真間川・国分川・大柏川の低地は、縄文海進時には海だった部分である。内陸ながら下総台地上には曽谷貝塚や堀之内貝塚など、国内最大級の集中度で貝塚が分布しており、縄文文化が栄えた土地であることが分かっている。旧石器時代の遺跡や弥生時代の遺跡もかなりの数が発見さ

旧版地図・揺れやすさ評価図

[基盤地図：1921年]　　1:25,000

れており、古くから人々が住んだ土地であった。
　また、3基の前方後円墳をはじめとした古墳も多く、律令時代には下総国の国府が置かれ（「国府台」はそこに由来）、さらに国分寺も建立される（「国分」の地名はこれに由来）など、下総国の中心地であった。江戸時代以降は別荘地となり、近代においては軍都としても栄えた。そのような土地柄であるので、場所さえ選べば元来地盤は悪くない。

東京のベッドタウンとしての問題点：様々な土地条件が混在する地域であることは地名にも現れている。低湿地を表す「須和田」や「宮久保」、「菅野」（「スガ」が低湿地を意味する）、崖地を意味する崩壊地名の「真間」など、地形を反映した地名は多い。東京のベッドタウンとして人口が急増した際に、比較的地盤の悪い土地が盛土によって宅地化されている。東京からの距離が比較的近く、か

つての別荘地の名残で高級なイメージもある。しかしもともと住居に適した土地には古くから人々が暮らしており、新興住宅地として開発された土地は、水田として利用されていた低湿地など、地盤があまり良くないところが多い。さらに、住宅を購入して転入してくる人たちは、もともとその土地が持っている性質を知らない。せめて「土地の特徴」を知ることで減災に役立てて欲しいものだ。

揺れやすさ評価：中／やや大／大／評価範囲外／山地斜面等

卍 寺院　日 神社　血 博物館・美術館　✺ 工場　☼ 発電所・変電所　📖 図書館　◎ 公民館　── 区市界　━━ 都県界（右図記号）　⊥⊥ 田　Ｙ 桑畑　◦ 広葉樹林　∧ 針葉樹林

21 吉祥寺、三鷹

土地条件図
[基盤地図：2012年]

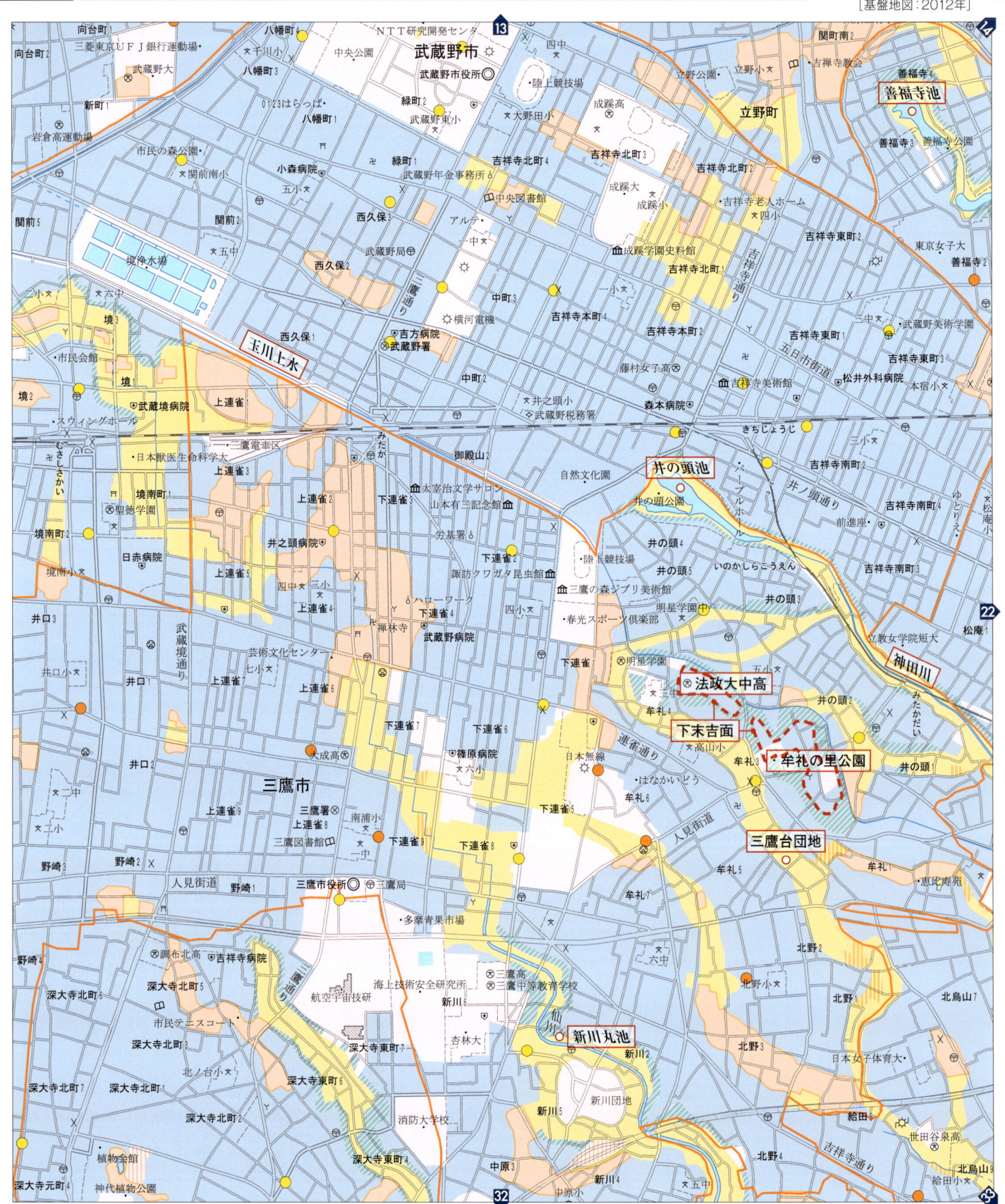

東日本大震災の震度
- 震度2 ○
- 震度3 ●(青)
- 震度4 ●(緑)
- 震度5- ●(黄)
- 震度5+ ●(橙)
- 震度6- ●(赤)

🔍 **武蔵野台地**：図内の大部分が武蔵野台地（土地条件図では「　　更新世段丘」）にあり、揺れやすさ評価が「中」であることからも分かるように、地盤は比較的良好だ。東日本大震災の際の震度分布を見ても、谷地などの一部を除けば震度5弱で、低地に比べて揺れはやや弱かった。武蔵野台地を構成する更新世段丘のほとんどは「武蔵野面」と呼ばれる15万年前〜2.6万年前に形成された段丘面だが、図内の一部、法政大中高や牟礼神明社のあたり（牟礼3〜4丁目付近）には形成期が38万年前〜15万年前の「下末吉面」がわずかに残っており、同じ更新世段丘に属してはいるものの、一般的に考えれば周辺部（武蔵野面）よりさらに地盤が良い場所と考えられる。

また、武蔵野市はほぼ全域（一部仙川の谷を除き）が更新世段丘からなり、旧版地図を見ると武蔵野の新田集落特有の短冊形地割を垣間見ることができる。

🔍 **中小河川とその水源**：透水性が高く、地下水位が深い武蔵野台地は、雨水がすぐに地中に吸い込まれてしまうため、河川が少ない。しかし、東に向かって徐々に傾斜は緩くなり、標高50m付近になると湧水として地上に顔を出すようになる。図内では善福寺池、井の頭池、新川丸池（現在は人工池）など、いずれも標高50m付近に位置しており、それぞれ善

地図記号：◎区・市役所　○町・村役場　⊗警察署　X交番・駐在所　🏛官公署　Y消防署　⊕病院　🏫高等学校　文小・中学校　⊕保健所　〒郵便局　旧自衛隊

旧版地図・揺れやすさ評価図

[基盤地図：1917年]

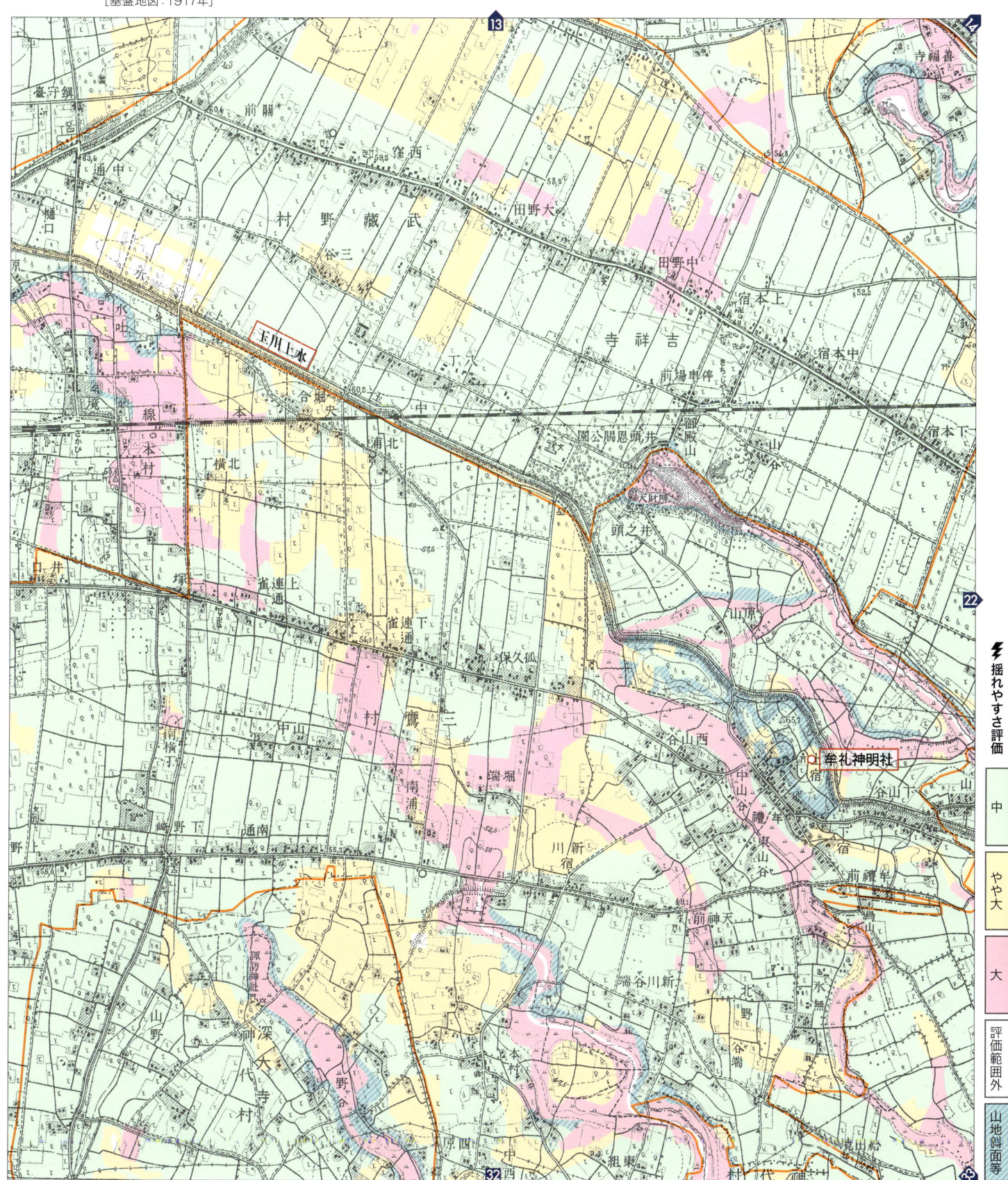

1:25,000

福寺川、神田川、仙川という中小河川の水源のひとつとなっている。これらの中小河川は武蔵野台地に谷を刻み、谷底平野の部分は周辺の台地部に比べて地盤が軟弱で、現在では多くの場合「盛土地・埋立地」で、揺れやすさ評価「大」の部分が多い。また、こうした一部の中小河川以外にも幾筋かの谷が形成されているが、その多くは川が暗渠になっているため、今では谷であることに気づきにくい。前述の「下末吉面」の南側（三鷹台団地付近）はこうした谷を盛土した場所なので、周囲に比べて地盤が軟弱なので注意が必要だ。

武蔵野台地を縦貫する玉川上水：図のほぼ中央を北西から南東にかけて斜めに横切るのは玉川上水だ。玉川上水は江戸時代に開削され、羽村取水堰で多摩川の水を引き込み、武蔵野の新田を潤す用水を分けながら、四谷大木戸の水番所を経て、江戸市中に水を供給した上水道施設である。配水に自然流下を利用したため、玉川上水は尾根筋に通され、荒川水系と多摩川水系の分水界となっている。ここより北側の神田川や善福寺川は荒川へと注ぎ、南側の仙川は多摩川に合流している。

更新世段丘の尾根筋にあるので地盤は良く、前述の「下末吉面」（65.6mと現在の三鷹市の最高地点）も玉川上水のすぐ側に位置している。

揺れやすさ評価：中／やや大／大／評価範囲外／山地斜面等

卍寺院　日神社　血博物館・美術館　☆工場　発電所・変電所　図書館　公民館　──区市界　── 都県界（右図記号）　┴田　Y桑畑　○広葉樹林　∧針葉樹林

22 杉並、荻窪、阿佐谷、久我山

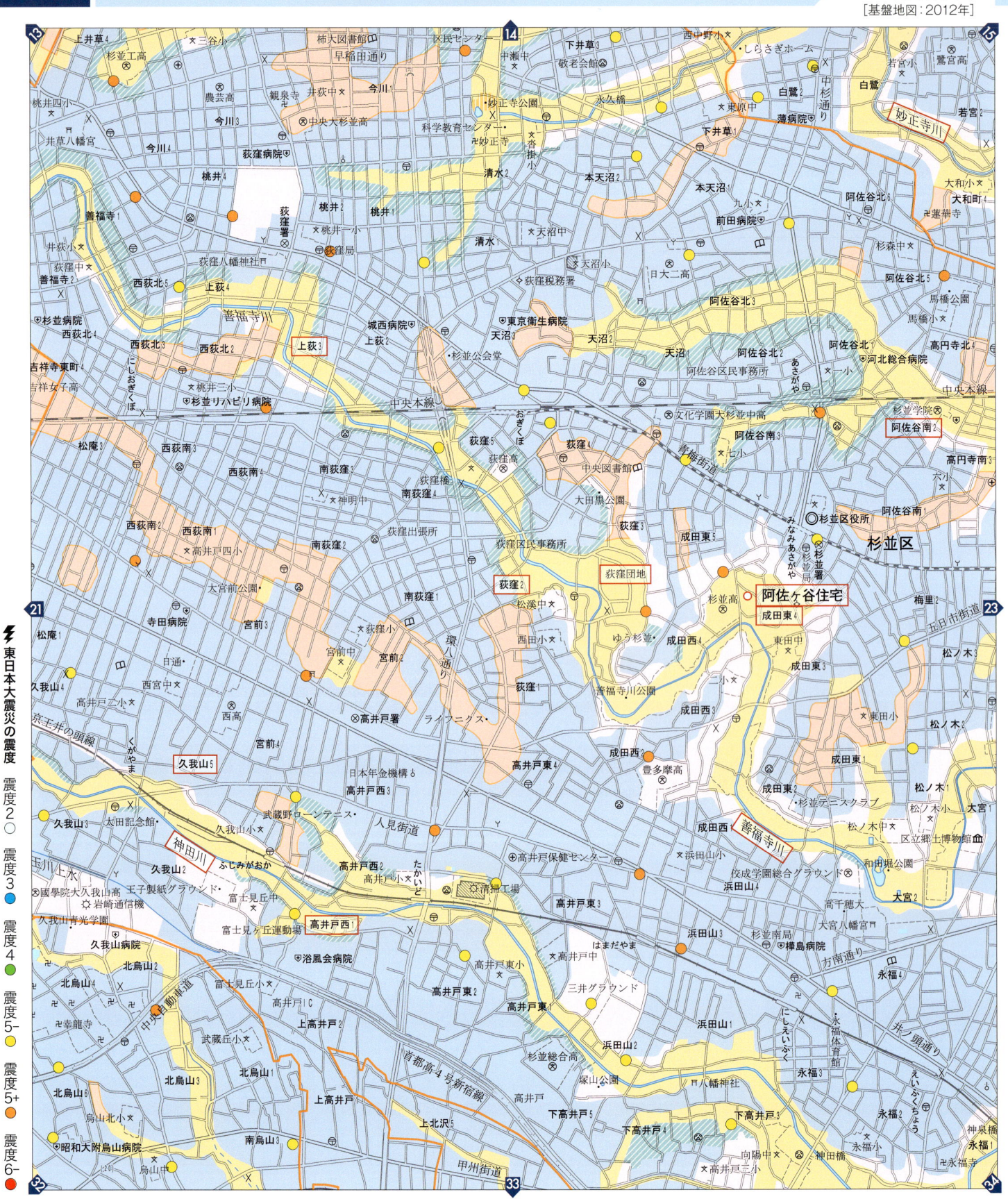

土地条件図
[基盤地図：2012年]

🔍 台地に谷を刻む中小河川：図内の全域が武蔵野台地上にあり、その間に神田川、善福寺川、妙正寺川といった中小河川が台地を刻んでいる。武蔵野台地は「更新世段丘」であり、比較的地盤は良好だが、中小河川沿いには「谷底平野・氾濫平野」や「凹地・浅い谷」、あるいは「盛土地・埋立地」が分布し、これらの地域は段丘上に比べて軟弱地盤である。揺れやすさも、段丘面が「中」、谷沿いが「大」とはっきり分かれる。

旧版地図を見ると、街道や集落は台地上に分布し、逆に谷地は武蔵野ではあまり多くない低湿地を利用した水田地帯になっていたが、現在では盛土されて住宅地となっている。なかでも川が大きく蛇行する部分は元来遊水機能を持つ広い水田であったのだが、こうした場所も荻窪団地や阿佐ヶ谷住宅といった団地に姿を変えている。

🔍 狩野川台風の教訓：武蔵野台地の中小河川が形成する谷底平野や浅い谷の部分は、台風やいわゆるゲリラ豪雨（局地的大雨）の際、内水氾濫が発生しやすい場所でもある。

元来、東京における水害は、1910年の関東大水害や47年のカスリーン台風、49年のキティ台風など、下町低地が被災地となることが多かった。しかし、58年の狩野川台風の際には、それまで水害が起こりにくいとさ

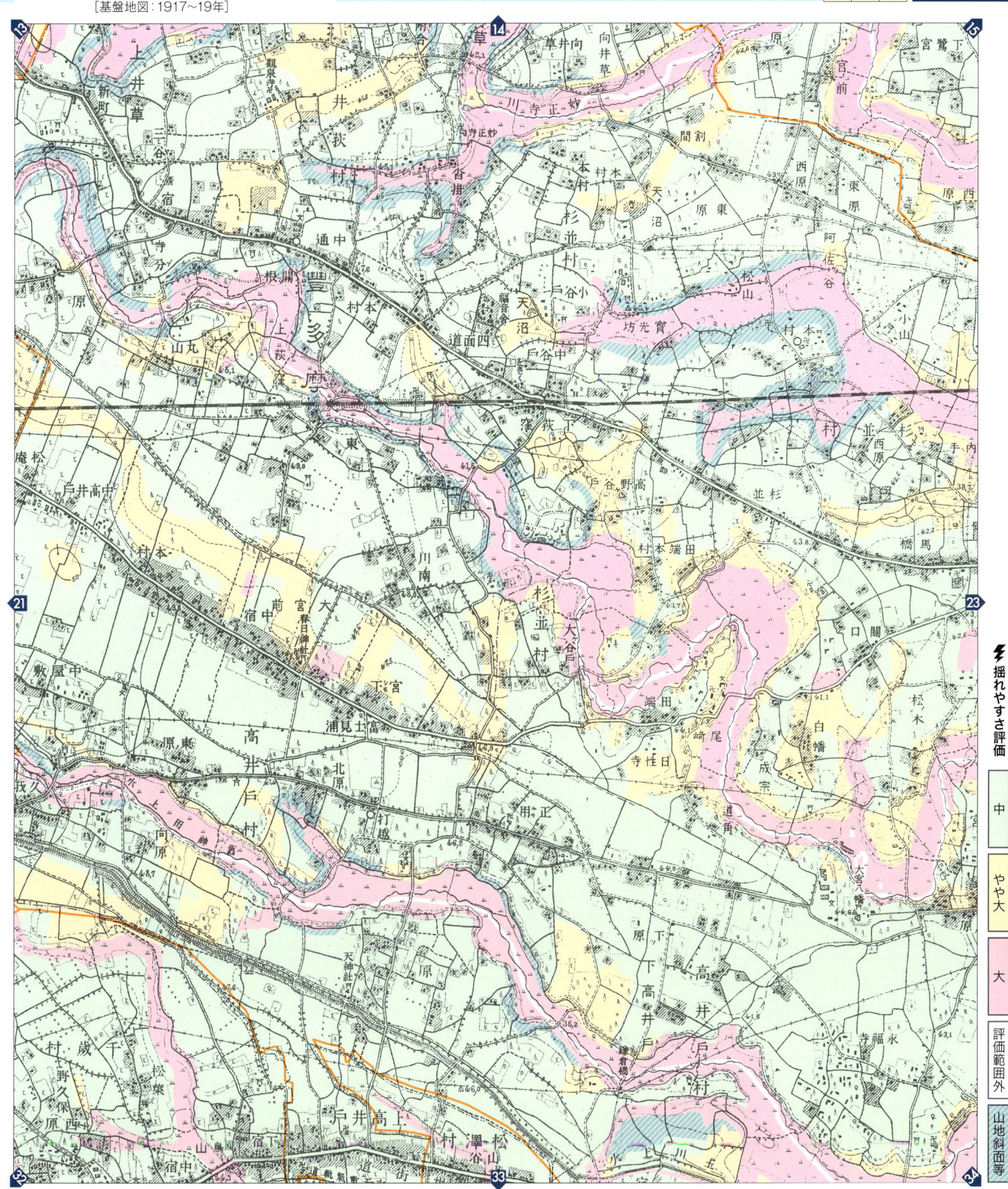

旧版地図・揺れやすさ評価図
[基盤地図：1917～19年]

1：25,000

揺れやすさ評価
- 中
- やや大
- 大
- 評価範囲外
- 山地斜面等

れていた武蔵野台地が冠水の被害に見舞われたが、浸水したのは案の定、前述の中小河川の谷だった。かつては中小河川にも適度な遊水機能を持つ土地があり、また関東ローム層の高い透水性も相まって、降った雨は地中に浸みこんでいった。しかし、現在では街がアスファルトやビルに覆われて地中に逃げることができない。中小河川や排水溝の容量を越えれば水は溢れることになる（内水氾濫）。

内水氾濫の常襲地帯：近年、ゲリラ豪雨などのように、短時間で集中的に雨が降るケースが多くなっている。地中への逃げ道を失くした雨水は低い土地へと流れ込む。その「台地上の低い土地」が谷底平野であり浅い谷である。低い土地に集中した水は川や排水溝へと流されるが、雨量が多ければ容量を越えて内水氾濫が発生する。東京都でも環七地下の遊水施設など様々な対策が進められているが、短時間豪雨ではまず台地上の谷地に水が集中することを覚えておいた方がいい。

杉並区の過去の水害の記録を調べてみると、常に同じ場所で繰り返していることが分かる。図内では「久我山」や「高井戸」「阿佐ヶ谷」「上荻」「荻窪」「成田東」など、いずれも中小河川の谷底平野にあたる場所なのだ。過去の災害履歴を認識しておくことは減災の第一歩になる。

卍 寺院　日 神社　血 博物館・美術館　☆ 工場　※ 発電所・変電所　囧 図書館　◎ 公民館　── 区市界　--- 都県界（右図記号）山 田　Y 桑畑　○ 広葉樹林　∧ 針葉樹林）

23 中野、方南町、西新宿

土地条件図
[基盤地図：2012年]

東日本大震災の震度
- 震度2 ○
- 震度3 ●
- 震度4 ●
- 震度5- ●
- 震度5+ ●
- 震度6- ●

🔍 **神田川とその支流**：武蔵野台地が広がる地域だが、神田川とその支流である善福寺川や妙正寺川、また現在暗渠となっている和泉川や桃園川などの中小河川が谷底平野を形成しており、台地と谷が複雑に入り組んだ坂の多い地形となっている。台地上は地盤が比較的良好な「更新世段丘」であり、揺れやすさ評価も「中」だが、神田川とその支流が形成する「谷底平野・氾濫平野」や「凹地・浅い谷」の地盤は軟弱だ。特に「盛土地・埋立地」では顕著で、揺れやすさ評価は「大」となっている。

更新世段丘では和泉川（現在は暗渠）の谷以東で東京都庁以南の部分は、形成年代が古い「下末吉面」と呼ばれる段丘で、それ以外の段丘部（武蔵野面）よりもさらに地盤は固い。また、旧版地図を見ると現在の京王線が玉川上水の流路を走っていることが分かる。

🔍 **台地上の水害常襲地**：善福寺川沿いの「堀ノ内」や神田川沿いの「和田」などは、近年の台風やゲリラ豪雨により何度となく冠水被害に遭っている場所である。「和田」は川が蛇行する部分の湿地を意味する地名だ。

「上落合」「下落合」は旧版地図では「落合村」で、神田川と妙正寺川が合流することに由来するが、こうした場所は水が集まることで氾濫が起こりやすい。実際にかつて落合は

52 地図記号 ◎区・市役所 ○町・村役場 ⊗警察署 ✕交番・駐在所 ⊕官公署 Y消防署 ⊕病院 ⊗高等学校 ✶小・中学校 ⊕保健所 〒郵便局 ☒自衛隊

旧版地図・揺れやすさ評価図

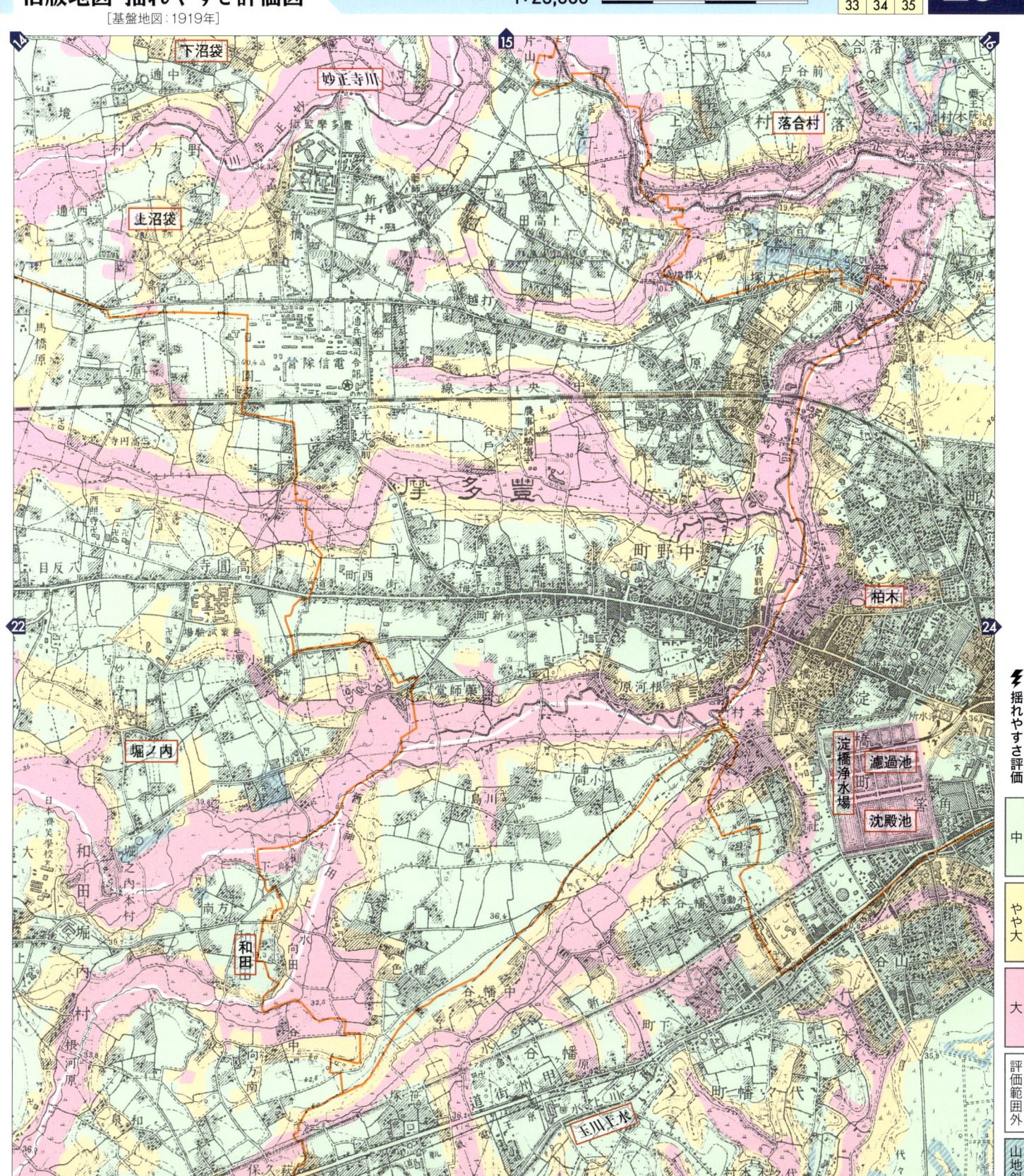

[基盤地図：1919年]

1:25,000

揺れやすさ評価
- 中
- やや大
- 大
- 評価範囲外
- 山地斜面等

大雨のたびに氾濫する場所だった。現在では妙正寺川の流路が改良され、落合で合流せずに暗渠となって新目白通りの下を流れ、下流の高田橋付近〔図24〕で合流する形となっている。妙正寺川沿いにある「沼袋」は低湿地を表す「沼」と、川が蛇行して水のたまりやすい場所を表す「袋」の組み合わせによる水害地名だ。現在の沼袋は妙正寺川の北側だが、旧版地図を見ると川の北側が「下沼袋」、南側が「上沼袋」であったことが分かる。

大久保通りが走る谷は、現在はすべて暗渠となっている桃園川の流路にあたる。神田川との合流地点は現在では「北新宿」だが、旧版地図を見ると「柏木」という地名がある。「カシワギ」は「カシハキ」の転訛とされ、「ハキ」は「吐き」に通じ、川の合流部で水が出やすい場所を示す。ちなみに現在の「東中野駅」は1916年まで「柏木駅」だった。

🔍 **都庁は淀橋浄水場の跡地**： 現在東京都庁など新宿西口の高層ビルが立地する場所は土地条件図では「盛土地」だ。新宿駅西口から地下道をまっすぐに歩いて行くと突然空が開けて高層ビル街になる。旧版地図を見ると、この場所はかつての淀橋浄水場であり、高層ビルが建つのは当時の沈殿池や濾過池の底だった部分。地下街から外に抜けた場所は池の底であり、周囲より低いのはそのためだ。

卍寺院　日神社　血博物館・美術館　☼工場　発電所・変電所　図書館　公民館　──区市界　━━都県界（右図記号）　山田　Y桑畑　Q広葉樹林　Λ針葉樹林

24 新宿、赤坂、飯田橋

土地条件図 [基盤地図：2012年]

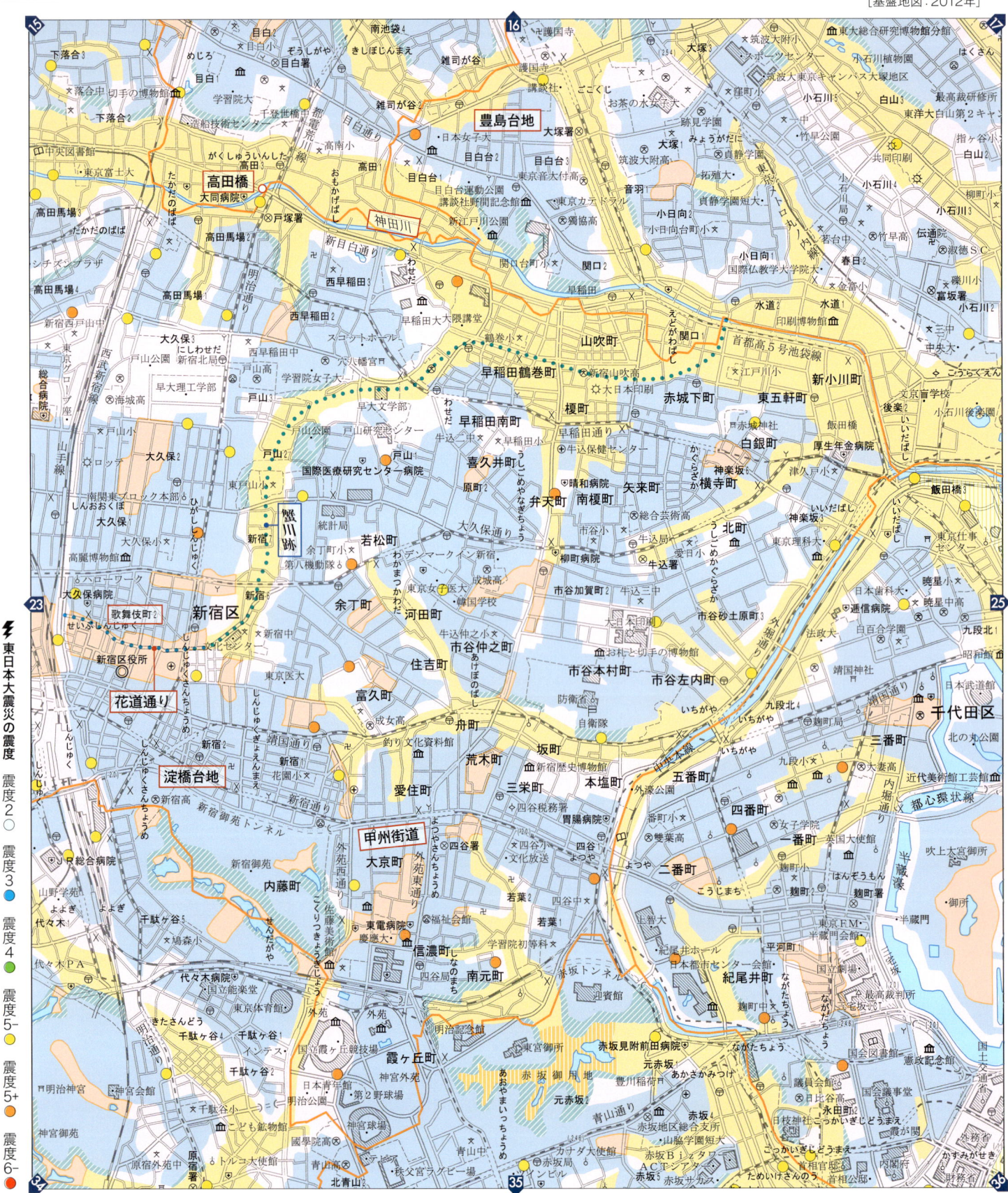

🔍 **地盤の強度が多様なエリア**：この地域は台地・段丘が広がる中に、神田川などの中小河川が谷を刻む地形となっており、地盤の強度も多様なので、土地条件図の地形分類に注意したい。

土地条件図の「更新世段丘」は、形成年代の古さによりいくつかに分類される（古いほど地盤は固い）が、段丘は全般に地盤の強度は高い。山地はこれらよりさらに地盤が固いが、土地条件図では「山地斜面等」の分類になっていることから、台地・段丘の縁の斜面が山地と同じ分類になってしまう。斜面は土砂災害や不同沈下などの可能性があるので誤解のないようにしたい。

🔍 **良好な淀橋台地と軟弱な谷**：土地条件図の南半分、新宿駅から皇居にかけては形成年代の古い「下末吉面」による淀橋台地となっており、この地域の中では最も地盤が良好だ。甲州街道はこの台地の上を走っている。ただし、台地の間には樹枝状に多くの谷が刻まれ、「凹地・浅い谷」「盛土地・埋立地」が点在している。台地の中にあってもこうした場所は地盤が軟らかく、揺れやすさ評価が「やや大」や「大」となっているように注意が必要だ。また、比較的標高はありながらも、周囲に比べて低い土地であることから、ゲリラ豪雨など短時間で大量の雨が降った際には

54 　地図記号　⊚区・市役所　○町・村役場　⊗警察署　✕交番・駐在所　ô官公署　Y消防署　⊕病院　⊗高等学校　✱小・中学校　⊕保健所　〒郵便局　日自衛隊

旧版地図・揺れやすさ評価図
[基盤地図：1919年]　1：25,000

関東大震災の推定震度
- 6+
- 7

揺れやすさ評価
- 中
- やや大
- 大
- 評価範囲外
- 山地斜面等

水が集中しやすく、床上・床下浸水の被害が出やすいことにも留意したい。

🔍 **神田川低地**：土地条件図の北半分は、豊島台地（形成年代が淀橋台地より新しい「武蔵野面」）が広がる地域であり、淀橋台地について地盤がよい場所である。ただし、間を刻むいくつかの谷は「浅い谷」「盛土地」などになっており、揺れやすい。特に神田川が形成した谷は、この地域としてはやや広めの「谷底平野・氾濫平野」であり、ここを盛土した盛土地も多く分布しており、揺れやすさ評価「大」が広がっている。実際、関東大震災時の震度分析でも、台地部の多くが震度5レベルだったのに対し、この地域は現在の震度6弱に相当する揺れであった。また、神田川はかつて武蔵野台地に降る雨が集まっていた川でもあることから、流域は水害が頻発した土地でもある。現在では排水管の大口径化など、インフラが改善されてはいるが、水が集まりやすい場所であることは覚えておきたい。

新宿の北側に「大久保」という地名があるが、この辺りは神田川の支流である蟹川がつくる「浅い谷」が分布しているように、窪地であったことに由来する。歌舞伎町の1丁目と2丁目を分ける花道通りはかつての蟹川の跡で、連続するカーブに名残が見える。

卍寺院　⛩神社　🏛博物館・美術館　⚙工場　⚡発電所・変電所　📖図書館　◎公民館　━━ 区市界　━━━ 都府県界 (右図記号) ⊥⊥田　Y Y 桑畑　○○広葉樹林　∧∧針葉樹林

55

25 上野、浅草、日本橋、丸の内

土地条件図
[基盤地図：2012年]

東日本大震災の震度
- 震度2 ○
- 震度3 ●
- 震度4 ●
- 震度5− ●
- 震度5+ ●
- 震度6− ●

◉「上野の山」は武蔵野台地の末端：
江戸時代から「上野の山」と呼ばれてきた現在の上野公園は、実際には武蔵野台地の末端部である。土地条件図を見ると「更新世段丘」（武蔵野面）であり、これは東大のある本郷通りに沿った地域も同様。揺れやすさ評価も「中」で地盤は比較的良好である。
一方、同じ更新世段丘でも皇居がある部分は、武蔵野面より形成年代が古く地盤の固い「下末吉面」で、新宿や六本木、白金方面へと広がっている。段丘の間には中小河川の「谷底平野・氾濫平野」（実際には大部分が「盛土地・埋立地」となっている）があり、この部分は台地部に比べて地盤が軟弱で、揺れやすさ評価も「大」である。
また、神田から日本橋にかけては「砂州・砂堆・砂丘」が広がっている。この部分はかつて日比谷まで海が入り込んでいた（日比谷入江）当時に形成された微高地で、揺れやすさ評価は「やや大」。その西側の丸の内から大手町あたりまでが日比谷入江だった部分で、その後埋め立てられて現在に至る。

◉埋め立てで消えた池：
江戸前島から湯島、上野公園と続く台地の東側は、いわゆる下町低地である。ここは、かつて海の中にあった土地が陸化したり、河川が河口に砂を堆積させた「海岸平野・三角州」など、地盤の悪い

56 地図記号 ◎区・市役所 ○町・村役場 ⊗警察署 ×交番・駐在所 ⊙官公署 Y消防署 ⊕病院 ⊗高等学校 文小・中学校 ⊕保健所 ⊕郵便局 ▤自衛隊

旧版地図・揺れやすさ評価図
[基盤地図：1919年]

1：25,000

関東大震災の推定震度
- 6+
- 7

揺れやすさ評価
- 中
- やや大
- 大
- 評価範囲外
- 山地斜面等

かつての低湿地だ。浅草付近の「■自然堤防」以外は揺れやすさ評価「大」である。

下町低地は江戸時代に埋め立てや河川の付け替えが盛んに行われた。日比谷入江が埋め立てられたのはよく知られているが、これ以外にも戦国期までは現在の岩本町付近にあった「お玉が池」や、入谷から千束にかけて存在した「千束池」も埋め立てられて現在に至っている。こうした土地は自然に形成され た土地に比べれば地盤は軟弱だ。

🔍 **台地を渡る神田川**：通常、川は最も低い場所を探して流れるので、川を渡る際には谷に下りるのが普通である。ところが御茶ノ水の聖橋は靖国通りから駿河台を上りきったところで神田川を越えている。これは江戸時代に徳川秀忠の命により、江戸城の外堀として武蔵野台地（駿河台・本郷台）を開削して神田川の付け替えを行ったことによる。

本来の神田川はかつて「平川」と呼ばれ、現在の日本橋川との分流点あたりから南下して日比谷入江に注いでいた。それが現在では台地を貫く形で隅田川へと流れている。御茶ノ水付近が谷でないにもかかわらず、川が流れているのはこのためである。「御茶ノ水」の地名はこの地で湧く名水を秀忠が命名したことにちなむが、秀忠自身が開削を命じた神田川の付け替えにより消えてしまったのは皮肉だ。

卍 寺院　⊥ 神社　🏛 博物館・美術館　☼ 工場　⚡ 発電所・変電所　📖 図書館　⌂ 公民館　━━ 区市界　━━━ 都県界（右図記号）　‖ 田　Ƴ 桑畑　♣ 広葉樹林　▲ 針葉樹林

57

26 大島、錦糸町、東京スカイツリー

土地条件図 [基盤地図：2012年]

東日本大震災の震度
- 震度2 ○
- 震度3 ●
- 震度4 ●
- 震度5- ●
- 震度5+ ●
- 震度6- ●

🔍 **都内有数の「揺れやすい」地域**：図内全域が下町低地という地域。「海岸平野・三角州」が人工改変で「盛土地・埋立地」となった土地だ。地盤は軟弱で、揺れやすさ評価が「大」のエリアが広がる。東日本大震災の際の震度分布もほとんどが震度5強、また関東大震災時の震度解析を見ても震度6強や、ところによっては震度7も分布しており、都内でも最大級の揺れを記録した地域であることが分かっている。また、標高的にもいわゆるゼロメートル地帯の低平な土地が大部分を占めることから、地震だけでなく、水害や高潮に対しても警戒を要する地域である。

🔍 **キティ台風が示した高潮のリスク**：1949年、関東地方をキティ台風が襲った。大雨による被害はもちろんだが、この時、特に深刻だったのが高潮災害だった。ちょうど台風通過時が満潮と重なったこともあり、東京ではA.P（荒川工事基準面）で+3.15mを記録、都内の浸水は3万戸を越え、なかでも特に被害が大きかったのが、本図内の江東区、墨田区だった。江東区はほぼ全域が浸水、ゼロメートル地帯が広がるうえ、元来人が住まないような湿地を新田として開発した土地が、後に住宅地になっていたことも大きかった。旧版地図を見ると、錦糸町や亀戸あたりまではすでにある程度の市街地化がされていたが、現在の大

地図記号 ◎区・市役所 ○町・村役場 ⊗警察署 ✕交番・駐在所 ᄼ官公署 Y消防署 ⊕病院 ⊛高等学校 ✱小・中学校 ⊕保健所 〒郵便局 ✠自衛隊

旧版地図・揺れやすさ評価図
[基盤地図：1919年]

1：25,000

関東大震災の推定震度
- 6+
- 7

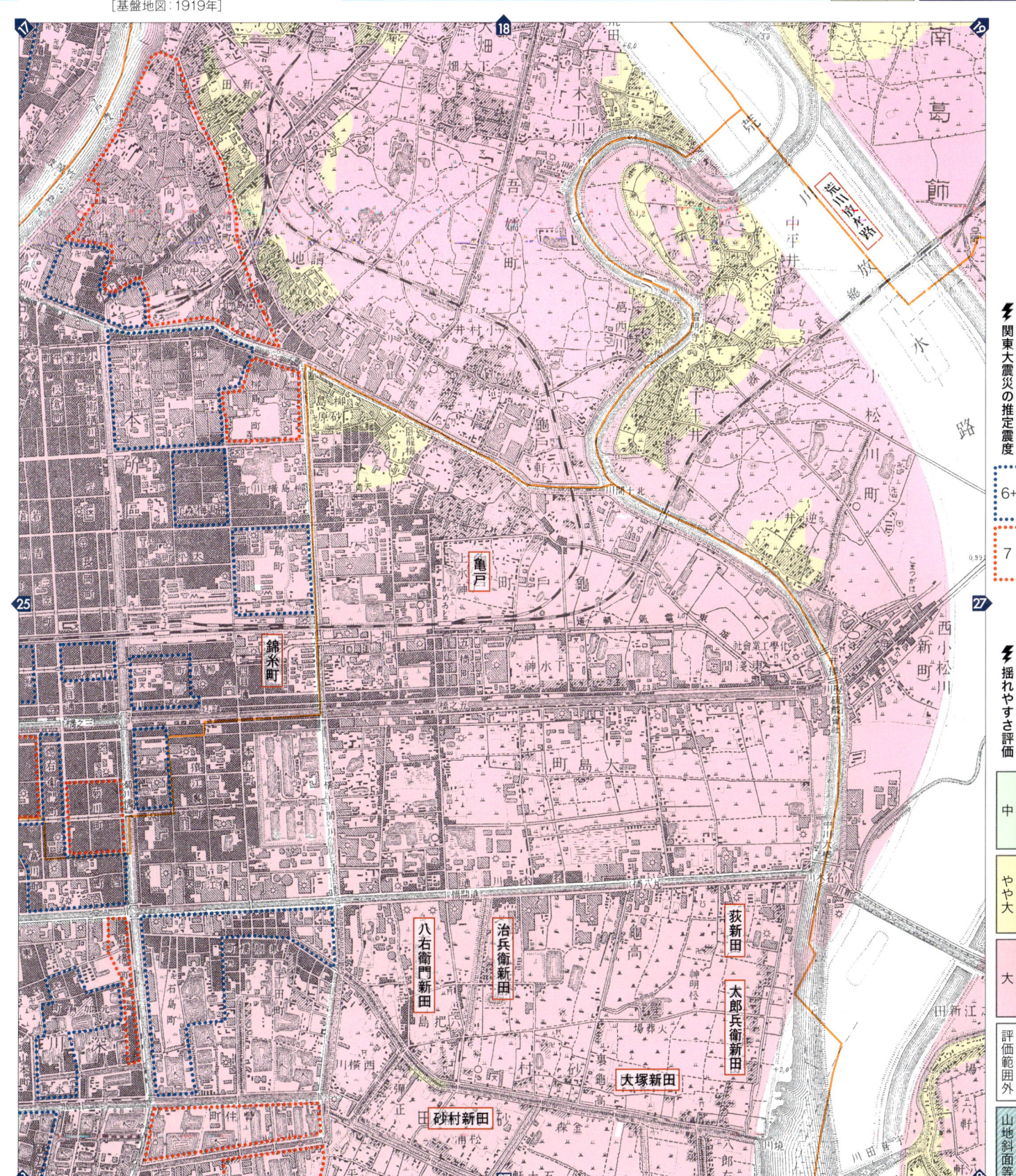

揺れやすさ評価
- 中
- やや大
- 大
- 評価範囲外
- 山地斜面等

島や北砂、南砂あたりは、「荻新田」「太郎兵衛新田」「大塚新田」「治兵衛新田」「八右衛門新田」「砂村新田」といった新田地名が並び、まだ水田が広がっていることが見てとれる。こうした土地が、その後団地など住宅地に転用されていることは認識しておいた方がいい。

2010年に中央防災会議の「大規模水害対策に関する専門調査会」が、東京湾に巨大台風が直撃した場合の高潮による被害想定を公表した。その内容は死者約7600人という、1959年の伊勢湾台風をも上回る数字になっている。

🔍 **取り残された旧中川**：図内の北部には一部「■自然堤防」が分布しているのを土地条件図で確認できる。旧版地図を見ると、集落は自然堤防上に集中しており、周辺部はまだ水田が広がっている。自然堤防は特に旧中川（かつては中川の下流部だった）の周辺で目立つが、周辺の河川が運河として人工的に開削され直線的であるのに対して、旧中川は蛇行を繰り返しながら流れていたことが分かる。自然堤防はその蛇行に合わせるように分布しており、揺れやすさ評価は「やや大」となっている。旧版地図からはそのまま現在の中川につながっているのが分かるが、その後荒川放水路の建設で分断され、中川も放水路として荒川の横を南下するため、旧中川は取り残された川になっている。

卍 寺院　⛩ 神社　🏛 博物館・美術館　✾ 工場　⚡ 発電所・変電所　📖 図書館　◎ 公民館　── 区市界　── 都県界（右図記号）　ⅱ 田　Y 桑畑　◊ 広葉樹林　∧ 針葉樹林

59

27 江戸川、船堀、瑞江

土地条件図 [基盤地図：2012年]

東日本大震災の震度
- 震度2 ○
- 震度3 ○
- 震度4 ○
- 震度5- ○
- 震度5+ ○
- 震度6- ●

Q ゼロメートル地帯が広がる江戸川区：実に区の面積の7割が満潮位以下のゼロメートル地帯という江戸川区。かつては図内の大部分が「海岸平野・三角州」で、人が住めないほどの湿地帯だった。旧版地図を見ると、集落は島のように分布する「自然堤防」に集中しており、広大な面積を占めていた湿地帯はほとんどが水田として利用されていたことが分かる。こうした場所も現在では「盛土地・埋立地」として住宅地となっているが、当然のことながら地盤は緩い。東日本大震災時の震度も軒並み5強、揺れやすさ評価でも「大」のエリアが大きく広がっている。

また、荒川や江戸川、利根川は上流に広大な流域を持っており、川を流れる水の量も膨大であるため、ひとたび決壊が起こると、江戸川区は大きく浸水する「水が集まりやすい」場所でもある。実際に1947年のカスリーン台風の際には区の全域が浸水した。さらに49年のキティ台風でも高潮で区内の6割が浸水している。

Q 新中川の開削：図内の真ん中を南北に直線状に流れる新中川は、1947年のカスリーン台風で東京の下町が長きにわたり冠水したことをきっかけに人工的に開削され、63年に完成（当時は中川放水路と呼ばれていた）、今井（現江戸川4丁目付近）で旧江戸川に合流

27

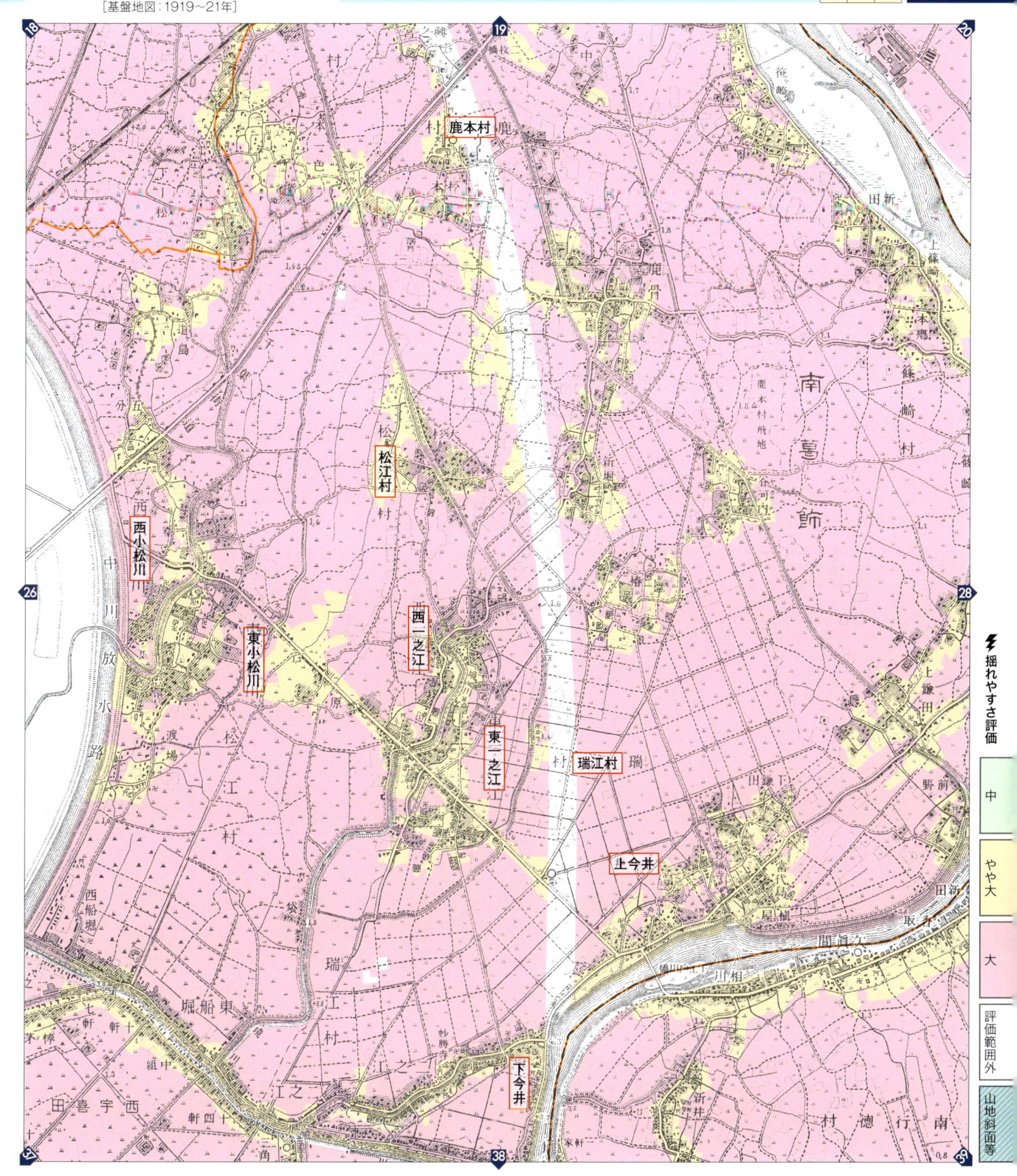

旧版地図・揺れやすさ評価図
[基盤地図：1919～21年]

1：25,000

揺れやすさ評価
- 中
- やや大
- 大
- 評価範囲外
- 山地斜面等

する。この開削により、旧版地図にある鹿本村や瑞江村は二つに分断された形になっている。

旧版地図を見ると分かりやすいが、江戸川区には「瑞江村」「松江村」「一之江」など「江」がつく地名が多い。「江」は海や川、堀などを意味しており、一般的には入江など、海が陸に入り込んだような地形を示すことが多い典型的な「水辺の地名」だ。

余談になるが小松菜という野菜は、江戸時代初期に小松川で栽培されたことに由来する（当初は葛西菜と呼ばれた）が、低湿地のこの地区は栽培に適していたのだという。

様々な災害リスク：かつての低湿地が宅地化され、都市化の過程で地盤沈下が進行したこともあり、ゼロメートル地帯が広がる江戸川区。洪水ハザードマップによると、江戸川や利根川、荒川が氾濫した場合、新中川の西側では2～5mの浸水が想定されている。

その脆弱性は高潮に対しても同じであり、また地震の際の揺れやすさはもちろん、液状化も心配されている。多様な災害リスクを抱える土地柄だけに、区でも熱心に防災に取り組んでいるが、区内の避難所の数の不足や、東日本大震災の際には防災無線が聞き取りにくかったなど課題も多い。区では周辺市区町村と連携した広域での防災体制を敷いており、合同防災訓練なども行われている。

卍寺院　〒神社　血博物館・美術館　☆工場　☆発電所・変電所　図図書館　◎公民館　──区市界　─・─都県界　（右図記号）Ⅱ田　Ｙ桑畑　○広葉樹林　∧針葉樹林

28 行徳、本八幡、西船橋

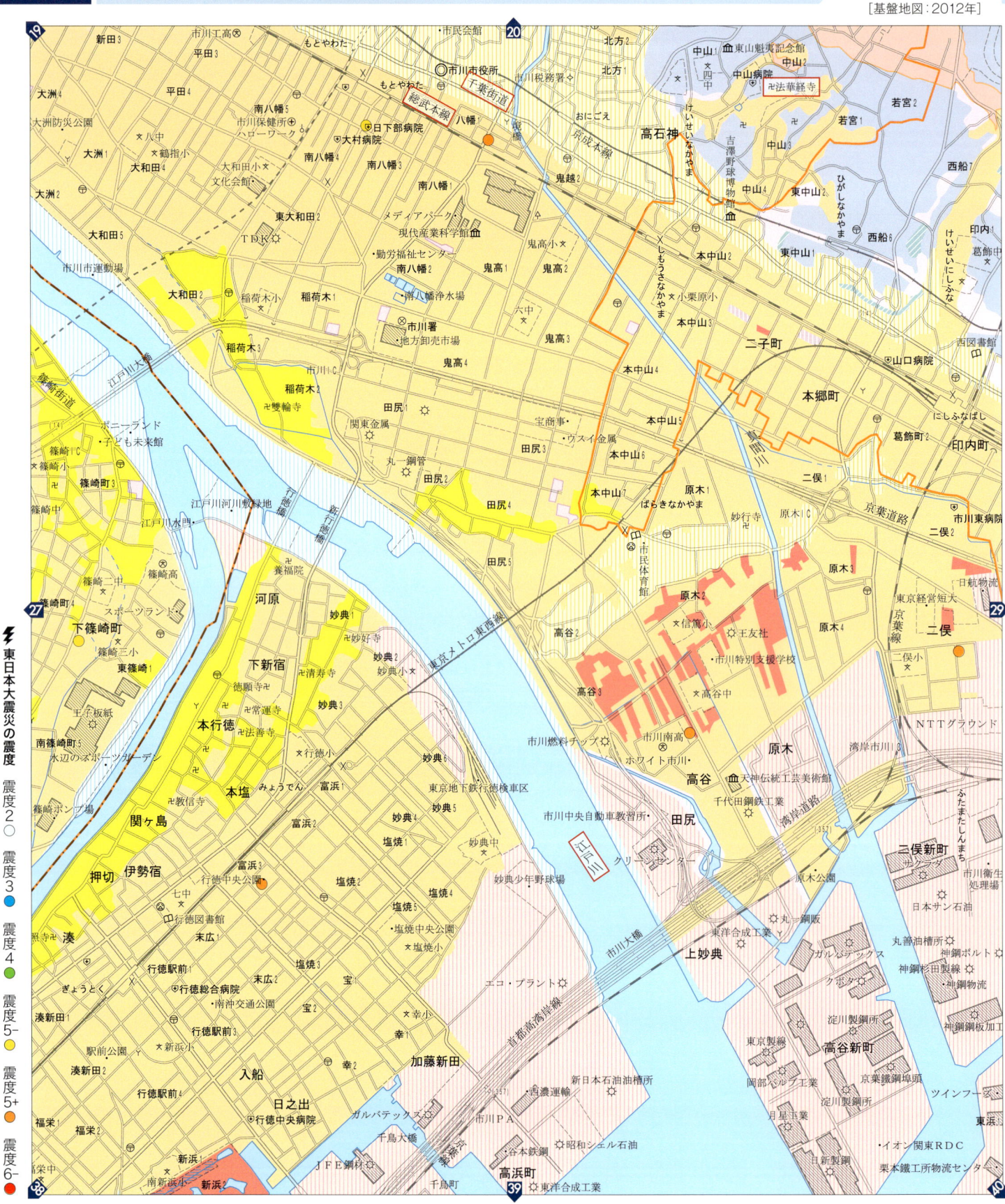

土地条件図
[基盤地図：2012年]

東日本大震災の震度
- 震度2
- 震度3
- 震度4
- 震度5-
- 震度5+
- 震度6-

🔍 **ゼロメートル地帯が広がる江戸川区**：旧版地図を見ると分かるように、かつての行徳町には広大な水田地帯が広がり、集落は街道沿いの微高地に分布する形で発展していた。この部分は土地条件図の「　自然堤防」や「　砂州・砂堆・砂丘」の分布と一致する。自然堤防は江戸川の氾濫により形成された地形である。1919年には江戸川下流を洪水から守るために江戸川放水路（現在の江戸川）が開削される。旧版地図はちょうど放水路の開削途上のものだが、この放水路の建設で行徳町は二つに分断される形になった（現在では合併されて市川市となっている）。

土地条件図では自然堤防の部分を除けばほとんどが「　盛土地・埋立地」「　高い盛土地」「　干拓地」で、もともと水田として利用されていた低湿地であり、地盤は軟弱で揺れやすさ評価も「大」となっている。現在ではこうした土地にも工場や住宅が建ち並んでおり、防災上好ましいことではないが、せめてその土地の成り立ちを知ったうえでリスク回避を心がけて欲しい。

🔍 **下総台地の末端**：JR総武本線を境に北側には「砂州・砂堆・砂丘」が連なり、旧版地図では千葉街道沿いに集落が分布している。「中山」は現在では競馬場の名として有名だが、日蓮宗大本山である法華経寺の門前町と

地図記号　◎区・市役所　○町・村役場　⊗警察署　X交番・駐在所　☆官公署　Y消防署　⊕病院　⊗高等学校　文小・中学校　⊕保健所　⊕郵便局　弓自衛隊

旧版地図・揺れやすさ評価図

[基盤地図：1921年]

1:25,000

揺れやすさ評価
- 中
- やや大
- 大
- 評価範囲外
- 山地斜面等

しての歴史を持つ。その法華経寺の裏手は下総台地の末端部にあたり、比較的地盤の安定した「更新世段丘」が広がっている。ただし、台地の中に谷が入り込んでいる部分（土地条件図では「盛土地・埋立地」）は、地盤が緩いので注意が必要だ。

🔍 **高潮に消えた行徳塩田**：行徳にはかつて広大な「行徳塩田」があり、製塩が盛んな地域であった。行徳の製塩は戦国時代から行われていたが、江戸時代になると幕府の保護のもと、輸送のための街道や水路の整備が行われ、全盛を極めた。しかし、江戸時代後半になると、赤穂産など西国からの塩も入って来るようになり、明治期には台湾産の安価な塩も市場に流入、さらに塩の専売制度が始まると、行徳の塩は競争力を失っていった。そして1917年の「大正六年の大津波」（実際は東京湾台風による高潮）で行徳塩田は壊滅した。その後戦時中に一時復活したものの、49年のキティ台風の高潮被害で完全に幕を閉じた。

中央防災会議の「大規模水害対策に関する専門調査会」が、2010年に東京湾を巨大台風が直撃した場合の高潮による被害想定を公表したが、過去の国内最悪の高潮被害である伊勢湾台風時をも上回る死者約7600人と試算されている。東京湾岸の低地は高潮に対してもリスクをはらんでいる。

卍寺院　日神社　血博物館・美術館　☆工場　🔆発電所・変電所　📖図書館　◎公民館　━━区市界　━━━都県界（右図記号）　‖田　Y桑畑　Q広葉樹林　∧針葉樹林）

63

29 船橋

土地条件図
[基盤地図：2012年]

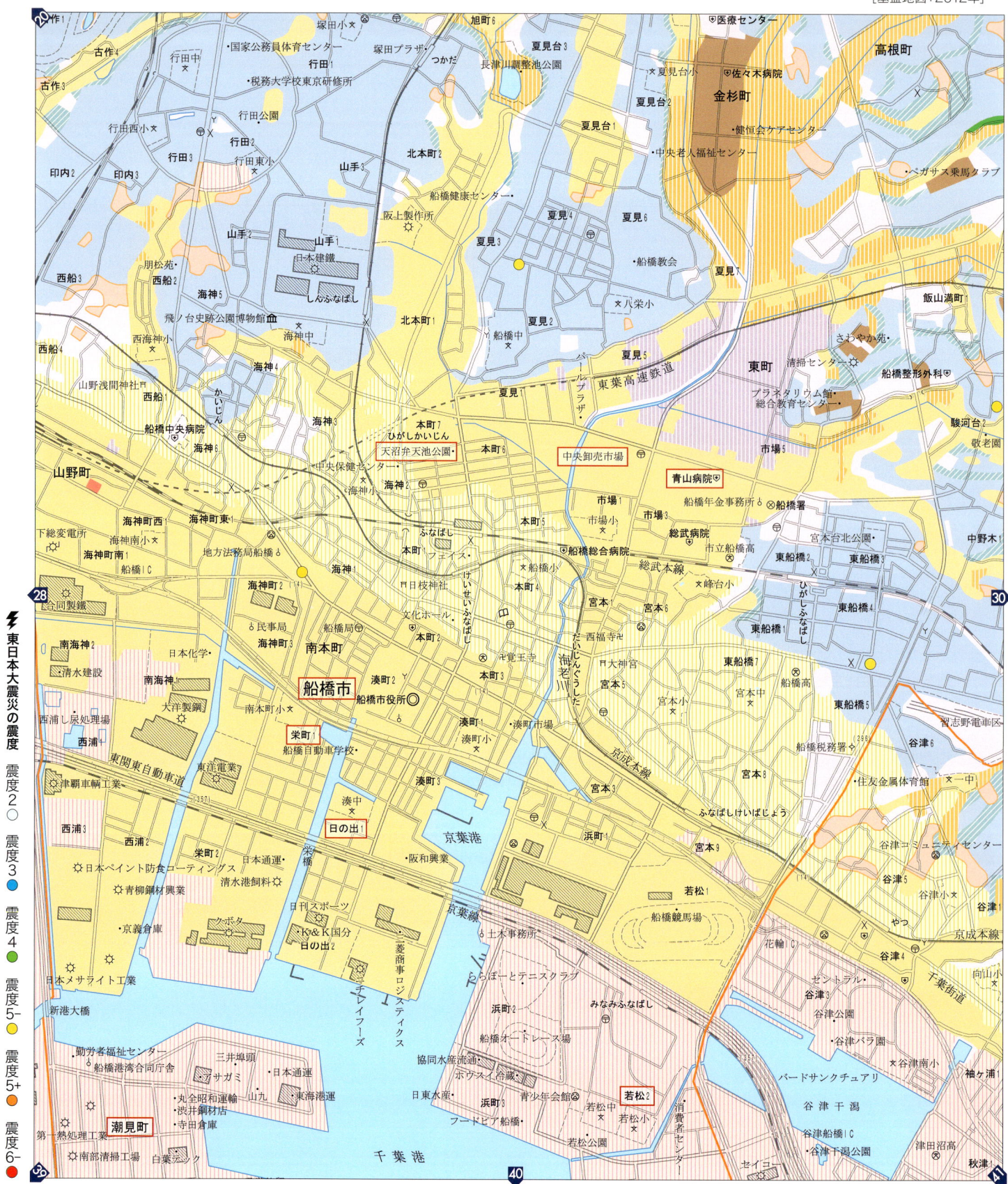

東日本大震災の震度
- 震度2 ○
- 震度3 ●（青）
- 震度4 ●（水色）
- 震度5− ●（黄）
- 震度5+ ●（橙）
- 震度6− ●（赤）

🔍 **60万都市船橋市**：現在では60万人を越える人口（政令指定市以外では日本最多）を抱える船橋市。旧版地図の当時はまだ船橋町で人口は3万人程度、市街地はかつての海岸沿いの微高地であった「砂州・砂堆・砂丘」に位置していたが、その後の埋め立てで現在では海からはやや奥まっている。

逆にいえば市街地から海までは大部分が埋立地（土地条件図では「░░ 盛土地・埋立地」、「▓▓ 高い盛土地」）ということになる。現在では工場や倉庫、商業施設のほか、住宅地も多い地域だが、揺れやすさ評価を見ても、旧市街地より海側はすべて「大」で、地盤は軟弱である。

またこうした土地は液状化のリスクもあり、東日本大震災の際には「日の出」「栄町」「潮見町」「若松」などで、住宅や道路、公共施設等で液状化による被害が発生している。

🔍 **砂丘の背後の後背低地**：前述のように船橋の旧市街地は微高地である「砂州・砂堆・砂丘」に位置しているが、こうした微高地の背後には後背湿地と呼ばれる低湿で地盤が軟弱な土地が広がっている（土地条件図では「▓▓ 後背低地」「░░ 盛土地・埋立地」）。現在の中央卸売市場や青山病院の周辺が該当するが、旧版地図からこうした土地は水田として利用されていたことが分かる。現在ではこれらの

64　地図記号　◎区・市役所　○町・村役場　⊗警察署　X交番・駐在所　官公署　Y消防署　⊕病院　⊛高等学校　文小・中学校　⊕保健所　〒郵便局　旨自衛隊

旧版地図・揺れやすさ評価図

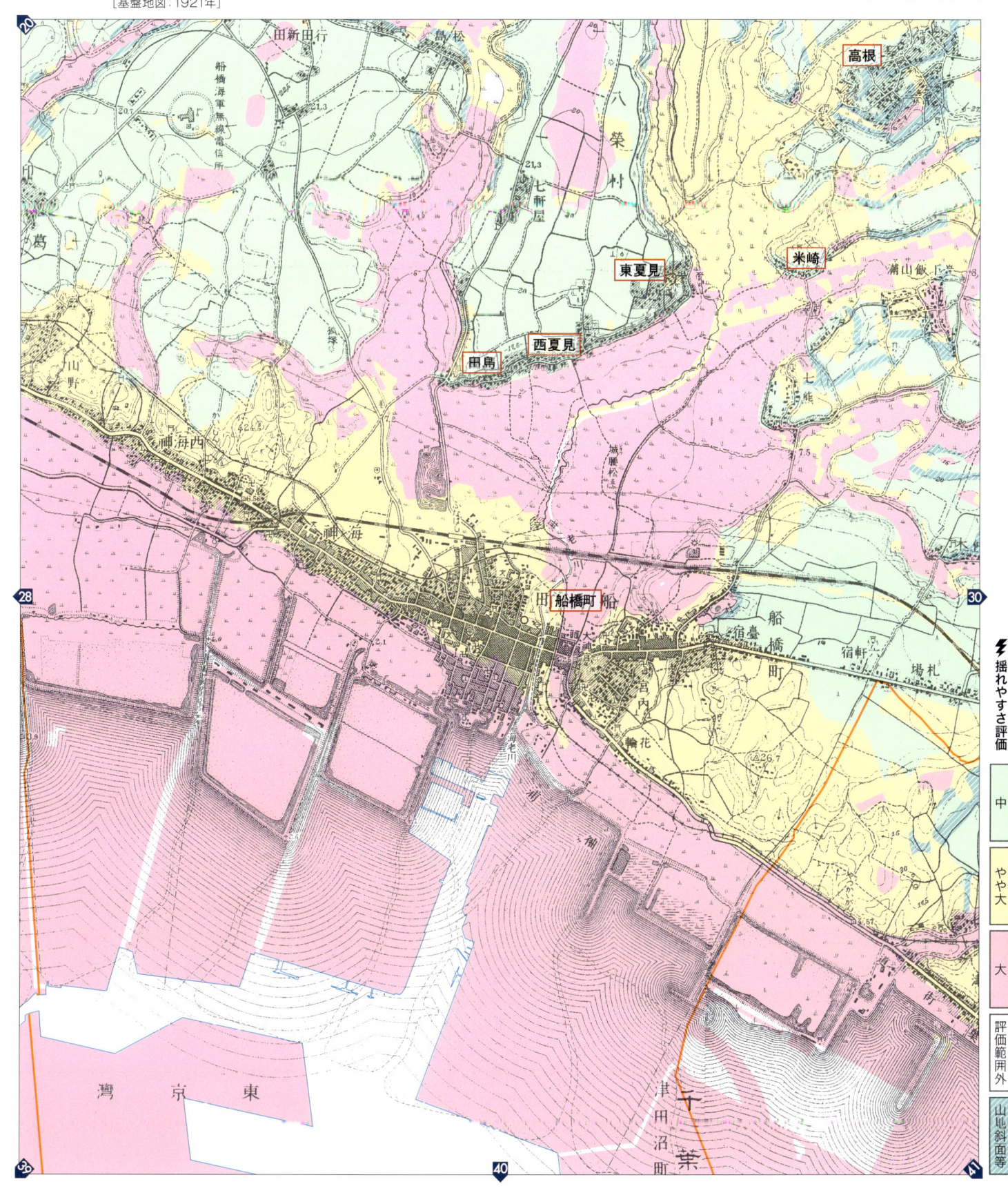

[基盤地図：1921年]

1：25,000

揺れやすさ評価
- 中
- やや大
- 大
- 評価範囲外
- 山地斜面等

場所でも宅地化が進んでいる。旧版地図では船橋駅の北側に池が確認できる。現在この一部は「天沼弁天池公園」となっているが、かつての池は公園よりも広範囲で、埋土されてマンションや商業施設が建てられている部分もある。こうした場所は特に地盤が緩いことが多いので注意したい。

🔍 **水田が残る谷底平野**：図内の北部は「更新世段丘」である下総台地が広がり、その間に海老川等の谷底平野や、谷津と呼ばれる小さな谷が入り込んでいる。段丘面は比較的地盤が良好だが、「谷底平野・氾濫平野」や「盛土地・埋立地」は地盤が緩い。

旧版地図を見ると、「夏見」「田島」「米崎」「高根」など、台地の末端部に集落が分布している様子が分かるが、夏見では弥生時代の遺跡が出ており、古くから人が住んだ土地であることが分かっている。一方、谷底平野や谷津には水田が分布しているのが見てとれる。航空写真等で確認すると、現在ではこうした土地でも少しずつ宅地化が進んでいるが、図内でも船橋駅から離れていないにもかかわらず、農地が多く残っている。

こうした景観保全の動きは防災の観点からも有益で、人が住むのに適している土地と、水田として適している土地とをきちんと住み分けることは重要だ。

卍 寺院　 日 神社　 血 博物館・美術館　 ☼ 工場　 ⚡ 発電所・変電所　 📖 図書館　 ◎ 公民館　 ━━━ 区市界　 ━━━ 都県界（右図記号）　 ∥ 田　 Υ 桑畑　 ○ 広葉樹林　 ∧ 針葉樹林

65

30 習志野

土地条件図
[基盤地図：2012年]

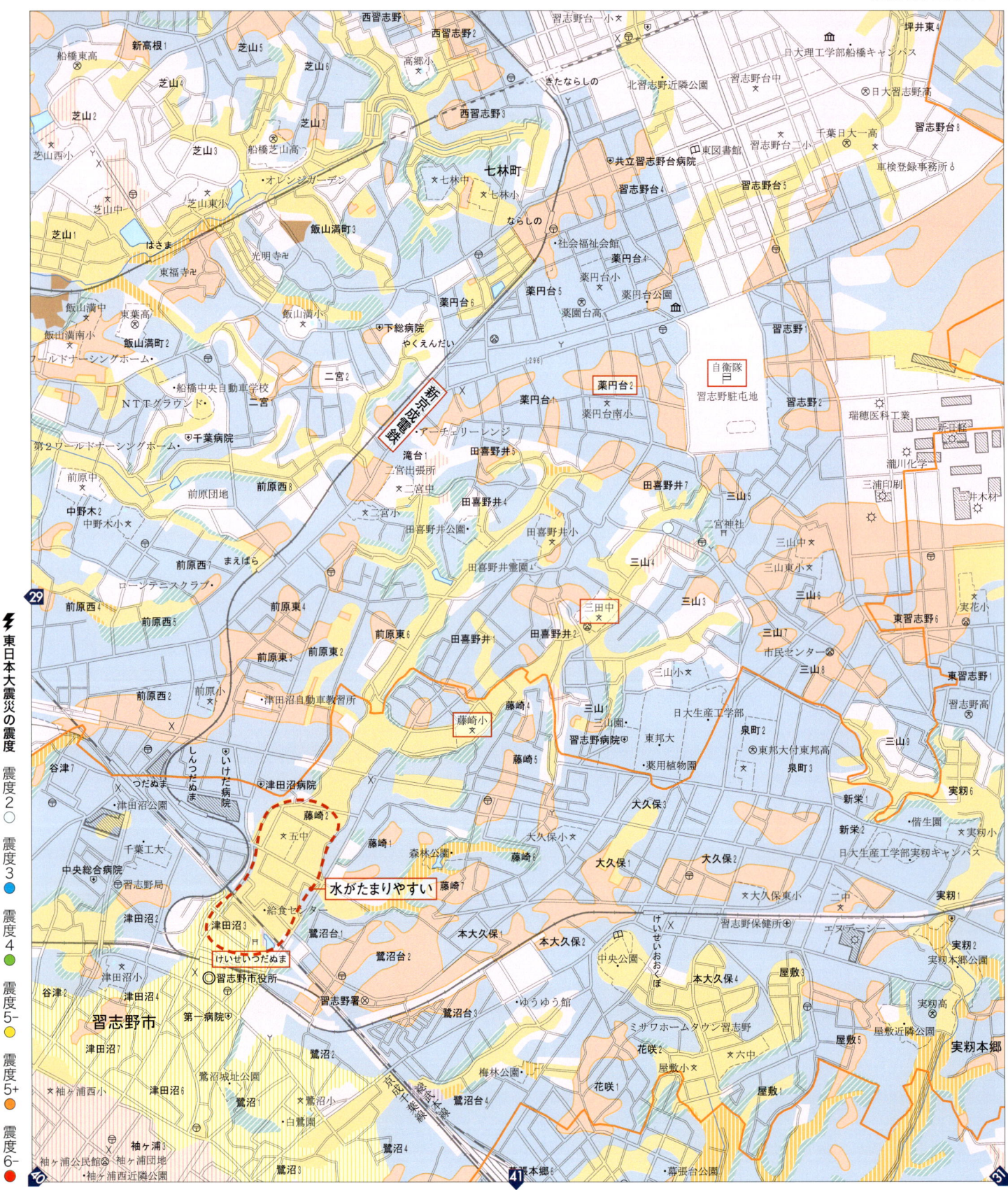

東日本大震災の震度
- 震度2 ○
- 震度3 ●（青）
- 震度4 ●（水色）
- 震度5- ●（黄）
- 震度5+ ●（橙）
- 震度6- ●（赤）

津田沼という地名：旧版地図を見ると図内の南西端には海があり、海岸沿いに走る千葉街道に沿って「谷津」「久々田」「鷺沼」という集落がある。現在よく知られる「津田沼」という地名は、「谷津」「久々田」「鷺沼」の3か村から一文字ずつ取ったという合併地名だ。これらの集落は土地条件図では「砂州・砂堆・砂丘」上に形成されているが、その背後には後背湿地（土地条件図では「盛土地・埋立地」「凹地・浅い谷」）があり、水田として利用されていた。「谷津」「鷺沼」「久々田」はいずれも低湿地を表す地名であり（「クグ」は古語で「屈む」を意味することから「久々田」は狭い田地を表す）、谷津田や後背湿地を表したものと考えられる。

後背湿地が軟弱地盤であることは知られているが、京成津田沼駅北側の谷は、下流部を微高地（砂堆）に阻まれているため、特に水がたまりやすい地形になっている。揺れやすさ評価も「大」であり、豪雨の際にも浸水しやすい場所であることは知っておきたい。

軍郷習志野：図内の大部分は下総台地（土地条件図では「更新世段丘」）が占め、地盤は比較的良好だ。旧版地図を見ると、「習志野原」という地名がある。ここはもともと「大和田原」と呼ばれていたが、明治初期に陸軍の演習が行われたことをきっかけに、明

旧版地図・揺れやすさ評価図

[基盤地図：1921年]

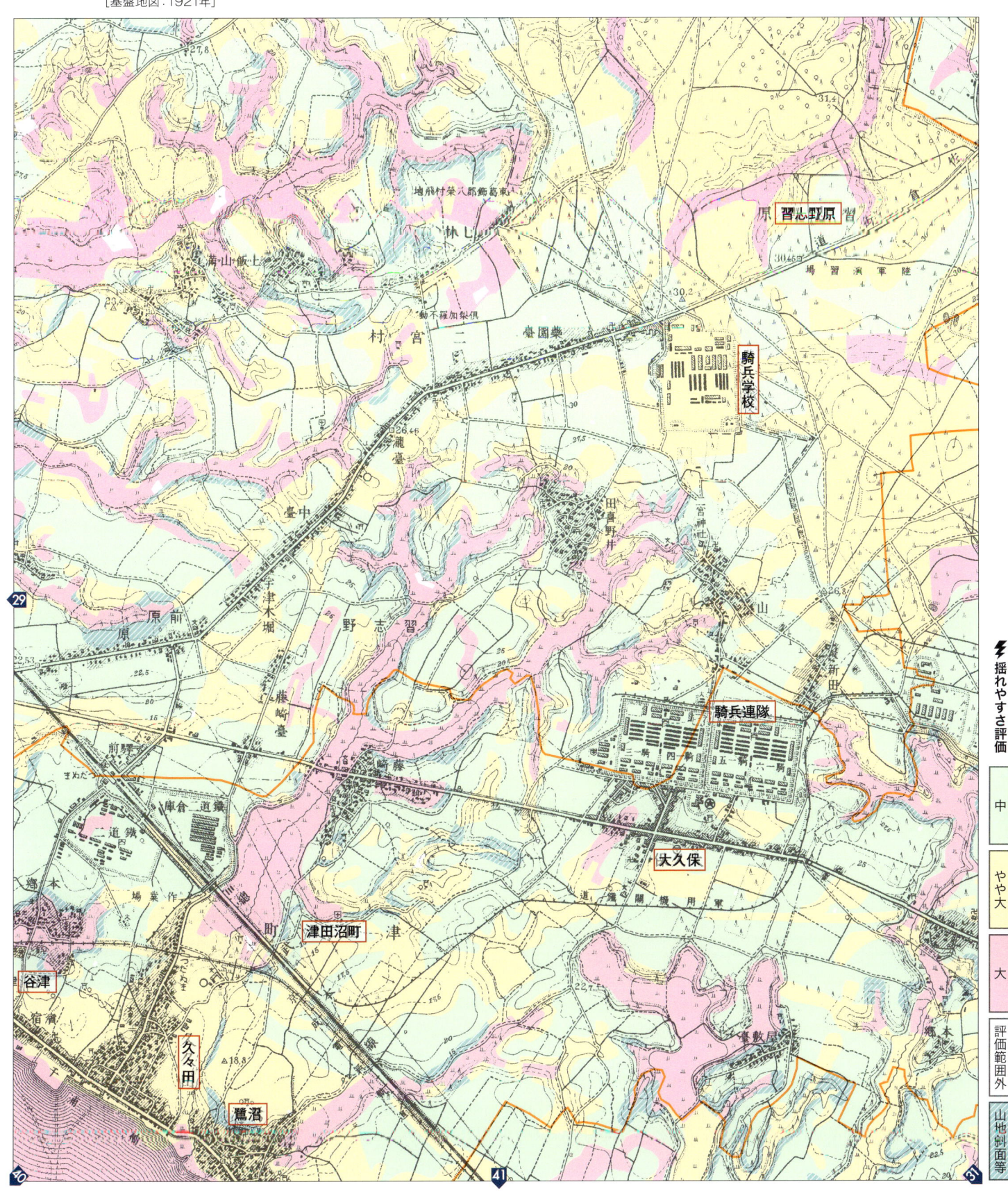

1:25,000

揺れやすさ評価
- 中
- やや大
- 大
- 評価範囲外
- 山地斜面等

天皇が「習志野原」と命名したことに由来する。以来陸軍の駐屯地となり、現在でも薬円台に自衛隊の習志野駐屯地がある。現在の駐屯地は旧版地図では「騎兵学校」となっており、土地条件図からは「切土地」として平坦化されていることが分かる。また、旧版地図では大久保にも騎兵連隊が置かれており、習志野が軍郷であったことが伺える。こうした軍事施設は現在では大学用地や大規模住宅に転用されている。また、新京成電鉄もかつての鉄道連隊演習線を転用したものである。

🔍 **姿を変えた谷津田**：下総台地は地盤の良好な「更新世段丘」だが、小さな谷が複雑に刻まれる地形になっている。これらの谷は段丘上に比べると地盤が緩く、旧版地図を見ると水田として利用されていたことが分かる。こうした場所は「谷津田」と呼ばれて里山の景観があったが、現在では住宅地として転用されている。藤崎小学校や三田中学校はかつての谷津田に位置し、大型の団地やマンションが立地しているケースも多い。こうした場所は周囲との高低差をそのまま残していることが多い。周囲より低く谷状の地形になっていたり、建物の形状や配列が曲線的である場合は該当することが多いので注意深く観察してみて欲しい。周囲の地形を知ることで、災害リスクはある程度把握できるのだ。

卍 寺院　　日 神社　　血 博物館・美術館　　☆ 工場　　発電所・変電所　　図書館　　公民館　　区市界　　都県界（右図記号）　　田　　桑畑　　広葉樹林　　針葉樹林

67

31　稲毛、花見川

土地条件図
[基盤地図：2012年]

東日本大震災の震度
- 震度2 ○
- 震度3 ○
- 震度4 ○
- 震度5- ○
- 震度5+ ○
- 震度6- ○

多様な土地条件：図内の大半は下総台地（土地条件図では「　　更新世段丘」）であり、本来地盤は悪くない。ただし、花見川や犢橋川、草野水路などの後背湿地や谷底平野、さらに台地を複雑に刻む谷津や浅い谷は軟弱地盤で、揺れやすさ評価も「大」や「やや大」となっている。「盛土地・埋立地」や「切土地」も複雑に入り組んでいることから土地条件は多様で、狭い範囲内で地盤が変化するので判断は難しい。特に造成された平坦化地では、比較的地盤の安定した切土部の中に、地盤の軟弱な盛土部が入り込む形になるため、道一本、あるいは家一軒隔てて明暗を分けることも考えられる。図内では「さつきが丘」「朝日ヶ丘」「小中台町」や千葉北高校周辺が顕著だ。

花見川と犢橋川：図内で比較的大きな「　　谷底平野・氾濫平野」を形成しているのが花見川とその支流である犢橋川だ。花見川は東京湾に注ぐ際に進路を砂丘にはばまれる形で流れていることから、下流域に後背湿地が広がっており、地盤は軟弱である。これは支流の谷底平野も同様で、こうした土地は今でも主として水田として利用されているが、近年では住宅が建てられるケースも増えている。ところでこの両川を比べると、支流である犢橋川の方が谷底平野も広く、枝分かれし

68　地図記号　◎区・市役所　○町・村役場　⊗警察署　Ⅹ交番・駐在所　ⓘ官公署　Ｙ消防署　⊕病院　⊛高等学校　文小・中学校　⊕保健所　〒郵便局　☖自衛隊

旧版地図・揺れやすさ評価図

[基盤地図：1921年]

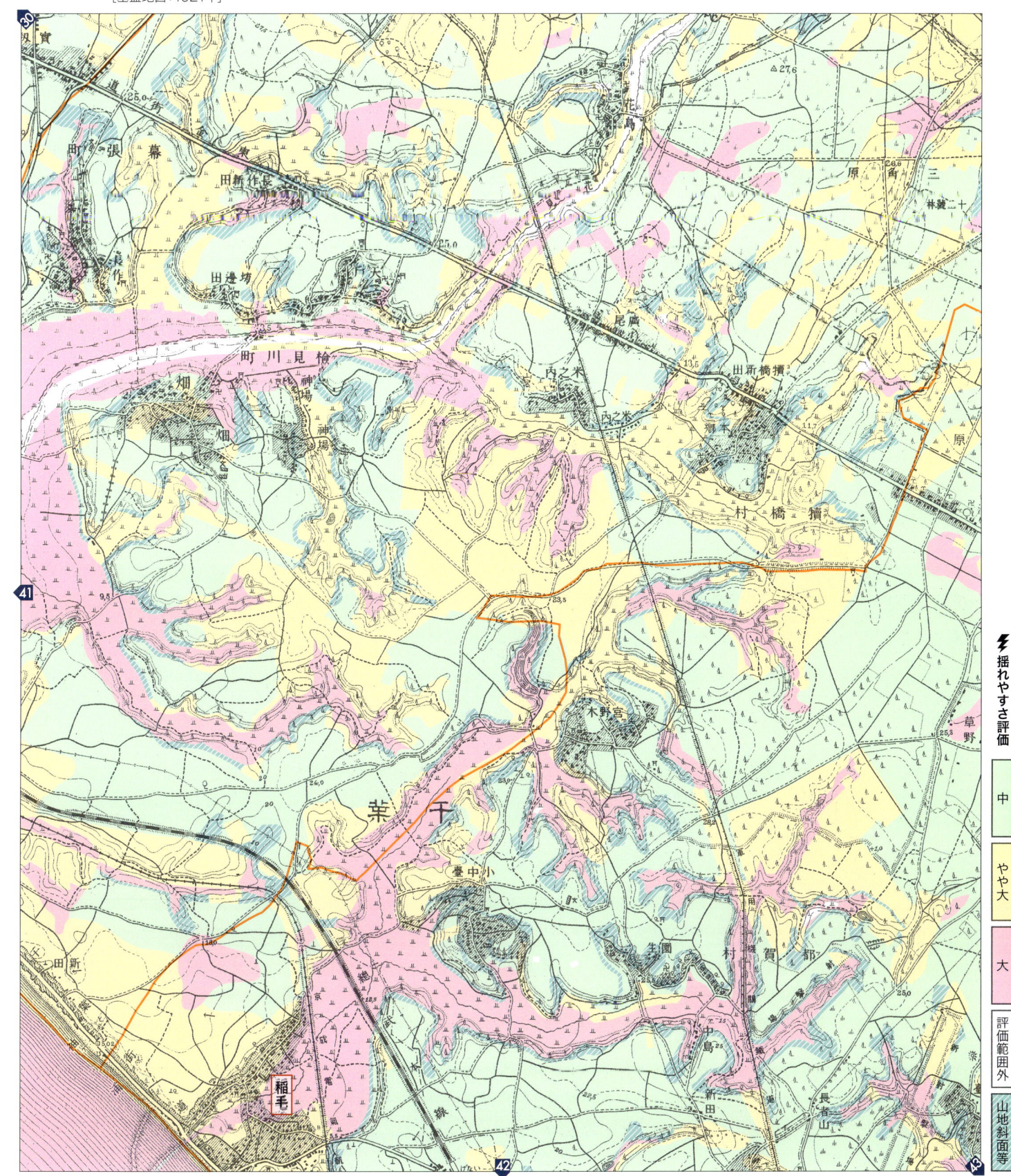

1:25,000

揺れやすさ評価
- 中
- やや大
- 大
- 評価範囲外
- 山地斜面等

ている谷もより発達しているように見える。かつてはこちらの方が花見川の本流であったという見方ができる。

　かつて花見川は東京湾に注ぐ小さな河川だったが、現在では上流が開削されて分水界をまたぎ、北側を印旛沼から利根川へと流れる「新川」と大和田排水機場を境につながり、「印旛放水路」の一部として機能している。これは印旛沼の洪水対策であり、通常利根川へ排水される印旛沼の水について、増水や利根川の洪水による逆流入があった際に、流出方向を変えて東京湾へと排水するためである。

🔍 **砂州・砂堆・砂丘に位置する稲毛の旧市街：** 旧版地図を見ると図内南西端に海があるが、現在では埋め立てられて「稲毛海岸」になっている。従来からあった稲毛の町は、千葉街道の走るかつての海岸沿いの「砂州・砂堆・砂丘」に位置している。旧版地図を見ると、このあたりは草野水路が東京湾へと注ぐ場所にあたるが、進路を砂丘や砂堆にさえぎられることから内陸側に後背湿地が発達しやすい。該当する場所は旧版地図では水田地帯が広がり、揺れやすさ評価も「大」となっているが、現在では大規模な住宅団地などが連なり、水田はまったく残っていない。近年の台風で稲毛小学校付近で床下浸水の被害が出たが、決して偶然ではないだろう。

卍 寺院　 神社　 博物館・美術館　☼ 工場　 発電所・変電所　 図書館　 公民館　━━ 区市界　╌╌ 都県界（右図記号　 田　 桑畑　○広葉樹林　∧針葉樹林）

32 調布、狛江、登戸

土地条件図
[基盤地図：2012年]

東日本大震災の震度
- 震度2 ○
- 震度3 ●（水色）
- 震度4 ●（緑）
- 震度5- ●（黄）
- 震度5+ ●（橙）
- 震度6- ●（赤）

🔍 **多摩川低地と武蔵野台地**：図内はおおまかに武蔵野台地と多摩川低地に分けられる。武蔵野台地は土地条件図では比較的に地盤の良好な「　　更新世段丘」だが、野川を境に南側が「立川面」と呼ばれる2.6万年～1万年前に形成された下位段丘、北側が「武蔵野面」と呼ばれる15万年～2.6万年前に形成された中位段丘に分かれ、より形成年代が古い武蔵野面の方が地盤は強固となる。ただし、段丘にはいくつかの谷が刻まれており（土地条件図では「　　谷底平野・氾濫平野」「　　盛土地・埋立地」「　　凹地・浅い谷」など）、こうした場所は豪雨時に水がたまりやすく、また地盤も軟弱である。近年では小さな流れは暗渠になっていることが多く、川の存在に気づきにくいが、坂を下るような周囲より低くなっている場所は、多くの場合、谷地である。

🔍 **多摩川水害**：多摩川低地は多摩川の氾濫による堆積土砂で形成された土地（土地条件図では「　　谷底平野・氾濫平野」）で、形成年代が新しく、全般に地盤は軟弱である。堆積により生じた周囲よりもわずかに高い土地が「　　自然堤防」であり、旧版地図を見ると多くの場合に集落は自然堤防上にある。河川から見て自然堤防の裏側は後背湿地と呼ばれる水はけの悪い土地があるほか、かつて河川の流路であった「　　旧河道」が分布するこ

地図記号 ◎区・市役所 ○町・村役場 ⊗警察署 ✕交番・駐在所 ♁官公署 Y消防署 ⊕病院 ⊗高等学校 ✕小・中学校 ⊕保健所 〒郵便局 ⚑自衛隊

70

旧版地図・揺れやすさ評価図
[基盤地図：1917年]

1:25,000

とが多い。後背湿地や旧河道は洪水の際には水がたまりやすく、地盤は非常に軟弱だ。旧版地図ではそのほとんどが水田として利用されているが、現在ではこうした場所も多くが宅地化されている。

1974年、台風による堤防の決壊で狛江市の民家19戸が濁流に流出するという水害（狛江水害、または多摩川水害と呼ばれる）が発生した〔A〕。普段穏やかな川も、時に生命や財産を脅かすことになることを忘れてはいけない。図内に多摩川を挟んで両側に「布田」という地名が見られるが、これはかつて一つの村が洪水で川の流れが変わったことによって分断された水害の名残である。

🔍 **武蔵野台地の内水氾濫**：武蔵野台地は古くから比較的災害に強い土地と言われてきたが、台風やゲリラ豪雨などで浸水する被害が続出している。その原因は、短時間に集中的に雨が降った場合、水が谷地に一気に集まること、都市化により地面がアスファルトに覆われ、雨水が地中に浸透することもできなくなったこと、そして自然の遊水機能を備えた土地が宅地化されてしまったことにある。2005年、調布市の武蔵野台地上を刻む入間川の谷で浸水被害が発生している〔B〕。これも旧版地図では水田だった谷地での被害だった。

揺れやすさ評価：中／やや大／大／評価範囲外／山地斜面等

卍 寺院　閈 神社　血 博物館・美術館　✿ 工場　⌀ 発電所・変電所　📖 図書館　◎ 公民館　―― 区市界　――― 都県界（右図記号）　⊔⊔ 田　Υ 桑畑　Ｑ 広葉樹林　Λ 針葉樹林

33 祖師谷、成城、経堂、千歳烏山

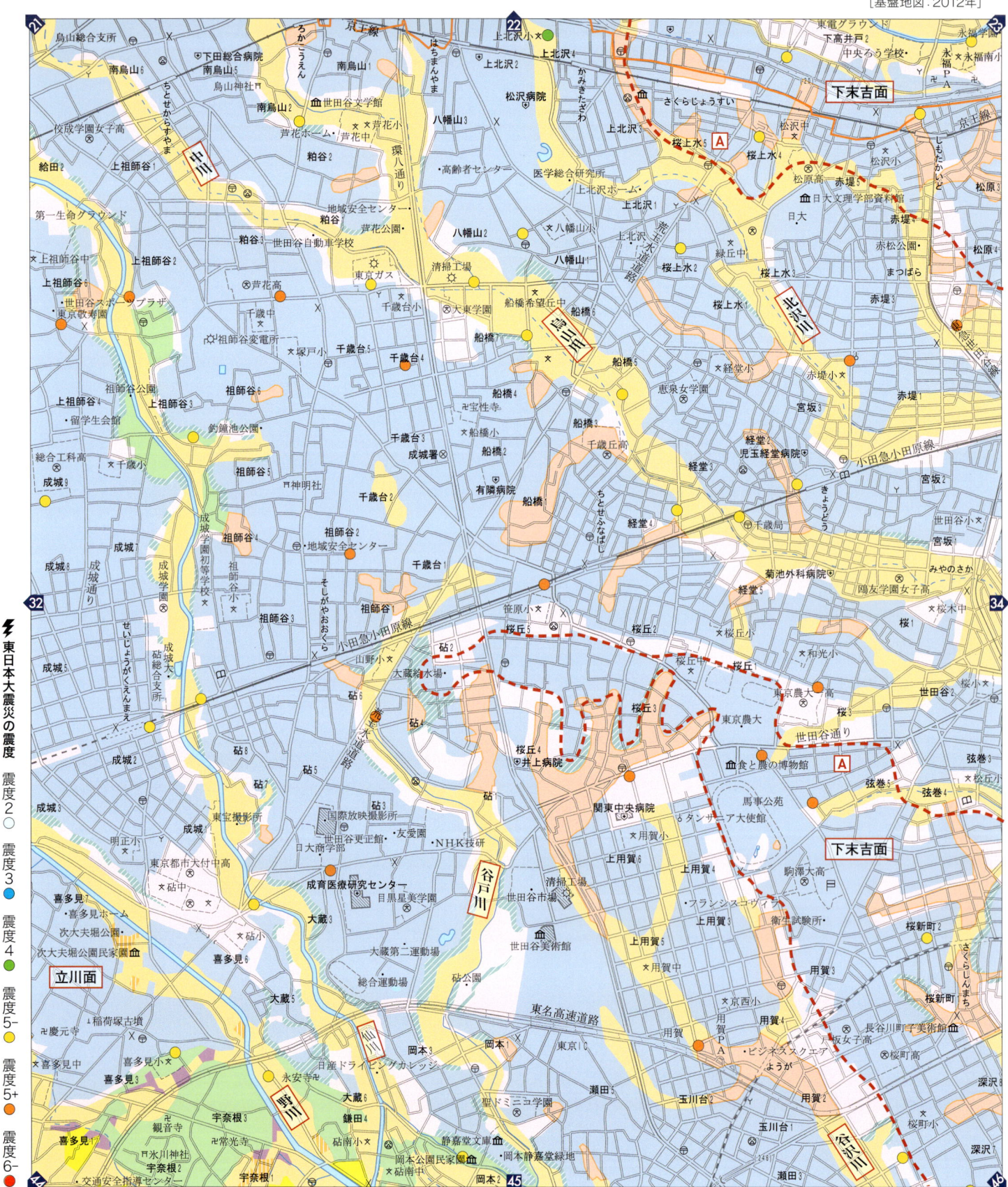

土地条件図
[基盤地図：2012年]

東日本大震災の震度
- 震度2 ○
- 震度3 ●
- 震度4 ●
- 震度5− ●
- 震度5+ ●
- 震度6− ●

🔍 **武蔵野台地と中小河川の谷底平野**：図内の大部分に武蔵野台地が広がり、その間を野川や仙川、谷戸川、谷沢川、烏山川、中川、北沢川などの中小河川が谷底平野を刻んでいる。大まかには台地上は「 更新世段丘」で比較的地盤は良好、「 谷底平野・氾濫平野」「 凹地・浅い谷」「 盛土地・埋立地」からなる谷地の地盤は軟弱と考えることができる。武蔵野台地は土地条件図では「更新世段丘」としてひとくくりになっているが、大半を占める形成時期15〜2.6万年前の「武蔵野面」の他、一部だが38〜15万年前に形成された、より地盤の強固な「下末吉面」[A]がある（桜上水〜下高井戸周辺および馬事公苑周辺）。また、野川以西の喜多見周辺は形成時期2.6〜1万年前の「立川面」が、宇奈根・鎌田周辺にはさらに形成時期が新しい（1万年以内）「 完新世段丘」も見られる。全体的な傾向としては、揺れやすさ評価は段丘面で「中」、谷地では「大」となっている。

🔍 **頻発する水害**：かつては水害といえば下町低地の災害であり、山の手といわれる武蔵野台地上では無縁と思われていた。しかし1958年の狩野川台風の際に、武蔵野台地で浸水被害（「山の手水害」といわれる）が出たことで、台地における水害リスクが知られるようになった。こうした台地上の浸水被害につ

旧版地図・揺れやすさ評価図
[基盤地図：1917～19年]

1 : 25,000

揺れやすさ評価
- 中
- やや大
- 大
- 評価範囲外
- 山地斜面等

いて、1989～2012年の世田谷区水害被害記録を調べると、ほぼ毎年のように床下・床上浸水の被害が記録され、しかも被害がいつも同じような場所で起こっていることが分かる。

被害が出ているのは図内ではほとんどが谷底平野（盛土地も含む）や浅い谷といった、台地上にありながらも周囲に比べて低い土地である。こうした場所は水が集まりやすいため、排水溝の容量を越えてしまうと水が溢れることになる（内水氾濫）。

🔍 **緑道は谷の目印？**：浸水被害が発生した場所について、旧版地図を見てみると、ほとんどが水田だった低湿地であることが分かる。当時は街道や集落はほぼ例外なく台地上にあり、谷底の低地は水田とする土地利用が徹底されていた。しかし現在ではこうしたかつての水田地に多くの住宅が建ち並んでいる。しかもこうした場所に住む人々は主として新し

く転入してきた人々であり、土地の履歴を知らないことが多い。せめて自らの住む土地がどのような場所なのかを知るだけでも、減災には役立つはずである。世田谷区では中小河川は多くの場合、暗渠となり、その流路は緑道になっているケースが多い。周辺を散策して緑道を発見したら、周りを見回して欲しい。必ず周囲より低い土地であり、水が集まりやすい場所であるはずだ。

卍 寺院　干 神社　血 博物館・美術館　☆ 工場　🏭 発電所・変電所　📚 図書館　◎ 公民館　―― 区市界　―― 都県界（右図記号）　ⅠⅠ 田　Υ 桑畑　○ 広葉樹林　Λ 針葉樹林

34 三軒茶屋、下北沢、中目黒

土地条件図
[基盤地図：2012年]

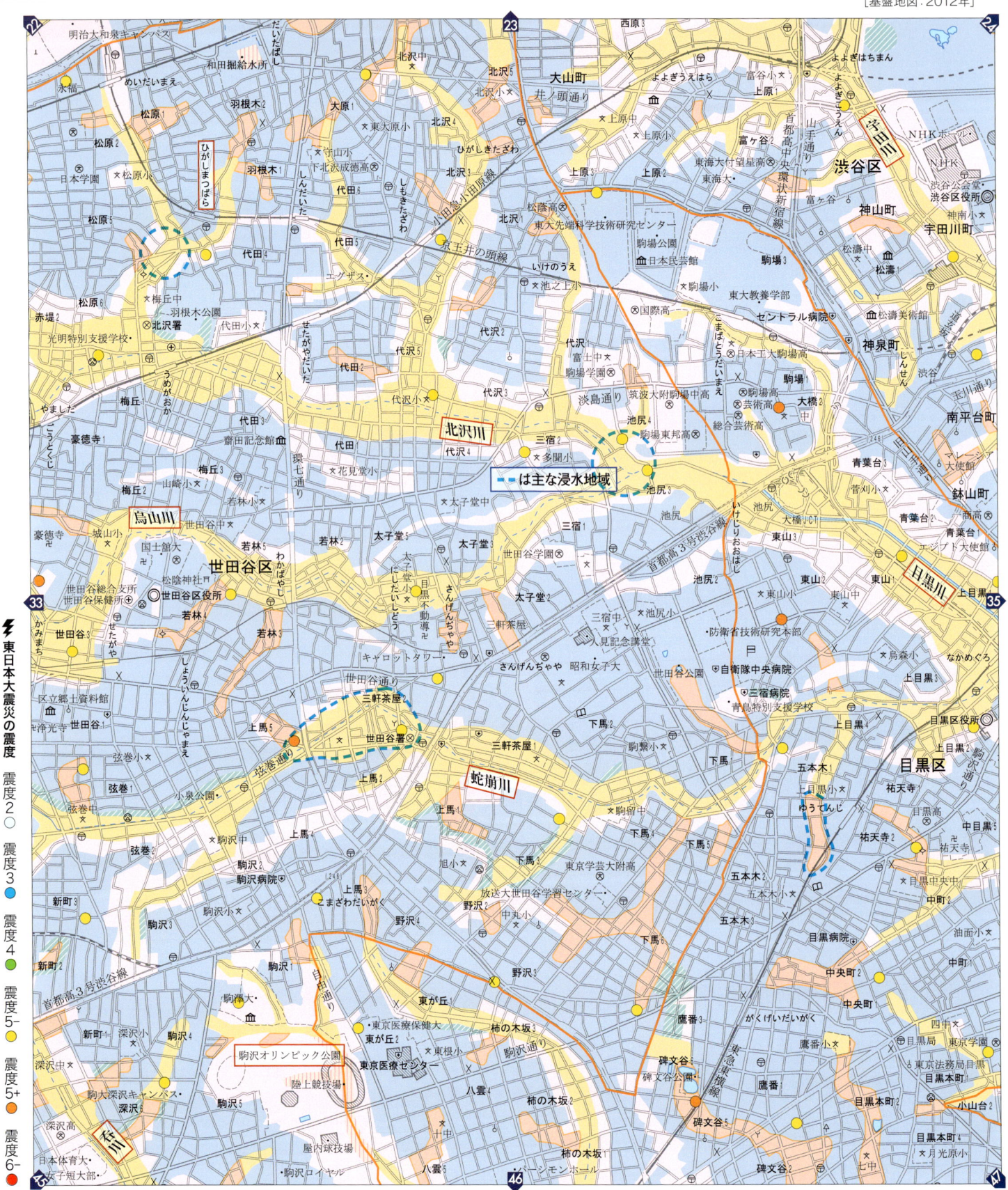

東日本大震災の震度
- 震度2 ○
- 震度3 ●
- 震度4 ●
- 震度5- ●
- 震度5+ ●
- 震度6- ●

□は主な浸水地域

🔍 **台地と谷と人工改変地**：武蔵野台地の間に、目黒川をはじめとして、北沢川、烏山川、蛇崩川、呑川、宇田川などの中小河川の谷底平野が複雑に入り組んだ地形である。武蔵野台地は土地条件図では「更新世段丘」であり、比較的地盤は良好で、東日本大震災時の震度もおおむね5弱である。中小河川の流域は「谷底平野・氾濫平野」が分布しているが、実際には人工改変により「盛土地・埋立地」となっている部分が多いほか、「凹地・浅い谷」も発達している。これらの土地は段丘に比べて総じて地盤が軟弱だ。また人工改変地でも段丘面を切り取った「切土地」も多い。駒沢オリンピック公園は代表例だが、実際には複雑に谷も入り込んでいることから、平坦化するにあたって切土と盛土が混在していることが多く、注意が必要だ。

🔍 **人口が急増した世田谷区**：世田谷区は縄文時代の貝塚も多く、古くから人が住んだ地域だが、江戸時代には江戸の城下である御府内には含まれず、近代においても当初の旧東京市15区には含まれなかった。旧東京市へ編入されたのは1932年と遅く、旧版地図の時代にもまだ旧荏原郡の世田谷村や駒澤村となっている。昭和初期の人口は東京35区中最少だったが、現在では東京23区中最多で山梨県とほぼ同数の89万人となり、いくつかの県の

74 | 地図記号 ◎区・市役所 ○町・村役場 ⊗警察署 X交番・駐在所 ̇官公署 Y消防署 ⊕病院 ⊗高等学校 ※小・中学校 ⊕保健所 ⊕郵便局 目自衛隊

旧版地図・揺れやすさ評価図
[基盤地図：1919年]

1:25,000

人口よりも多い。また静岡市や堺市、新潟市など世田谷区より人口の少ない7都市が政令指定都市となっていることも、世田谷区の人口の多さを物語る。このように短い期間に人口が急増したことから、区内の環境は大きな変化を遂げた。旧版地図では水田が広がっていた中小河川の谷地も人工改変され、現在では多くの住宅が建ち並ぶ。こうした場所は地盤が軟弱なことに加え、毎年のように内水氾濫による浸水が相次いでいるが、これも低湿地ゆえである。

🔍 **目黒川水系の水害**：目黒川水系では1989年から2008年の間に18回の床上・床下の浸水被害を記録している。そして浸水被害が起きる場所はほぼ決まっており、例えば烏山川と北沢川の合流部付近、蛇崩川の上馬付近、北沢川支流の東松原駅南西部付近、蛇崩川支流の祐天寺駅南西部の浅い谷などであり、いずれも旧版地図では人家がないような場所である。目黒川水系は現在では国道246号池尻以南の目黒川本流以外はほとんどが暗渠となっており、そこが川の流れていた谷底であることに気づきにくい。また、急激な都市化で地面がアスファルトに覆われているため、雨水の逃げ場は排水溝以外になく、その容量を越える降雨時には、水が集まりやすい谷底などでは浸水被害が起こりやすい。

揺れやすさ評価：中／やや大／大／評価範囲外／山地斜面等

卍 寺院　日 神社　血 博物館・美術館　☆ 工場　⚡ 発電所・変電所　📖 図書館　◎ 公民館　── 区市界　──── 都県界（右図記号）　‖ 田　Y 桑畑　○ 広葉樹林　△ 針葉樹林

75

35 渋谷、六本木、白金

土地条件図 [基盤地図：2012年]

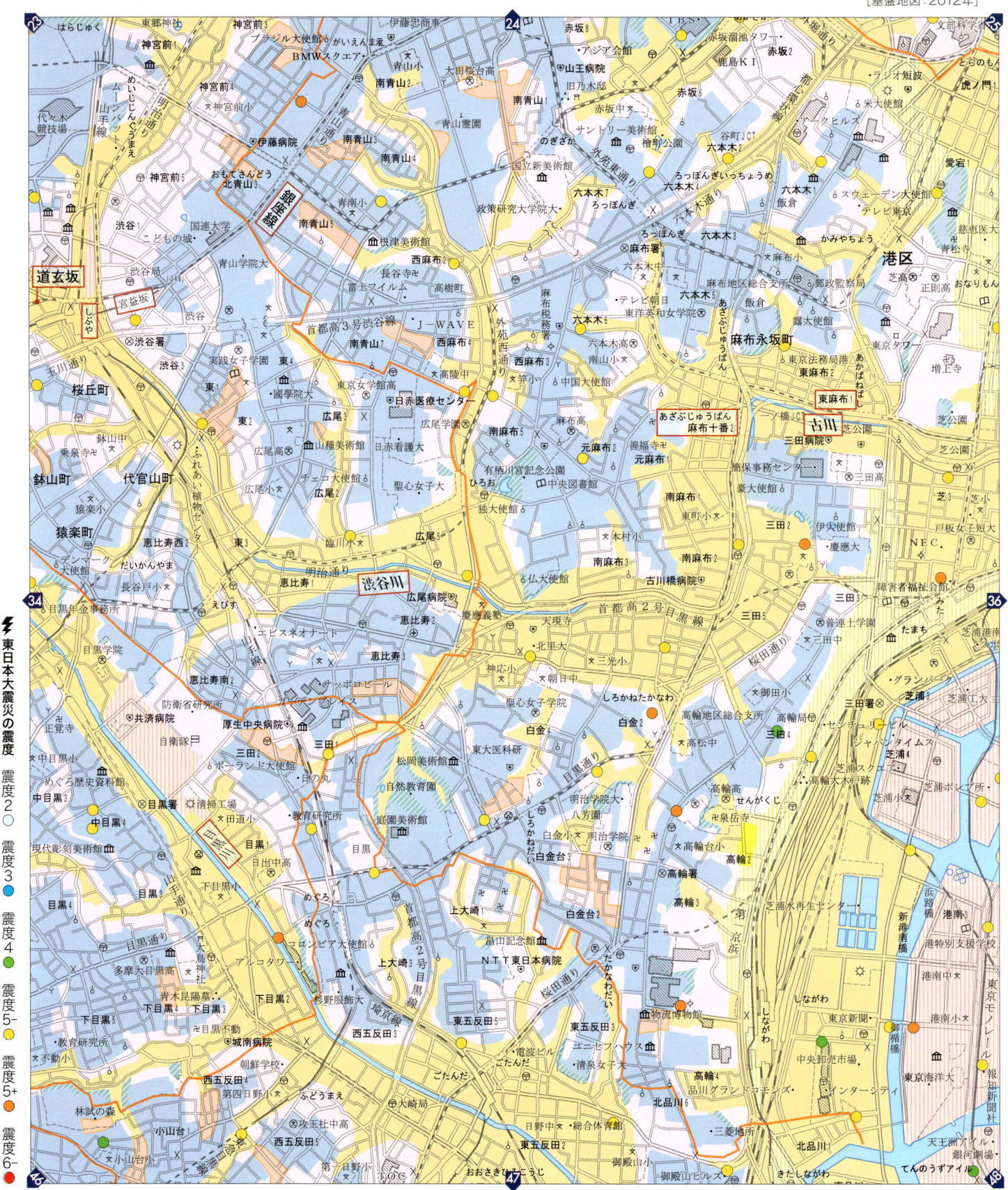

東日本大震災の震度
- 震度2 ○
- 震度3 ●（青）
- 震度4 ●（緑）
- 震度5- ●（黄）
- 震度5+ ●（橙）
- 震度6- ●（赤）

Q 海沿いを走っていた東海道本線：まず目につくのが海の範囲の違いだろうか。現代図では図内に海は確認できないが、旧版地図を見ると、東海道本線の東側は海となっている。今では想像しにくいが、当時の東海道本線は海沿いの鉄道だったことが分かる。つまり、東海道本線以東はほとんどが埋立地ということになり、揺れやすさ評価は「大」だ。東海道本線の西側は、線路に沿うような形で「砂州・砂堆・砂丘」が伸びており、揺れやすさ評価は「やや大」、内陸部には比較的地盤が良い「更新世段丘」が広がる。目黒川を境に外側（南西側）が形成時期15～2.6万年前のいわゆる「武蔵野面」で、それ以外の図内の台地は、38～15万年前に形成された「下末吉面」であり、一般的には下末吉面の方が地盤は強固である。そして台地の間に、渋谷川（古川）や目黒川といった中小河川の谷底平野（土地条件図では「盛土地・埋立地」）が広がる。揺れやすさ評価が「大」となっているように地盤は軟弱だ。

Q 文字通りの谷地に発達した街渋谷：渋谷を歩くと、この街が文字通り谷にあることが実感できる。道玄坂や宮益坂など、坂を下りきった場所が渋谷である。地下鉄銀座線の渋谷駅はJRより高い場所にあるが、これは台地の中を走って来た地下鉄が谷に出た瞬間まっ

76 **地図記号** ◎区・市役所 ○町・村役場 ⊗警察署 ✕交番・駐在所 ⚐官公署 Y消防署 ⊕病院 ⊛高等学校 文小・中学校 ⊕保健所 ⊕郵便局 ⊟自衛隊

旧版地図・揺れやすさ評価図
[基盤地図：1917〜19年]

1：25,000

関東大震災の推定震度
- 6+
- 7

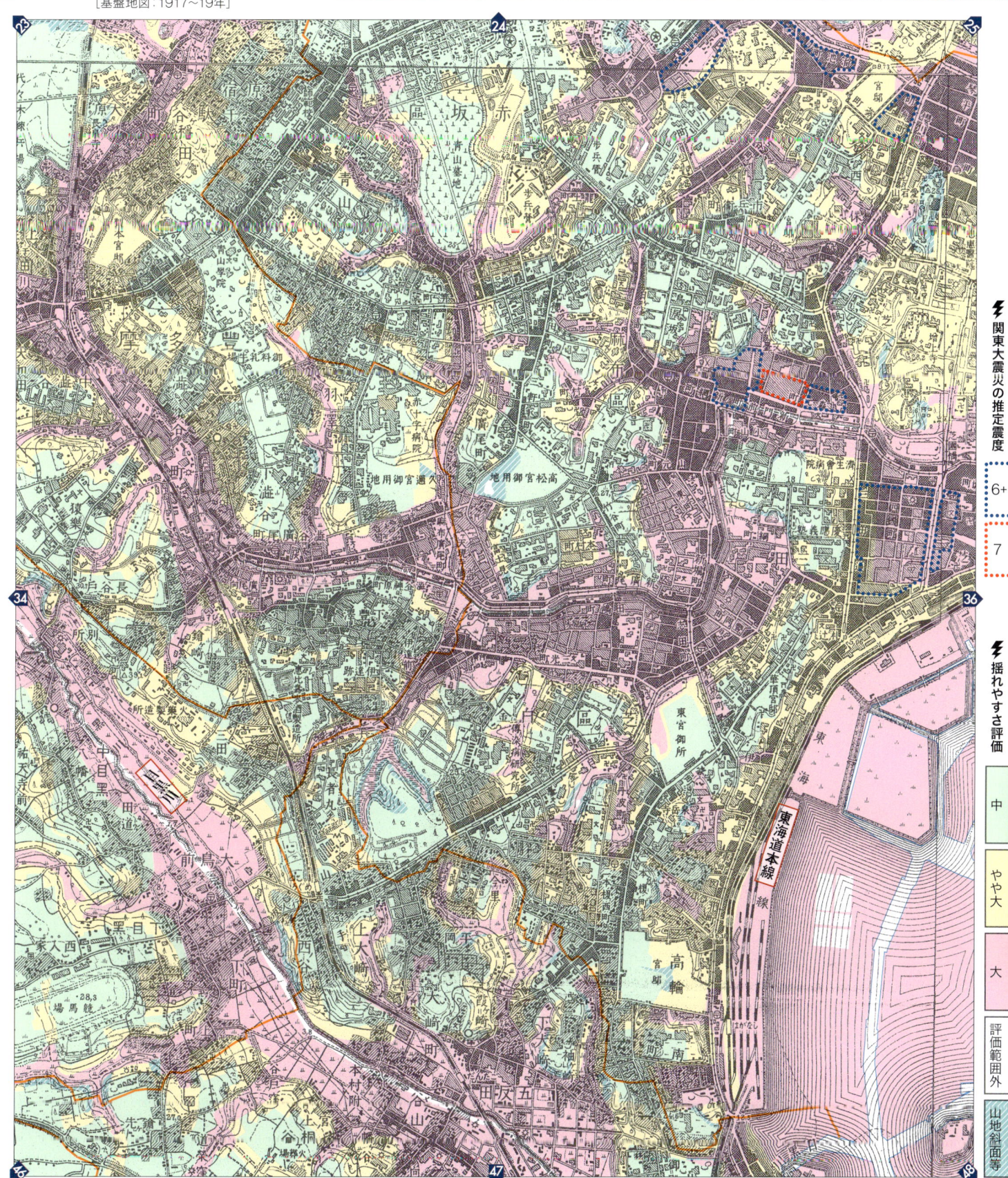

揺れやすさ評価
- 中
- やや大
- 大
- 評価範囲外
- 山地斜面等

すぐ地上に顔を出し、そのまま渋谷駅の3階に入るからである。かつて渋谷駅前は大雨が降ると決まって浸水する場所だった。それは地形的に周囲の水がすべて谷底にある渋谷に流れ込むことに起因する。現在では排水施設が改善されて、かつてほど湛水することはなくなったが、短時間に排水能力を越える雨が降ると、地形的に浸水の危険があることは知っておきたい。

🔍 **麻布十番駅の浸水**：渋谷川は港区に入ると古川と名前を変え、谷（つまり地盤の軟弱な地域）はさらに広くなる。関東大震災の際の推定震度も、古川の谷底平野にあたる麻布十番や東麻布で6強〜7となっており、図内ではもっとも揺れの激しかった地域と推定されている。また、この谷底平野では水害も頻発しており、2004年には台風22号による集中豪雨で古川が氾濫、地下鉄の麻布十番駅のコンコースが浸水した。人的被害がなかったのは不幸中の幸いだが、一つ間違えば地下空間の浸水として大惨事になっていた可能性もある。これは麻布十番周辺が周囲より低いため雨水が流れ込みやすいこと、加えてまた古川が大きく曲がる地点にあたる袋状の地形であること（一般的にこうした場所は遊水地として利用されることが多い）が要因としてあげられる。

卍 寺院　☖ 神社　🏛 博物館・美術館　☼ 工場　⚙ 発電所・変電所　📖 図書館　◎ 公民館　━━━ 区市界　━ ━ 都県界（右図記号）　山 田　Υ 桑畑　🌳 広葉樹林　🌲 針葉樹林

36 銀座、築地、お台場

土地条件図
[基盤地図：2012年]

東日本大震災の震度
- 震度2 ○
- 震度3 ●（青）
- 震度4 ●（緑）
- 震度5− ●（黄）
- 震度5+ ●（橙）
- 震度6− ●（赤）

江戸時代から繰り返された埋め立て：図内の揺れやすさ評価を見ると、大部分が「大」であり、軟弱地盤が広がる地域で液状化のリスクもある。もちろん高層ビルなどの大規模施設では基礎杭を地盤の固い基底礫層まで深く打ち込む（基底礫層に直接基礎をつくる例もある）などの対策はしているが、足元が悪いのは気持ちのいいものではない。

現在の姿と旧版地図を見比べて、まず明らかに異なるのが海の面積だろう。旧版地図当時は新佃島や月島は確認できるが、勝どきはまだ埋め立てが進行中、豊洲や有明、台場といった比較的新しい埋立地はもちろん、晴海さえも海の中だった。江戸時代以前の東京は土地条件図で「砂州・砂堆・砂丘」となっている現在の銀座あたりまで、「江戸前島」と呼ばれる半島状の地形が形成されていた。その内側にあたる日比谷から大手町にかけては「日比谷入江」と呼ばれ、海が入り込んでいた。江戸幕府はまずこの日比谷入江を埋め立て、次いで霊岸島（現在の新川）、さらに築地へと埋め立てていった。明治には月島が埋め立てられ、その後も晴海や豊洲と続いて現在に至るが、図内の大部分が埋立地という事実は今さらながら驚かされる。

ウォーターフロントの地震リスク：湾岸地域はバブル期以降、「ウォーターフロント」

地図記号 ◎区・市役所　○町・村役場　⊗警察署　X交番・駐在所　♦官公署　Y消防署　⊞病院　⊗高等学校　文小・中学校　⊕保健所　〒郵便局　⊟自衛隊

旧版地図・揺れやすさ評価図
[基盤地図：1917～19年]

1:25,000

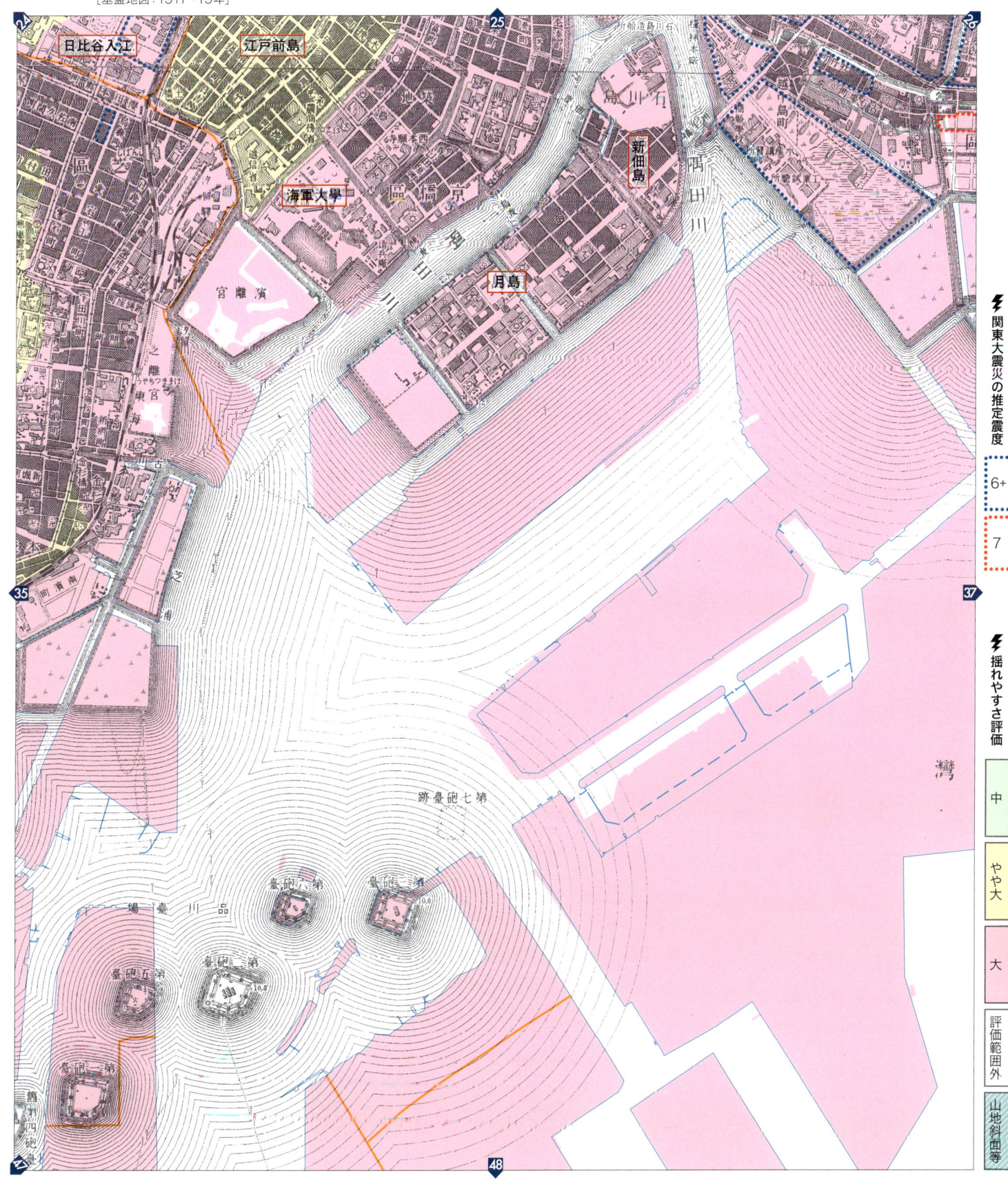

としてマスコミにもてはやされ、高層マンションが多く建てられて人気を博した。また近年では、地下鉄大江戸線やゆりかもめなどの開業で、かつて交通の便に難があったこれらの地域が便利になったことで、商業施設も増えた。しかし現実は埋立地であり、地震の際にはどうしても揺れやすい。関東大震災の推定震度も特に日比谷入江にあたる部分が6強と高く、また東日本大震災の際に最初にテレビに映し出されたのが台場における火災だったことは記憶に新しい。同震災では台場や月島、晴海などで軽微ながらも液状化の被害が見られたことも覚えておきたい。

築地市場の移転：「築地」は地名そのものが埋立地を意味しており、もともとは江戸時代に明暦の大火で焼失した東本願寺を浅草から移転させるために造成された土地だ。幕末から明治にかけては外国人居留区や海軍本省なども置かれ、関東大震災の復興段階で、日本橋魚河岸が移転してきて築地市場となった。旧版地図では築地市場の場所にまだ「海軍大學」が立地していることが分かる。

この築地市場も現在豊洲への移転が計画されているが、豊洲地区から国の環境基準を越える有害物質が検出されたことに加え、東日本大震災の際に同地区が液状化現象に見舞われたことなどが問題となっている。

卍 寺院　日 神社　血 博物館・美術館　☆ 工場　⌀ 発電所・変電所　📖 図書館　◎ 公民館　── 区市界　╍╍ 都県界（右図記号）　山 田　Ɛ 桑畑　◐ 広葉樹林　⋀ 針葉樹林

37 新木場、東陽町、砂町

土地条件図
[基盤地図：2012年]

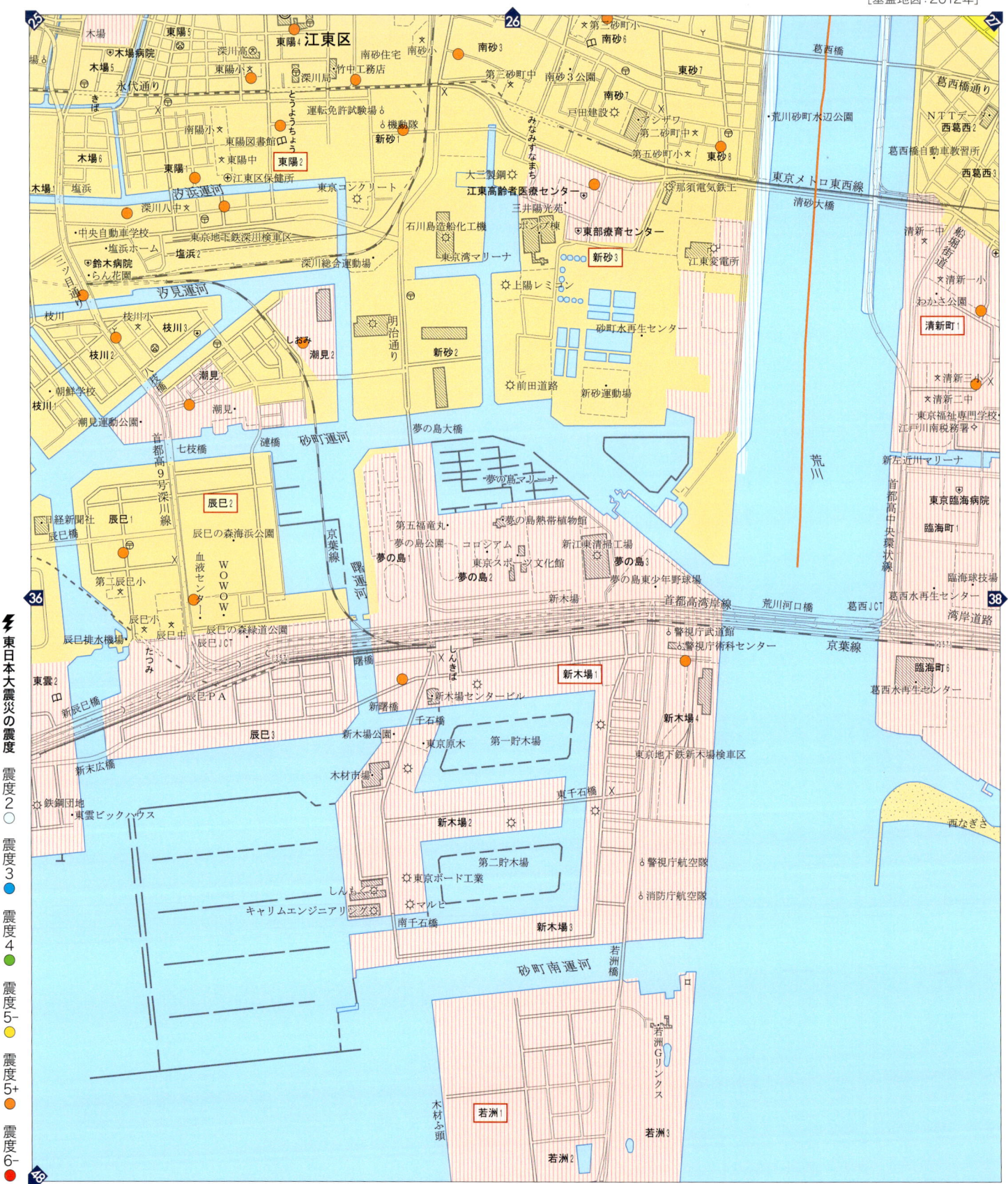

東日本大震災の震度
- 震度2 ○
- 震度3 ●（青）
- 震度4 ●（緑）
- 震度5- ●（黄）
- 震度5+ ●（橙）
- 震度6- ●（赤）

🔍 **東日本大震災で液状化した埋立地**：図内は大規模埋立地が広がるエリア。土地条件図での表現は「盛土地・埋立地」「高い盛土地」となっており、揺れやすさ評価は全エリアで「大」である。東日本大震災の震度分布は軒並み5強、関東大震災時の推定震度は6強〜7と、東京で最も揺れが激しかった地域の一つだ。また、東日本大震災時には液状化の被害が大きかった地域でもある。江東区でいえば、新木場や辰巳、東陽、豊洲、若洲、新砂など、江戸川区でいえば、清新町などがこれに該当する。新木場では周回道路の約5割が液状化し、その際に噴出した土砂が30〜40cm堆積し、あちこちに段差や陥没が見られる状況だった。住宅が少ない地域であったのは不幸中の幸いだが、江戸川区清新町では住宅地にも被害が及んだ。土地条件図と旧版地図を見比べると、こうした地域の多くは旧版地図当時まだ海だった場所で、比較的新しい埋立地である。総じて地盤が軟弱な地域であり、強い揺れに見舞われた場合には液状化被害はさらに拡大する可能性がある。

🔍 **新田開発から住宅地へ**：現在の東陽や新砂、南砂、東砂といった地域は、江戸時代に新田開拓された場所であり、実際に旧版地図当時でもまだ、「八郎右衛門新田」「平井新田」などの地名が残っているのが分かる。

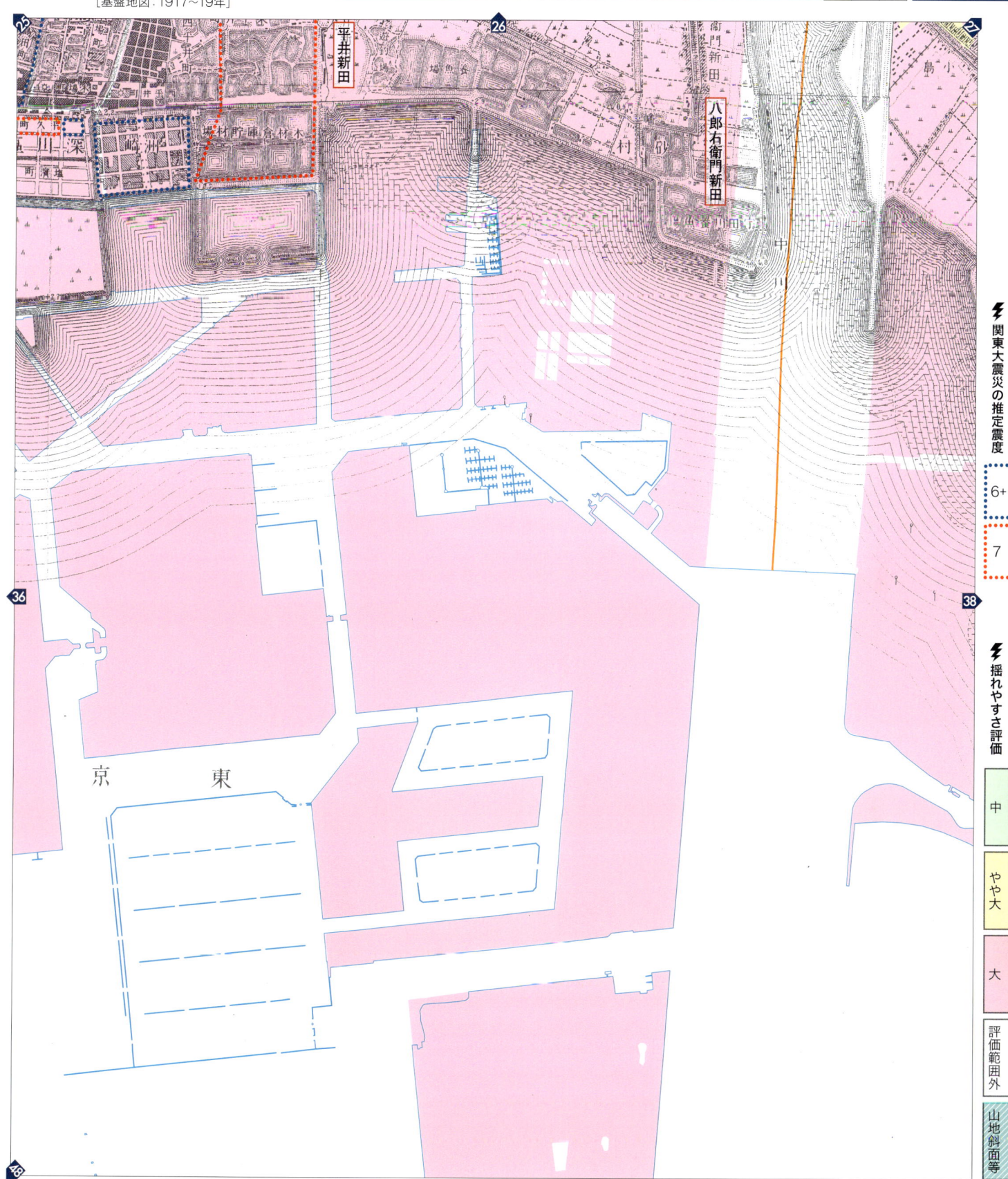

旧版地図・揺れやすさ評価図
[基盤地図：1917～19年]

1:25,000

37

関東大震災の推定震度
- 6+
- 7

揺れやすさ評価
- 中
- やや大
- 大
- 評価範囲外
- 山地斜面等

地図中の注記：平井新田、八郎右衛門新田

　こうした場所はもともと湿地帯であった場所を埋め立てや干拓により水田地として開発しており、地盤は軟弱で元来住宅地には向かない。地震時の揺れにも液状化にも注意が必要だ。また、低湿地であったということは水はけの悪い土地であることを示しており、洪水や津波による浸水があった場合に、湛水期間が長くなる可能性があることも知っておきたい。

高潮への備え：また、江東地域は1949年のキティ台風の際に、高潮による深刻な被害を受けている。この時は東京湾の満潮時刻と台風の通過時刻が重なったことで、潮位は+3.15m（荒川工事基準面）を記録し、河川を遡上する形で浸水が広がり、江東区のほぼ全域が冠水する結果になった。その後防潮堤や水門の整備は進んだものの、2009年に中央防災会議「大規模水害対策に関する専門調査会」が公表した報告書によると、超大型台風による高潮が東京湾を襲った場合の死者は、最悪のケースでは約7600人と想定されている。これは過去最悪である伊勢湾台風をも上回るショッキングな数字である。伊勢湾台風は死者・行方不明者が5000人を越える観測史上最大の被害をもたらした台風として知られるが、被害の最大の要因は高潮だった。高潮の恐ろしさとリスクも十分に認識すべきだろう。

卍寺院　日神社　血博物館・美術館　☆工場　発電所・変電所　図書館　公民館　── 区市界　━━ 都県界（右図記号）　‖田　Y桑畑　○広葉樹林　∧針葉樹林

38 浦安、葛西

土地条件図
[基盤地図：2012年]

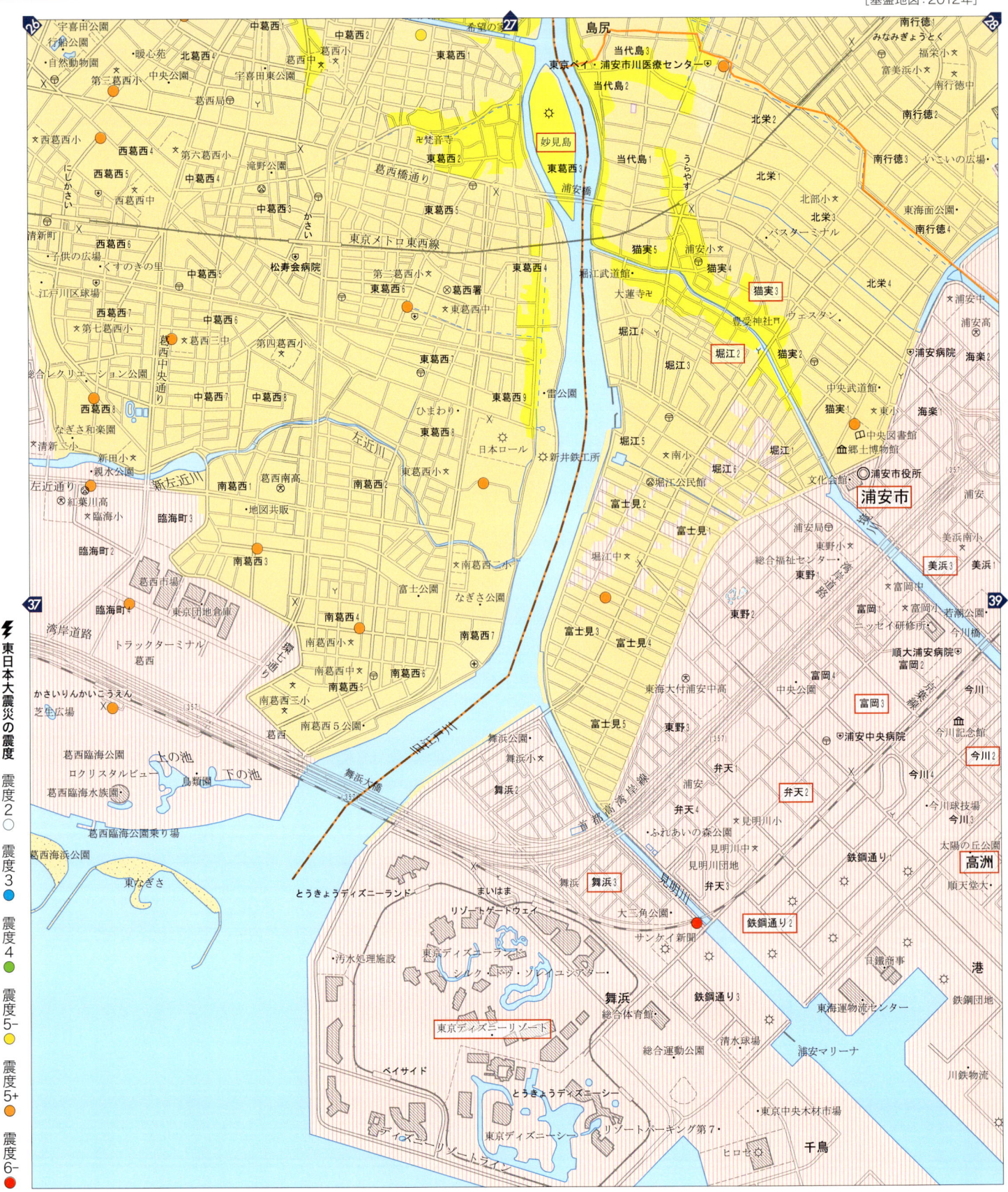

東日本大震災の震度
- 震度2 ○
- 震度3 ●（青）
- 震度4 ●（緑）
- 震度5- ●（黄）
- 震度5+ ●（橙）
- 震度6- ●（赤）

漁村として発展した葛西・浦安：葛西から浦安にかけての地域は、旧江戸川の河口付近に位置しており、低湿地帯が広がっている（土地条件図では「盛土地・埋立地」）。揺れやすさ評価は軒並み「大」、東日本大震災時の震度分布も5強が目立つように、地盤は軟弱である。旧版地図を見ると、妙見島を中心に、川の両岸に「自然堤防」があり、その上に長島や当代島、さらには猫實や堀江といった集落が形成されている。このあたりは古くからの漁村で、東京湾に面した自然豊かな地域であり、江戸時代からは海苔の養殖が行われていた。自然堤防以外は低湿地であるため、一面の水田地帯となっている。水田の中に東宇喜田の集落が確認できるが、「宇喜田」という地名は「宇田川喜兵衛新田」の略とされることから、新田開発された土地であることが分かる。なお、旧江戸川に浮かぶ妙見島は東京23区唯一の自然島でもある。

激しく液状化した浦安市：東日本大震災の際に激しい液状化の被害に見舞われたのが浦安市である。被害が大きかった地区では家屋や門柱などが傾き、道路はうねり、マンホールの浮き上がりやガス・上下水道などライフラインも寸断されるなど、日常生活がままならない深刻な状況になった。
被害が大きかったのは、図内では舞浜や弁

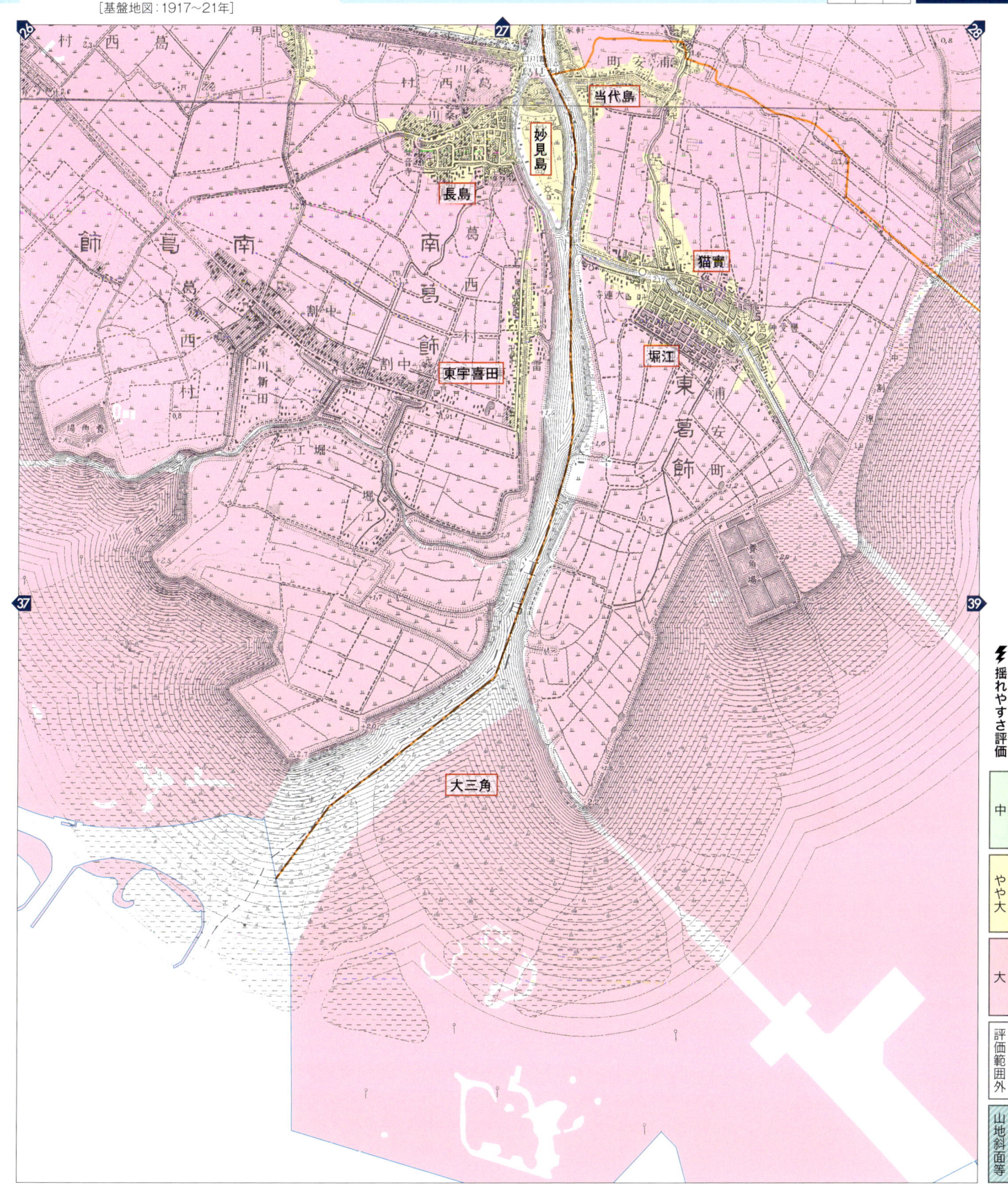

旧版地図・揺れやすさ評価図
[基盤地図：1917～21年]　1：25,000

天、鉄鋼通り、富岡、今川、美浜、高洲などで、いずれも旧版地図の時点ではまだ海の中にあり、その後に埋め立てられた新しい土地（土地条件図では「高い盛土地」）であり、いわゆる浦安の旧市街（猫実や堀江など）では被害は出ていない。結果的に液状化リスクの高い土地が液状化したのだ。

土地の過去を知る：旧版地図からは浦安は遠浅の海に臨む、周囲を水田に囲まれた小さな町であることが分かる。しかしその後は都心からの通勤時間が短いこともあり、東京のベッドタウンとして著しい発展を遂げた。特に新たに埋め立てられた臨海地区は、東京ディズニーリゾートが立地しており、街並もきれいに整備され、住宅地として高い人気を誇っていた。多くの住民にとって液状化は寝耳に水の被災だったに違いない。

かつて浦安には「大三角」と呼ばれる場所があった。文字通り旧江戸川河口の三角州地帯があり、かつてはアシの茂る湿地帯であり、潮が引くと干潟が現れ、漁民によってアサリやハマグリの養殖が行われていた豊かな土地であった。現在東京ディズニーリゾートが立地するあたりである。開発は街の姿やイメージも変えてしまい、もはや浦安にかつての面影はない。土地が持つ災害リスクは過去の姿こそが映し出してくれるのである。

揺れやすさ評価：中／やや大／大／評価範囲外／山地斜面等

卍 寺院　日 神社　博物館・美術館　☆工場　発電所・変電所　図書館　公民館　──区市界　---都県界（右図記号）　田　桑畑　広葉樹林　針葉樹林

39 新浦安、塩浜

土地条件図
[基盤地図:2012年]

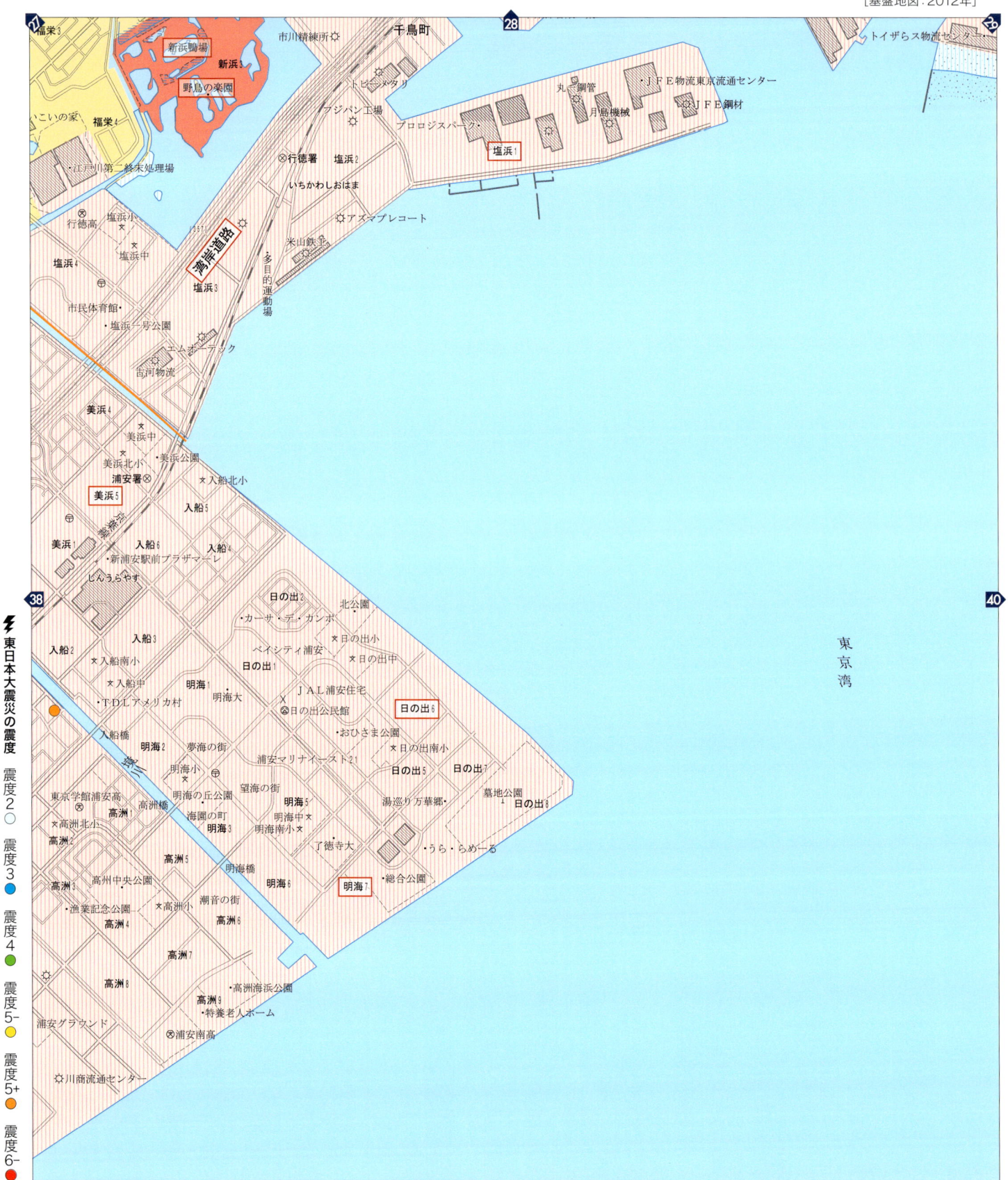

🔍 **液状化と地盤沈下**：旧版地図を見ると、図内ほぼ全域が海。つまり、すべて埋立地（土地条件図では「　盛土地・埋立地」「　高い盛土地」）となる。揺れやすさ評価はすべて「大」であり、液状化のリスクも高い。

浦安市の埋立地は東日本大震災の際に深刻な液状化の被害に見舞われた。図内の浦安市はほぼ全域が液状化しているが、被害の程度については微妙な違いがあった。要因として は埋立層の深さの違い（湾岸道路を境に海側は内陸側より埋立層が厚い）と、構造物の基礎や地盤の改良など工法の違いがあると考えられている。建物そのものがダメージを受けたのはほとんどが戸建て住宅であり、高層建築等は、周囲に段差ができるなどの被害はあったものの、建物への直接の被害は少なかった。ただしこれはあくまでも震源が遠く離れていた東日本大震災での例であり、震源 が近くさらに激しい揺れになった場合も含めて、埋立地や盛土地に不安があることには変わりない。また、東日本大震災による地盤沈下では、市川市塩浜で30.9cmと大きな値を記録しているが、これも地殻変動よりも液状化の影響が大きいと考えられている。

🔍 **イメージ地名は疑え**：東日本大震災で液状化被害を受けた場所の地名には共通点がある。いずれも比較的新しい時代に命名された

旧版地図・揺れやすさ評価図
[基盤地図：1921年]

1：25,000

39

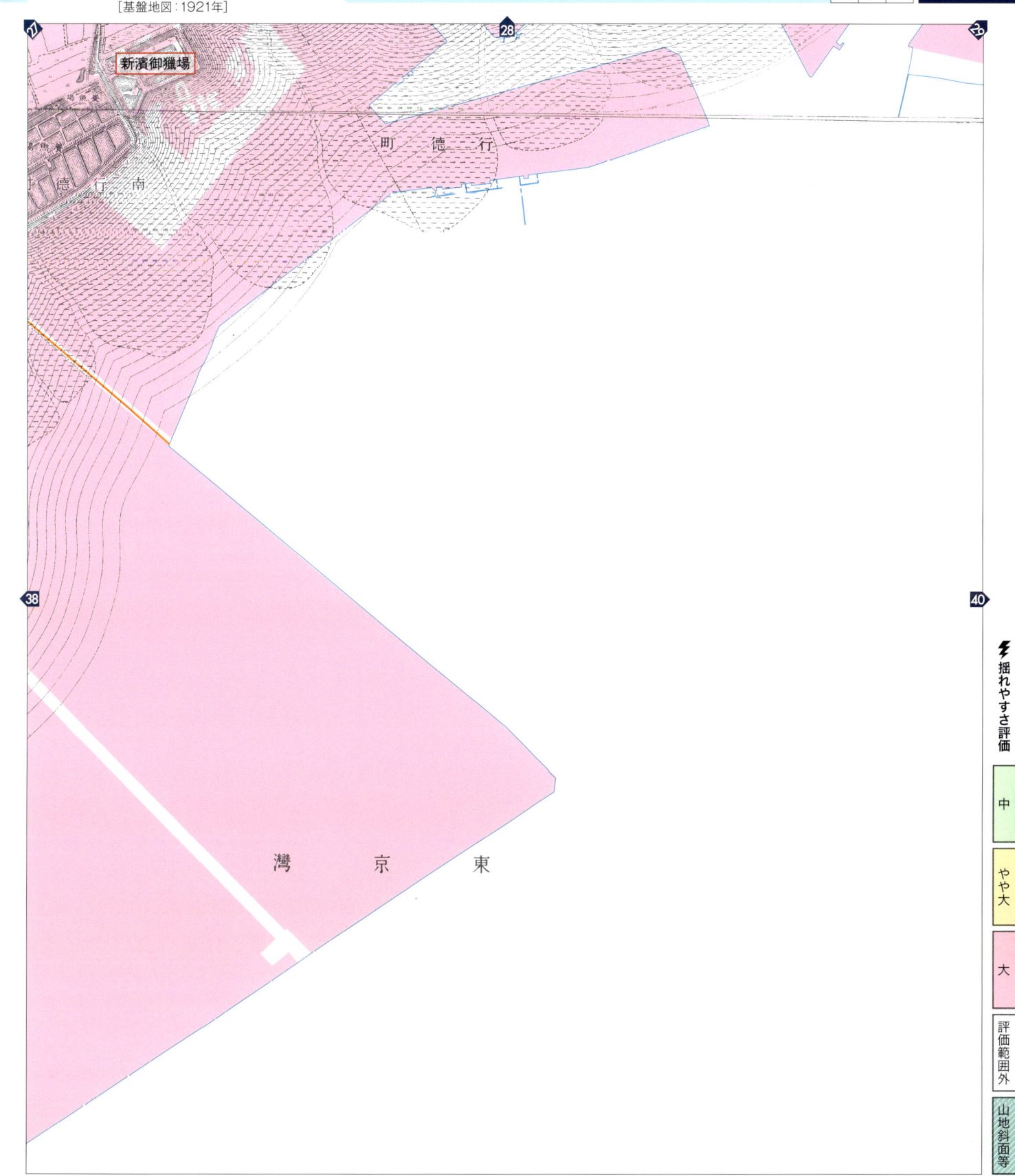

揺れやすさ評価
- 中
- やや大
- 大
- 評価範囲外
- 山地斜面等

イメージ地名であるという点だ。例えば「日の出」という地名は、図内の浦安市の他、船橋市や茨城県潮来市でも液状化が確認されている。これは偶然ではなく、埋立地など新たに造成した土地には耳触りのいいイメージ地名をつける傾向があるのだ。浦安市でも液状化した地名は、図内の「美浜」「明海」の他「舞浜」「海楽」など、イメージ地名が多い。

埋立地と干拓地：図内の大半を占める埋立地は土地条件図では「高い盛土地」として分類されているが、新浜鴨場・野鳥の楽園については「■干拓地」となっている。新浜鴨場は宮内庁の施設で、「伝統的な狩猟を行う場所」として、皇室関連の行事のほか日本に駐在する外交官や賓客接遇の場として、鳥を傷つけない日本の伝統的鴨猟を紹介している。隣接する市川野鳥の楽園とともに多くの野鳥が訪れる干潟である。

では埋立地と干拓地はどう違うのか。埋め立ては文字通り水面に土砂を運んで来て埋めていくのに対して、干拓は水門等を設けて海水を堰き止め、中の水をポンプ等で外に排水することで干潟をつくるものだ。したがって埋立地はそれなりの高さをもった盛土地になるのに対して、干拓地は土地が低いままである。もっとも、もともと海の底であるから地盤が軟弱であることはどちらも変わらない。

卍寺院　H神社　血博物館・美術館　☼工場　⚡発電所・変電所　📖図書館　公民館　──区市界　━━都県界（右図記号） ‖田　Y桑畑　○広葉樹林　∧針葉樹林）

85

40 新習志野、ふなばし三番瀬海浜公園

土地条件図
[基盤地図：2012年]

東日本大震災の震度
- 震度2 ○
- 震度3 ●
- 震度4 ●
- 震度5- ●
- 震度5+ ●
- 震度6- ●

🔍 **湾岸部の工業地域**：旧版地図で陸部のない地域であり、土地条件図にある陸域はすべて埋立地。土地条件図では「　高い盛土地」となっており、揺れやすさ評価も「大」。東日本大震災の際の震度も1箇所のみ記録が残っており震度5強となっている。

　海域を挟んで西側は船橋市潮見町、東側は同じく船橋市の高瀬町と隣接する習志野市茜浜、芝園、そしてJR京葉線を挟んで同じく習志野市秋津となっているが、いずれも東日本大震災において液状化の被害を受けている。高瀬町や茜浜については、工業用地や流通施設を中心に、千葉県国際総合水泳場や大学施設などが分布しているが、常住人口は極めて少なく、習志野市によると、茜浜の2013年6月現在の常住人口はわずかに20世帯27人となっている。

🔍 **東日本大震災による被害の状況**：船橋市潮見町においては、広い範囲で液状化の被害を受け、地割れや陥没、段差の発生など、さまざまな影響が出ている。潮見町にあるふなばし三番瀬海浜公園も各施設に被害が発生したが、なかでも30年間にわたり営業してきたプールが被害の影響で最終的に廃止となった。茜浜も液状化が激しく、道路などに被害が出た。一般の住宅はほとんどない地域だが、茜浜から菊田川を挟んだ芝園にある海浜霊園で

86 地図記号 ◎区・市役所 ○町・村役場 ⊗警察署 ✕交番・駐在所 ♦官公署 Y消防署 ⊕病院 ⊗高等学校 文小・中学校 ⊕保健所 ⊕郵便局 ⊬自衛隊

旧版地図・揺れやすさ評価図
[基盤地図：1921年]

1:25,000

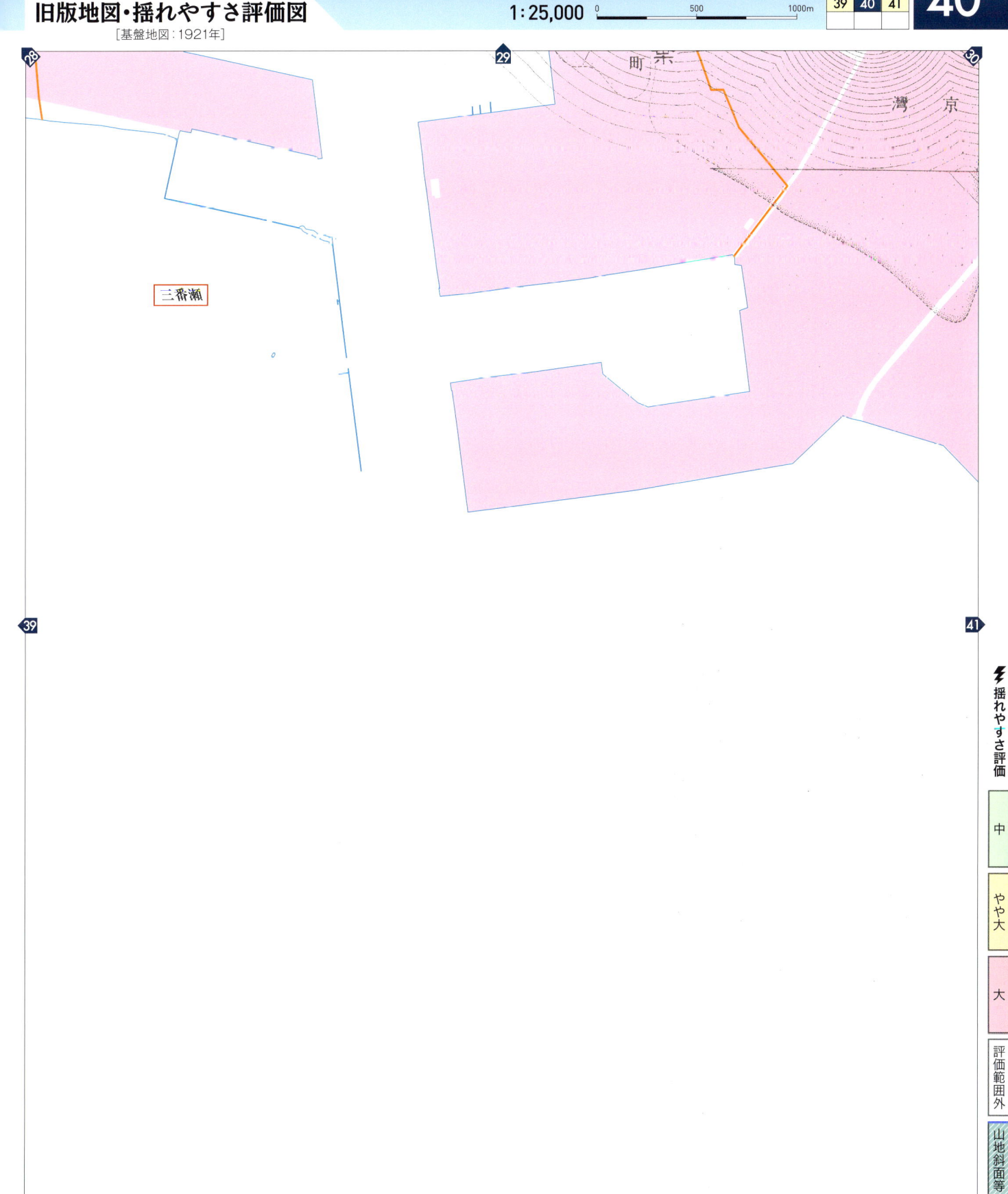

40

揺れやすさ評価
- 中
- やや大
- 大
- 評価範囲外
- 山地斜面等

は、液状化により参道や埋設施設などに大きな被害が出ており、その改修にあたっては共用部分以外の墓所区画内について使用者の負担が発生している。

🔍 **三番瀬**：図内の海域は「三番瀬」と呼ばれる干潟が広がる浅海域で、その面積は約1800ヘクタールに達し、渡り鳥の中継地として国際的にも有名だ。江戸時代の古文書で「二番瀬」「三番瀬」という文字を見ることができるが、「二番瀬」がどこを指しているのか、あるいは「一番瀬」はなかったのか、などは分かっていない。

いわゆる「江戸前」の魚の漁場として、あるいは海苔やアサリ・ハマグリの養殖場として、豊かな自然の恵みを誇った三番瀬だったが、昭和に入ると東京湾の水質の悪化に悩まされるようになる。加えて湾岸の埋め立てが盛んに行われたことで、三番瀬自体が現在の領域を残すのみとなっているばかりでなく、旧江戸川から三番瀬への土砂の供給がさえぎられてしまう結果になった。その後、三番瀬の再生への取り組みも行われていたが、東日本大震災による液状化や津波の影響を受けたことで、さらなる課題も出現している（2012年に千葉県が実施した深浅測量によると、浅瀬の水深は平均27cm深くなり、水深0m以浅の面積が縮小したことが判明している）。

卍 寺院　🏯 神社　🏛 博物館・美術館　☼ 工場　⚙ 発電所・変電所　📖 図書館　◎ 公民館　── 区市界　━━ 都県界（右図記号　山 田　丫 桑畑　○ 広葉樹林　Λ 針葉樹林）

41 幕張

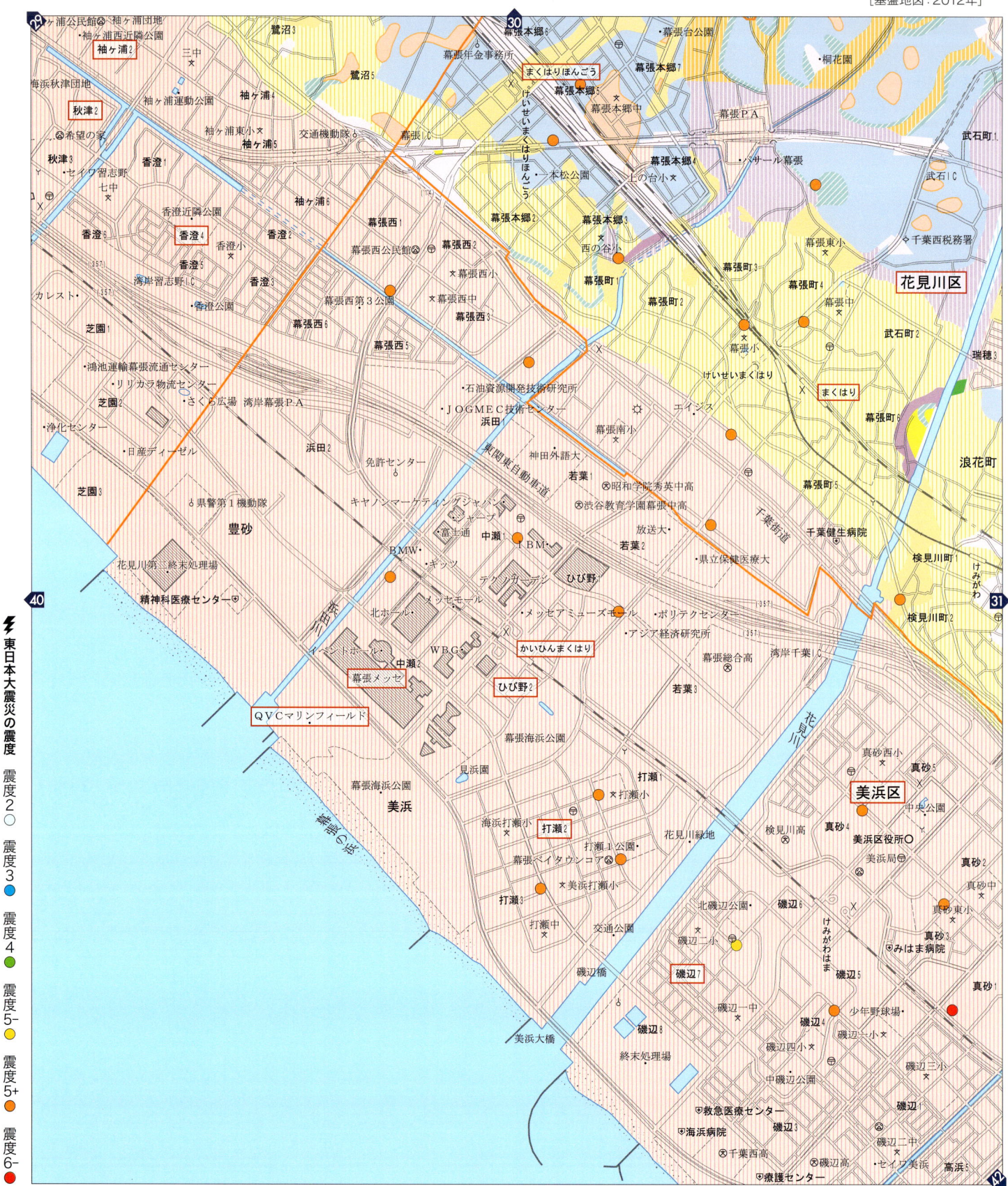

土地条件図
[基盤地図：2012年]

東日本大震災の震度
- 震度2 ○
- 震度3 ○
- 震度4 ○
- 震度5- ○
- 震度5+ ○
- 震度6- ○

🔍 **二つの幕張**：多くの人にとって「幕張」といえば幕張メッセやQVCマリンフィールドのある美浜区の幕張地区、つまりJR海浜幕張駅周辺の幕張新都心を指すのではないだろうか。しかしこの周辺は1970年代から80年代にかけて開発された埋立地（土地条件図では「▓▓高い盛土地」）であり、旧版地図では海と干潟があるのみだ。比較的新しく整備された地域であるが地名は安易なイメージ地名でなく、かつての海苔の養殖場に由来する「ひび野」や、打瀬網漁に因む「打瀬」など、埋め立て前の地域の特色を反映したものが多い。では従来の幕張はどこかといえば、花見川区の千葉街道に沿ったJR・京成の幕張駅周辺地域で、旧版地図では「幕張」の地名のもとになった「馬加」の名も見ることができる。

🔍 **海浜地区の液状化**：埋立地は揺れやすさ評価「大」で、東日本大震災でも軒並み震度5強（一部では6弱も）を記録したが、それ以上に深刻だったのが液状化の被害だった。液状化は埋立地のほぼ全域で発生したが、特にひび野や磯辺では大規模な噴砂が見られ、磯辺の住宅地では40cmを越える厚さに達した。建物の傾きや道路のひび割れや段差、うねりなど、市民生活にもさまざまな影響が出た。

習志野市の秋津、香澄、袖ヶ浦といった地域は住宅街だが、やはり液状化による深刻な

88　地図記号　◎区・市役所　○町・村役場　⊗警察署　X交番・駐在所　☆官公署　Y消防署　⊕病院　⊗高等学校　文小・中学校　⊕保健所　〒郵便局　旦自衛隊

旧版地図・揺れやすさ評価図

[基盤地図：1921年]

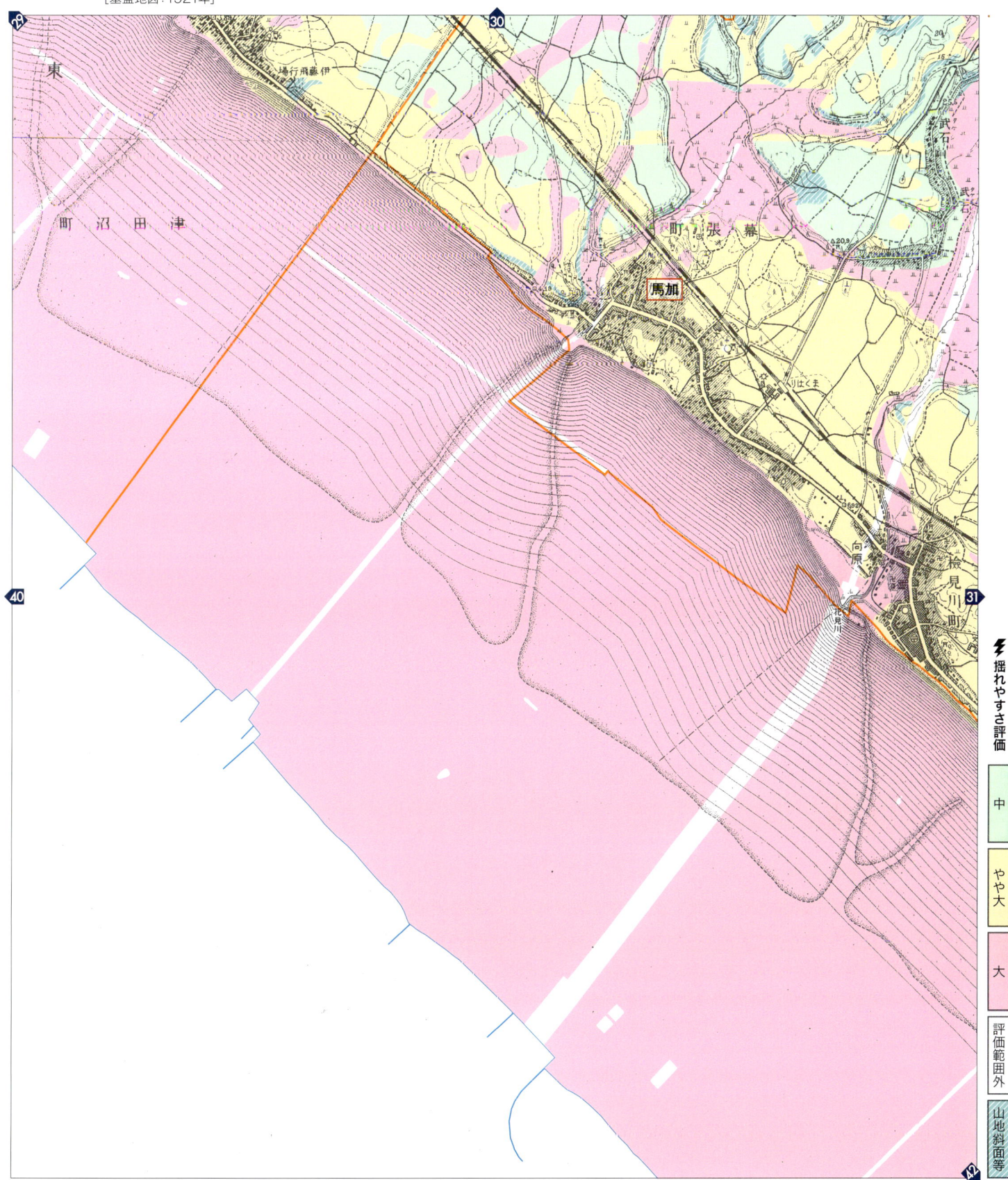

1：25,000

揺れやすさ評価
- 中
- やや大
- 大
- 評価範囲外
- 山地斜面等

被害が発生した。対応策として住宅をいったん取り壊したうえで、数軒から10軒程度のブロックごとに地盤改良を実施し、後に集合住宅を建設して代替する案などが出されている。住民にとっては一軒家での生活を捨てることになるが、付け焼刃の液状化対策では再発の可能性もあり、少ない費用負担で本格的な地盤改良を行うには有効な方法との評価もある。いずれにしても、復興に向けては住民の合意形成がカギを握る。

砂丘と後背湿地：花見川区の幕張地区は古くからの集落が旧版地図当時の海岸線に沿う形で「砂州・砂堆・砂丘」の上に展開され、揺れやすさ評価は「やや大」となっている。ただし砂丘の背後には後背湿地（土地条件図では「後背低地」）が分布しており、この部分は水がたまりやすく排水もよくない。また、地盤も軟弱で、揺れやすさ評価も「大」となっている。旧版地図では後背湿地は水田として、特性に適した利用がされているが、現在ではこうした場所にも住宅が建ちつつある。洪水時の浸水、地震時の揺れの増幅や液状化などが心配される土地でもあり、リスクをしっかりと認識しておきたい。JR・京成の幕張本郷駅周辺は「更新世段丘」で比較的地盤は良好だが、一部谷地（盛土地）が入っており、このエリアは注意が必要だ。

卍寺院　日神社　血博物館・美術館　☆工場　発電所・変電所　図書館　公民館　──区市界　──都県界（右図記号　山田　と桑畑　Q広葉樹林　A針葉樹林）

89

42 千葉みなと、稲毛海岸

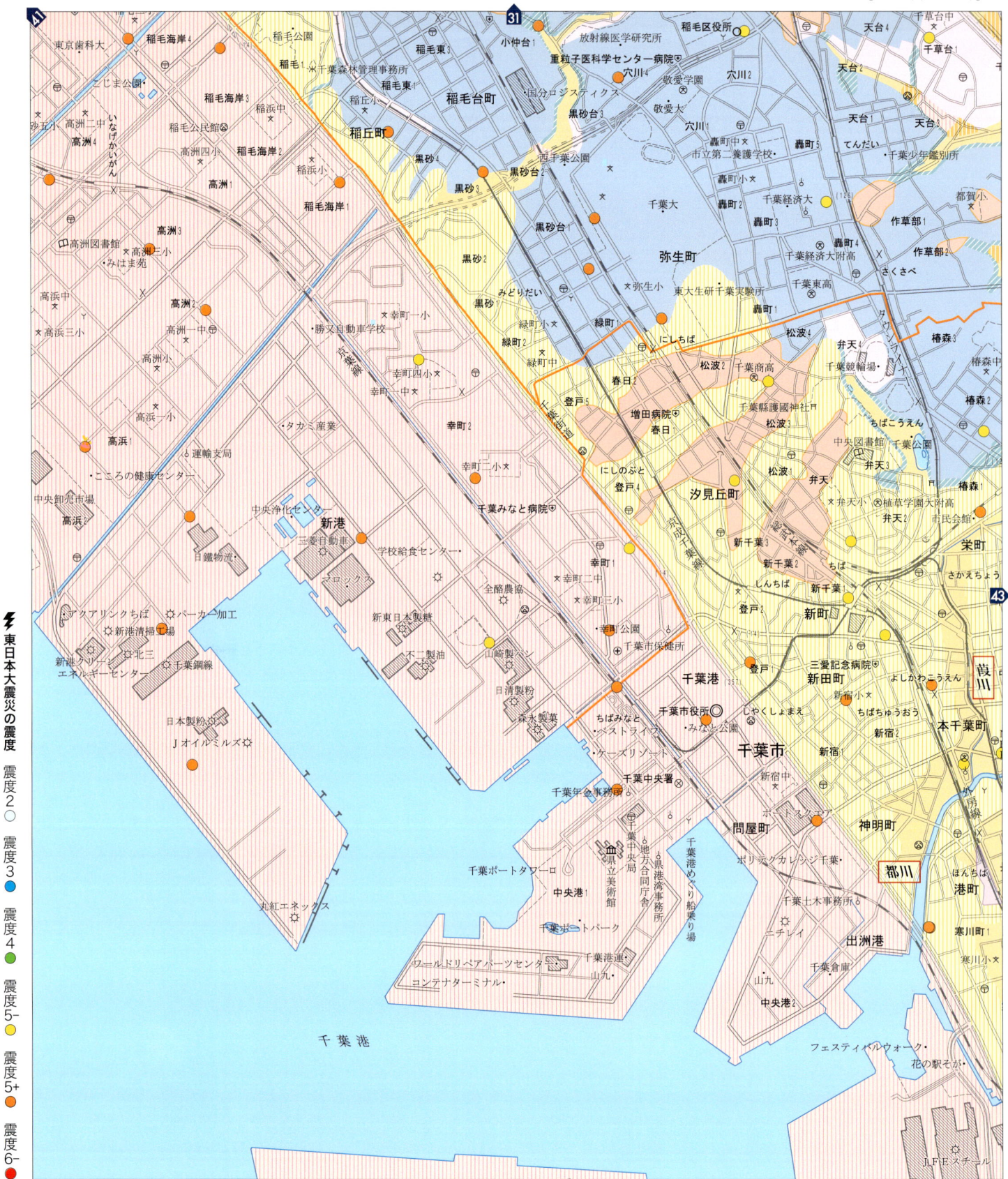

土地条件図
[基盤地図：2012年]

東日本大震災の震度
- 震度2 ○
- 震度3 ●
- 震度4 ●
- 震度5- ●
- 震度5+ ●
- 震度6- ●

広大な埋立地
図中の約半分が埋立地（土地条件図では「　　高い盛土地」）であり、地盤は軟弱。揺れやすさ評価でも「大」を示しており、揺れはもちろん、液状化にも注意が必要だ。実際に2011年の東日本大震災時にも噴砂などの液状化現象が確認されている。

埋立地では造成時に地盤改良を行うことも多いが、その工法にも左右されるほか、埋め立てた海底の状態にも依存する。例えば、東日本大震災で液状化が確認された場所の多くは埋積谷（谷底が厚い堆積物によって埋め立てられている谷）や、「澪」と呼ばれる、浅い湖や遠浅の海岸の水底に水の流れによってできる溝（または港口などで海底を掘って船を通りやすくした水路）の存在が影響している可能性が高いとされ、これらの場所の多くは、1987年の千葉県東方沖地震の際にも液状化が報告されている。旧版地図を見ると、現在埋立地となっている周辺の海中にもいくつかの谷筋が描かれている（[A]）。この部分（あるいはその延長線上）が埋積谷に該当すると思われ、埋立地でも軟弱地盤が多く堆積している場所と考えていい。

微高地に立地する旧千葉市街地
図内の北東部を見ると、「　　更新世段丘」が広がっており、図中ではもっとも安定した地盤といえる。ただし、部分的に分布している「

90　地図記号 ◎区・市役所　○町・村役場　⊗警察署　X交番・駐在所　ふ官公署　Y消防署　⊕病院　⊗高等学校　文小・中学校　⊕保健所　〒郵便局　ᚒ自衛隊

旧版地図・揺れやすさ評価図

[基盤地図：1921年]

1：25,000

42

揺れやすさ評価
中
やや大
大
評価範囲外
山地斜面等

凹地・浅い谷」や「■盛土地・埋立地」のエリアは軟弱な土地であり、揺れやすさ評価も「やや大」となっている。

　台地と埋立地の間には、「■砂州・砂堆・砂丘」が分布している。砂州・砂堆は海岸に点在する微高地で、小高い丘を形成したものが砂丘だ。いずれも海岸の砂が堆積した土地で比較的地盤は良好といわれるが、表層部が軟弱な場合があるほか、砂丘の間に「浅い谷」が入っている部分もあることから、揺れやすさ評価は「やや大」となる。旧版地図を見ると、海岸沿いの集落（現在の千葉市中心街）は「砂州・砂堆・砂丘」に位置しており、比較的古くから開けた土地だ。また、砂州・砂堆の間には都川と葭川が形成した谷があり（土地条件図では「盛土地」）、揺れやすさ評価は「大」となっており、「砂州・砂堆・砂丘」部分よりも軟弱な地盤である。この周辺は千葉市の繁華街にあたる。

津波が遡上する可能性も？：津波襲来時に谷沿いに津波が遡上することは、東日本大震災での例から知られるようになった。

　土地条件図で「浅い谷」や「盛土地」で表現されているような谷地形の部分のほか、千葉市の中心部は明治以前には低湿地が広がっていた土地でもあることから、十分な注意が必要だ。

卍寺院　日神社　血博物館・美術館　☆工場　発電所・変電所　図図書館　◎公民館　━━━区市界　━━━都県界（右図記号　山田　Y桑畑　◯広葉樹林　∧針葉樹林）

91

43 千葉

土地条件図
[基盤地図：2012年]

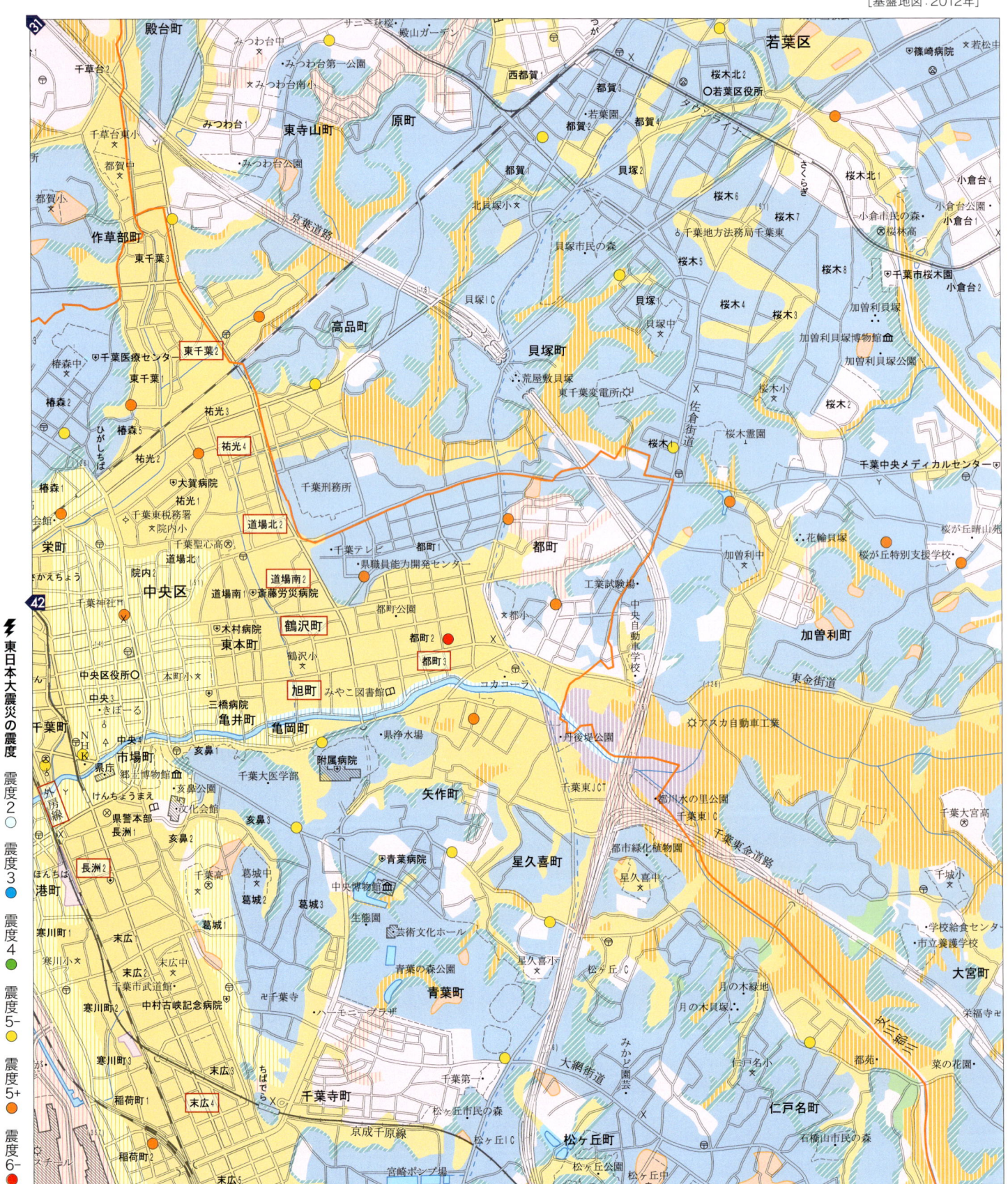

東日本大震災の震度
- 震度2 ○
- 震度3 ●
- 震度4 ●
- 震度5- ●
- 震度5+ ●
- 震度6- ●

🔍 **砂州・砂堆と後背湿地**：旧版地図を見ると、千葉市の市街地は海岸近くの微高地である「砂州・砂堆・砂丘」上に位置しており、揺れやすさ評価は「やや大」だ。ただしその内陸側には後背湿地（土地条件図では「盛土地・埋立地」と「後背低地」）が広がっており、この部分は地盤が軟弱で、揺れやすさ評価も「大」となっている。この低地（都町、旭町、鶴沢町、道場、祐光、東千葉周辺）は都川と支流である葭川の下流部にあたり、海岸沿いの微高地（砂州・砂堆）に行く手を遮られる形で海への出口が狭くなっているため、洪水の際には湛水しやすく、また水はけが悪い土地でもある。旧版地図ではこうした土地の特性を活かす形で、一面の水田地帯となっている。外房線に沿った低地（長洲、末広周辺）は海岸平野（土地条件図では「盛土地」も）となっており、同様に地盤が軟弱で、旧版地図では水田地帯となっている。しかしその後千葉市が東京のベッドタウン化したこともあって、現在ではこれらの場所もほぼ隙間なく住宅地となっている。こうした場所に住むのは主として他の土地からの転入者であり、土地の性質やリスクを知らない層が多いことを考えると気がかりである。

🔍 **台地が広がる内陸部**：市の中心部を離れた内陸部は下総台地が占めている。土地条件

92　地図記号　◎区・市役所　○町・村役場　⊗警察署　✕交番・駐在所　ඊ官公署　Y消防署　⊕病院　⊗高等学校　文小・中学校　⊕保健所　〒郵便局　自衛隊

旧版地図・揺れやすさ評価図

[基盤地図：1921年]

1:25,000

揺れやすさ評価
- 中
- やや大
- 大
- 評価範囲外
- 山地斜面等

図では「更新世段丘」で、比較的地盤は安定している。しかし、下総台地は谷津が発達していることから、あちこちに「谷底平野・氾濫平野」（「盛土地」となっている場合もある）が分布している。谷津は周囲より低く、水利がいいことから、水田として利用されることが多かったが、最近は宅地化が進みつつある。こうした場所は台地上に比べると地盤が軟らかく、また豪雨の際には水が集まりやすいので注意が必要だ。

🔍 **千葉県東方沖地震**：1987年12月17日午前11時過ぎ、九十九里付近を震源とするM6.7の地震が発生した（千葉県東方沖地震）。この地震では千葉県を中心に、死者2名、負傷者161名、住家全壊16、一部損壊7万余（理科年表より）という被害を記録した。最大震度は千葉市も含めて震度5（強震）とされているが、当時各市町村に計測震度計が設置されておらず、被害状況からもっと大きな揺れであった可能性が高い。住家の損壊は屋根瓦の落下などが多かったが、当時の報告書では全壊家屋は水田を盛土した場所の液状化に伴うものとされ、土地条件が被害に影響することを示唆している。なお、千葉県東方沖地震は2012年にも発生しており、当該地域は地震の巣ともいえる場所だ。再発すれば千葉市への影響は避けられない。

卍 寺院　日 神社　血 博物館・美術館　✿ 工場　☆ 発電所・変電所　□ 図書館　○ 公民館　── 区市界　━━ 都県界（右図記号）　⊥⊥ 田　Ｙ 桑畑　○ 広葉樹林　∧ 針葉樹林

44　宮前、たまプラーザ、宿河原

土地条件図
[基盤地図：2012年]

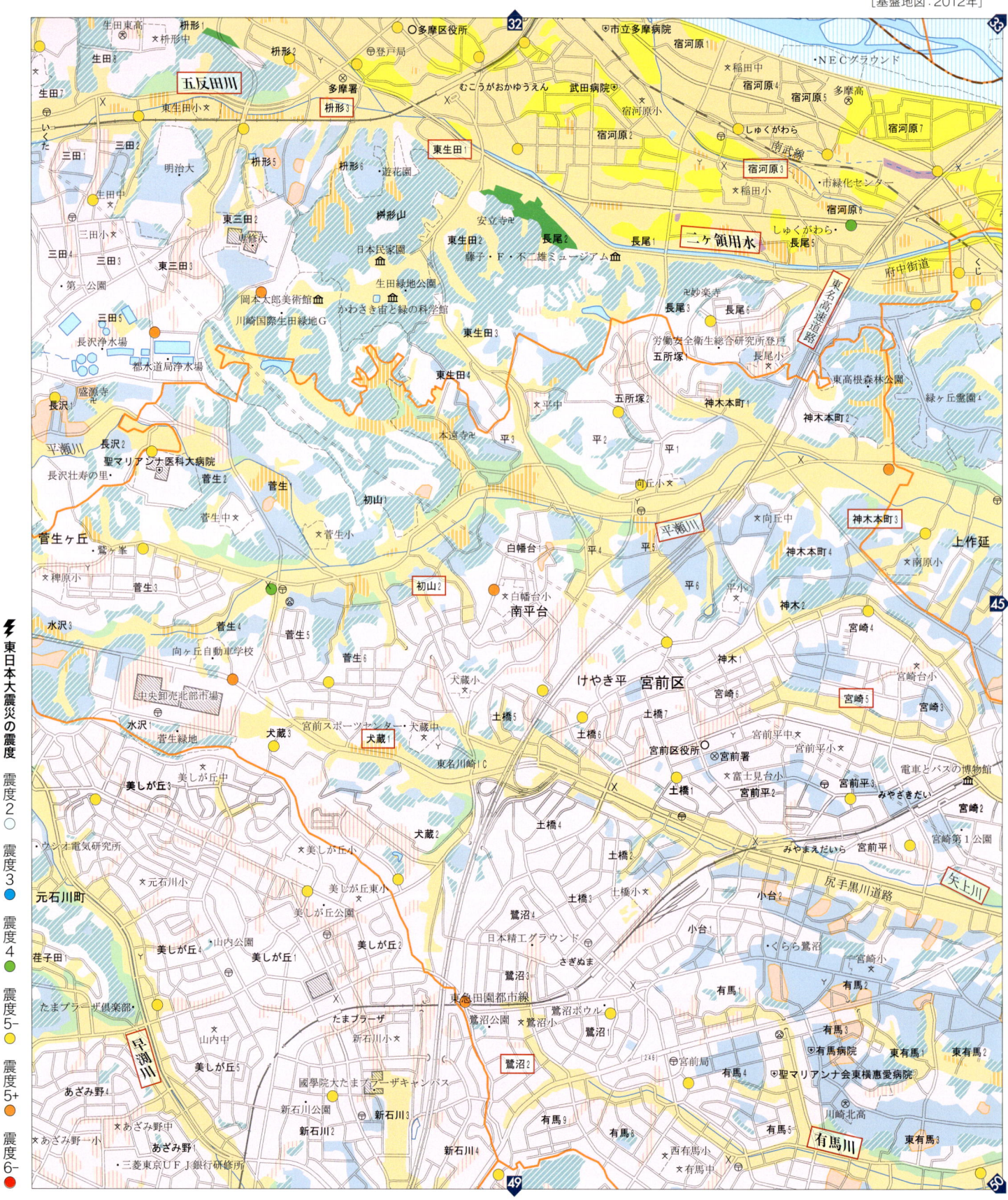

東日本大震災の震度
- 震度2 ○
- 震度3 ●
- 震度4 ●
- 震度5- ●
- 震度5+ ●
- 震度6- ●

🔍 **多摩川低地**：図内の北部はいわゆる多摩川低地で、文字通り多摩川の氾濫により形成された「谷底平野・氾濫平野」が広がる（土地条件図では多くの場合「盛土地・埋立地」となっている）。旧河道や後背湿地であった土地も分布しており、全般に地盤は軟弱で、揺れやすさ評価は「大」である。微高地である「自然堤防」も点在しており、旧版地図を見ると、当時の集落はほとんどが自然堤防上に形成され、低地は水田や桑畑といった土地利用になっていることが分かる。過去10年の水害記録を調べると、「宿河原」「枡形」「東生田」などで床上・床下浸水の履歴が残っており、多摩川の大規模な氾濫はもちろん、豪雨時の五反田川や二ヶ領用水周辺での内水氾濫（排水が追い付かないことによる氾濫）には注意が必要だ。

🔍 **多摩丘陵と下末吉台地**：五反田川〜二ヶ領用水以南は「切土地」が多いが、開発前の姿は丘陵地と台地。おおむね東名高速道路を境に西側が多摩丘陵、東側が下末吉台地となる。いずれも土地条件図では「更新世段丘」で変わりはないが、形成年代が異なり、多摩丘陵の方が古く、また標高も高い。

形成年代が古い分、多摩丘陵は比較的の地盤が強固であるといっていい。しかし、旧版地図で開発前の姿が分かるように、元来谷戸が

94　**地図記号** ▶ ◎区・市役所　○町・村役場　⊗警察署　X交番・駐在所　ô官公署　Y消防署　⊕病院　⊗高等学校　文小・中学校　⊕保健所　〒郵便局　⊟自衛隊

旧版地図・揺れやすさ評価図

[基盤地図：1917～27年]

1:25,000

複雑に入り組んだ地形であり、大規模な宅地造成で平坦化した際に、丘陵を切土した部分に交じって、もともと谷が入っていた部分は盛土することで地形面を合わせることになる。つまり、同じ平坦面でありながら比較的地盤のいい切土地と、地盤の悪い盛土地が入り混じってしまっているのだ。特に「高い盛土地」は地すべりにも注意したい。

一方の下末吉台地は多摩丘陵よりは形成が新しいものの、首都圏では有数の安定した地盤で知られる。ただし、多摩丘陵と同様、造成により平坦化されていることから、切土地と盛土地が混在している点は注意が必要だ。

🔍 **樹枝状の谷底平野**：五反田川や平瀬川、矢上川、有馬川、早渕川などの「谷底平野・氾濫平野」（土地条件図では「盛土地・埋立地」も）はやはり地盤が軟弱で、豪雨時には内水氾濫の可能性もある。実際に「神木本町」「初山」「犬蔵」「宮崎」「鷺沼」など、谷沿いでは過去10年に水害記録がある。また丘陵地・台地と低地の境は急傾斜地になっているケースも多く、所によっては土砂災害への警戒も必要だ。

なお、図内に土地条件図で「山地斜面等」が点在しているのはあくまでも「斜面」であり、地盤は段丘に準ずるが土砂災害に警戒すべき場所といえる。

揺れやすさ評価：中／やや大／大／評価範囲外／山地斜面等

45 高津、溝口、二子玉川

土地条件図
[基盤地図：2012年]

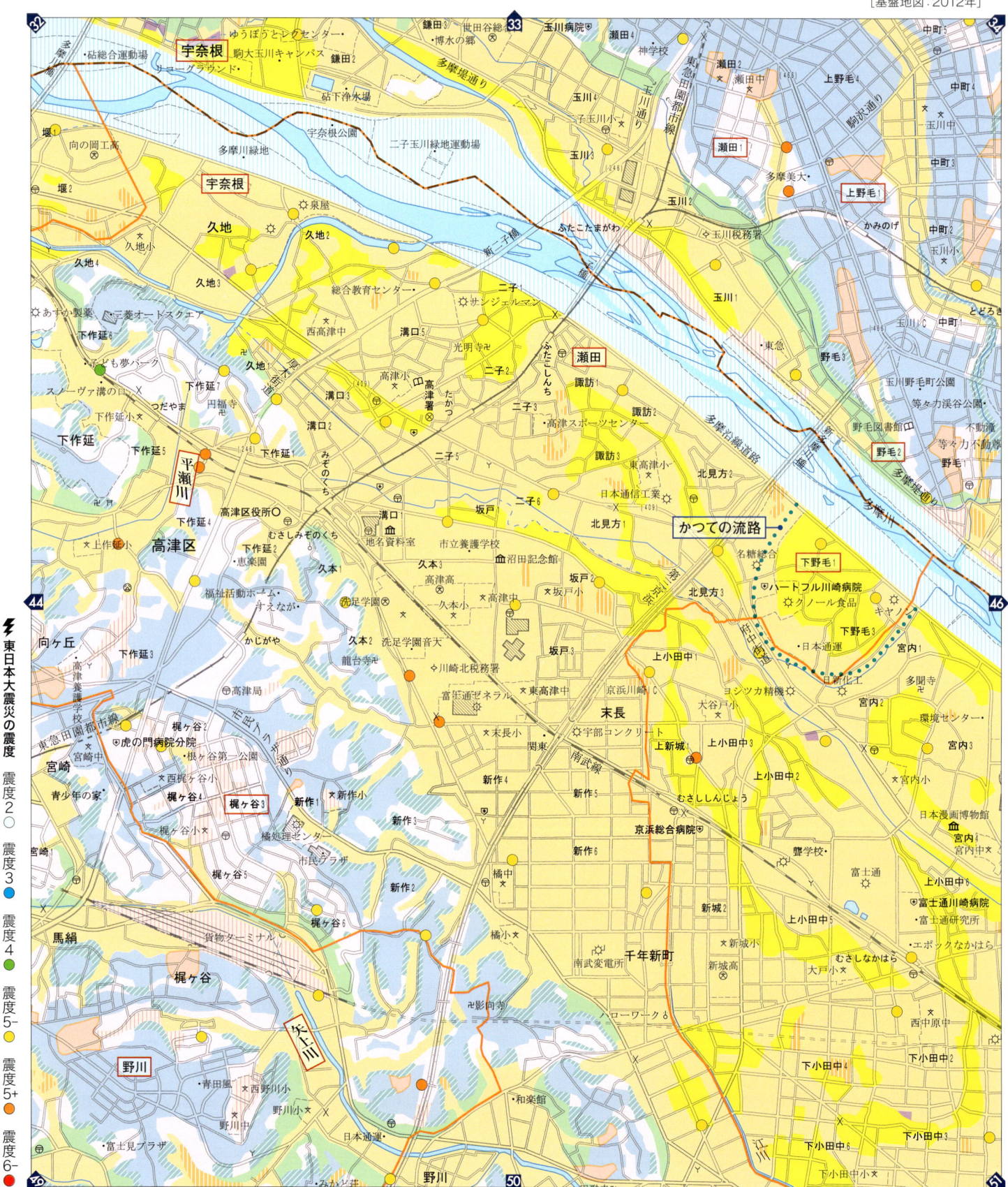

🔍 **広大な水田地帯だった多摩川低地**：いわゆる多摩川低地は文字通り多摩川の氾濫により形成された「谷底平野・氾濫平野」（土地条件図では大部分が「盛土地・埋立地」）で、旧版地図を見ると「自然堤防」上に集落がある以外は一面の水田地帯だったことが分かる。自然堤防の周辺には後背湿地や旧河道も点在しており、全体に地盤は軟弱で、揺れやすさ評価「大」の地域が広がっている。現在ではこうした浸水しやすく軟弱な土地も、住宅地に転用されている。

自然堤防の分布は過去の氾濫を物語るものだが、氾濫の形跡は地名にも残されており、例えば「宇奈根」や「瀬田」は多摩川の両岸にあり、東京都世田谷区に「上野毛」「野毛」があるのに対して、川崎市高津区に「下野毛」が存在する。これらはかつては一つの村だったものが、氾濫により河川の流路が変わったことで二つに分かれる形で現在に至っているもので、地形的に見ても自然堤防上に位置する「下野毛」などは、その背後に大きく蛇行する旧河道が確認できるので、こちらがかつての多摩川の流路であったことが推測できる。

🔍 **開発された下末吉台地**：図内の南西部に広がる「更新段丘」はいわゆる下末吉台地で比較的地盤は良好。旧版地図ではとこ

旧版地図・揺れやすさ評価図

[基盤地図：1917〜27年]

1:25,000

ろどころに集落が確認できる程度だったが、現在では梶ヶ谷や野川など大規模造成で整備された住宅地も多い。こうした造成は台地を切土によって平坦化するケースが多いが、旧版地図を見ても確認できるように、もともと台地の中に複雑に谷戸が入り込んでいる土地柄である。平坦化にあたり「　切土地」に交じって、谷戸の部分は「盛土地」となっていることが多く、こうした場所は周囲に比べて地盤が軟弱なので注意が必要。また、台地の間に矢上川や平瀬川といった中小河川の谷底平野（土地条件図では「盛土地」も）があり、この部分も周囲より地盤は軟弱で、豪雨時には氾濫のリスクもあることを知っておきたい。また、台地と谷底平野の境は急傾斜地となっていることが多く、過去10年でも野川や梶ヶ谷で崖崩れが発生しているので、豪雨時等は土砂災害にも気をつけたい。

武蔵野台地の末端部：多摩川の東京側には、武蔵野台地が張り出している。下末吉台地より形成が新しいが、「更新世段丘」であり地盤は比較的良好だ。ただし、谷沢川などの谷底平野や、ところどころに分布する「凹地・浅い谷」は周囲より地盤が軟らかく、豪雨時には水が集まりやすい場所であることに注意したい。多摩川低地は川崎側同様、自然堤防の背後の地盤は軟弱なので要注意だ。

揺れやすさ評価：中／やや大／大／評価範囲外／山地斜面等

卍 寺院　　　神社　　博物館・美術館　☆ 工場　　発電所・変電所　　図書館　　公民館　　区市界　　都県界（右図記号）‖田　Y桑畑　○広葉樹林　∧針葉樹林

46 田園調布、自由が丘

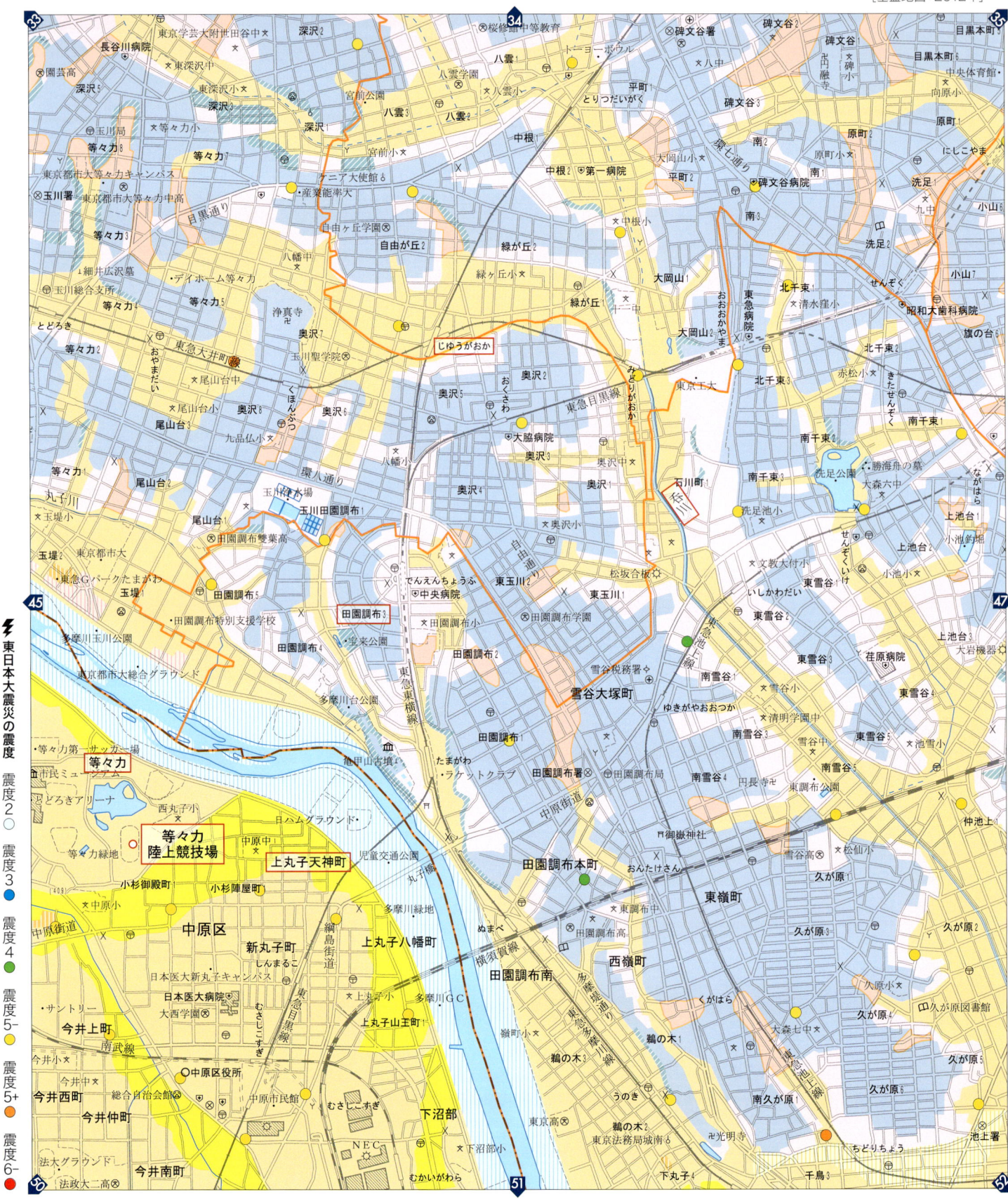

土地条件図
[基盤地図：2012年]

東日本大震災の震度
- 震度2 ○
- 震度3 ●
- 震度4 ●
- 震度5− ●
- 震度5+ ●
- 震度6− ●

多摩川両岸にある「等々力」：多摩川の川崎側は多摩川の氾濫平野（土地条件図では「盛土地・埋立地」）である。上流からの土砂が氾濫により堆積した「自然堤防」が卓越しており、旧版地図でもこうした場所に集落が集中しているが、その背後には水のたまりやすい軟弱地盤が控えているので注意が必要だ。過去10年の水害記録を見ると、上丸子天神町で2度にわたり床上・床下浸水の被害が発生しているように、豪雨時の内水氾濫にも注意が必要だ。

また、多摩川を挟んで東京都世田谷区と川崎市中原区のどちらにも「等々力」という地名が存在しているが、これはかつて一緒だった村が多摩川の氾濫による流路変更で二つに分かれたことによるものだ。それ以前の多摩川は、現在の自然堤防に沿う形で流れていたことが推測される。例えば現在の等々力陸上競技場周辺は、当時は多摩川の流路に位置していたと考えることができる。

旧版地図を見ると多摩川の中州のように張り出す形で「青木根」という集落が確認できる。当時の地形から自然堤防上にあったと推測できるが、1920年には多摩川の堤防工事のため上丸子天神町へ移転して消滅している。

武蔵野台地の南端：多摩川の東京側は武蔵野台地が広がる。「更新世段丘」（形成

地図記号 ◎区・市役所 ○町・村役場 ⊗警察署 ✕交番・駐在所 ⊛官公署 Y消防署 ⊕病院 ⊗高等学校 文小・中学校 ⊕保健所 〒郵便局 ⊟自衛隊

旧版地図・揺れやすさ評価図

[基盤地図：1917〜22年]

1：25,000

年代の違いで「下末吉面」と「武蔵野面」に区別可能）で、地盤は比較的良好だ。ただし、台地の中には呑川や九品仏川といった中小河川の「谷底平野・氾濫平野」（土地条件図では大部分が「盛土地」）や「凹地・浅い谷」が発達しており、こうした場所は周囲に比べて地盤が悪く、また豪雨時には雨水が集中して内水氾濫が起きやすい。河川は暗渠（上は緑道）になっていることが多く気づき にくいが、周囲との高低差に注意したい。

田園調布と自由が丘：田園調布は1917年に、実業家・渋沢栄一らの田園都市構想で計画された住宅地で、現在でも東京きっての丘の上の高級住宅地として知られる。しかし旧版地図での「調布村」は多摩川沿いの水田地帯にある。これはもともと「調布」という地名が、律令制の租税である「租庸調」の「調」として、布を納めていたことに由来するため だ。布づくりには水が不可欠であることから、「調布」という地名は本来水辺にある。しかし現在の「田園調布」は台地の上である。

また、「自由が丘」は昭和に入ってから命名された地名で、この地に設立された「自由が丘学園」に由来するが、現在の自由が丘の駅や商店街は旧版地図では水田地帯となっていた谷底平野に位置しており、決して「丘」ではないというのは皮肉な事実だ。

揺れやすさ評価：中／やや大／大／評価範囲外／山地斜面等

卍 寺院　 日 神社　 血 博物館・美術館　 ☼ 工場　 発電所・変電所　 図書館　 公民館　 区市界　 都県界（右図記号）　 田　 桑畑　 広葉樹林　 針葉樹林

47 大森、大井町

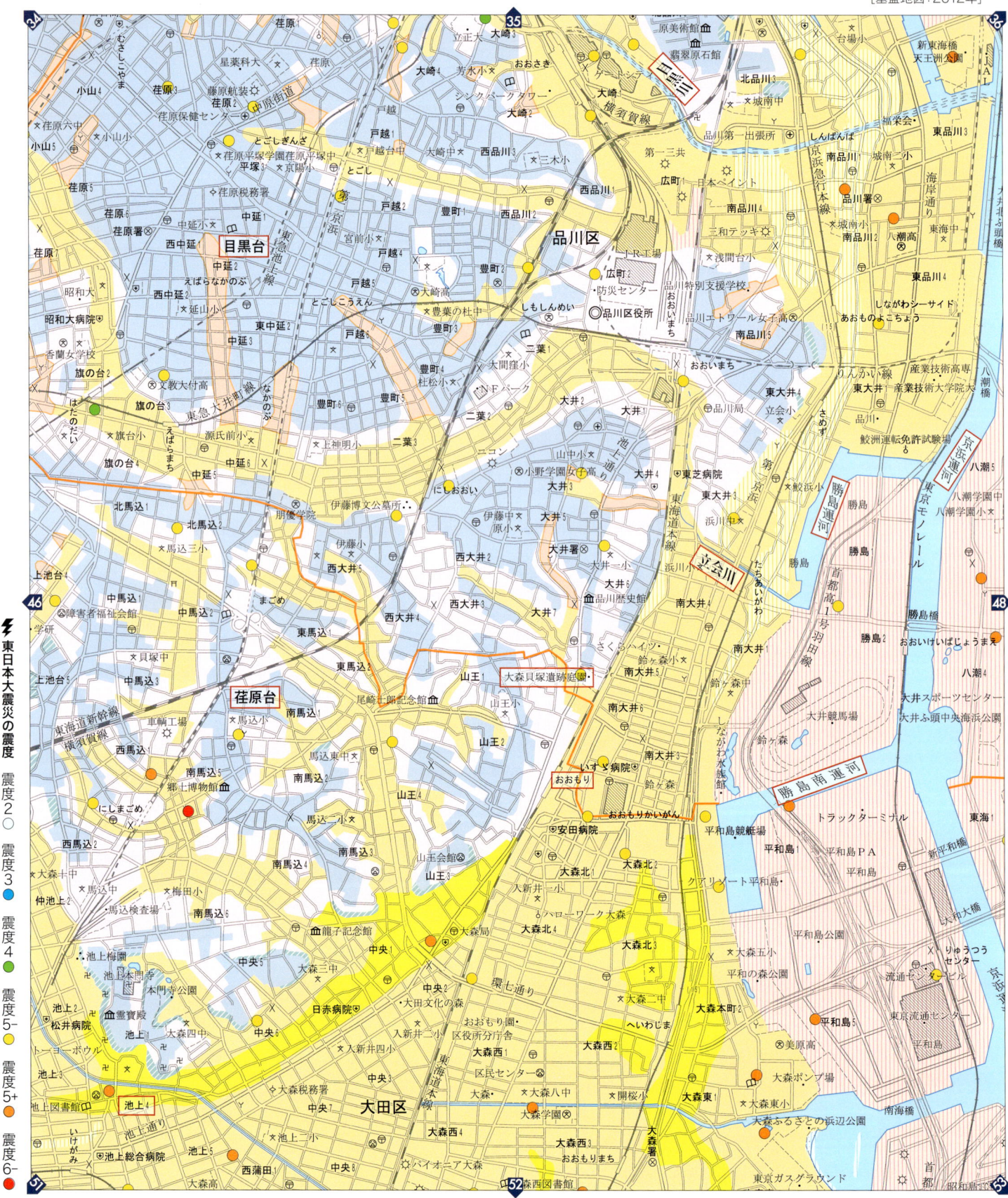

土地条件図
[基盤地図：2012年]

東日本大震災の震度
- 震度2 ○
- 震度3 ○
- 震度4 ○
- 震度5- ○
- 震度5+ ○
- 震度6- ○

🔍 **海沿いだった旧東海道**：旧版地図を見ると、旧品川宿を含めて、旧東海道が海沿いの道であったことが分かる。土地条件図では、この海外沿いの部分が「砂州・砂堆・砂丘」になっており、それより海側は運河が張り巡らされ、かつての海を覆うように埋立地が続いている。また、砂州・砂堆の裏側は「海岸平野・三角州」（土地条件図では「盛土地・埋立地」）であり、揺れやすさ評価

「大」の地域である。また、土地条件図ではJR大森駅から池上方面にかけて自然堤防がのびているが、自然堤防としてはやや不自然で、砂州・砂堆である可能性が高い。

旧版地図で土地利用を見ると、集落の多くは砂州・砂堆上にあり、地盤が軟弱な「海岸平野・三角州」はほとんどが水田地帯になっている。後にこの一帯は多くの中小工場が建ち並ぶことになるが、その際にこうした土地

が利用されている。旧版地図の海沿いの一番南側にあるのは東京ガスの工場で、20世紀初頭にこの地に初めて設けられた工場である。

🔍 **荏原台と目黒台**：内陸には「更新世段丘」が広がるが、おおむね区界を境に大田区側が形成年代の古い荏原台（下末吉面）、品川区側がやや新しい目黒台（武蔵野面）になっている。両者を比べると、荏原台は形成年代が古い分、長く浸食にさらされてきたこ

100 | 地図記号 ◎区・市役所 ○町・村役場 ⊗警察署 ✕交番・駐在所 ⦶官公署 Y消防署 ⊕病院 ⊛高等学校 ✕小・中学校 ⊕保健所 〒郵便局 自衛隊

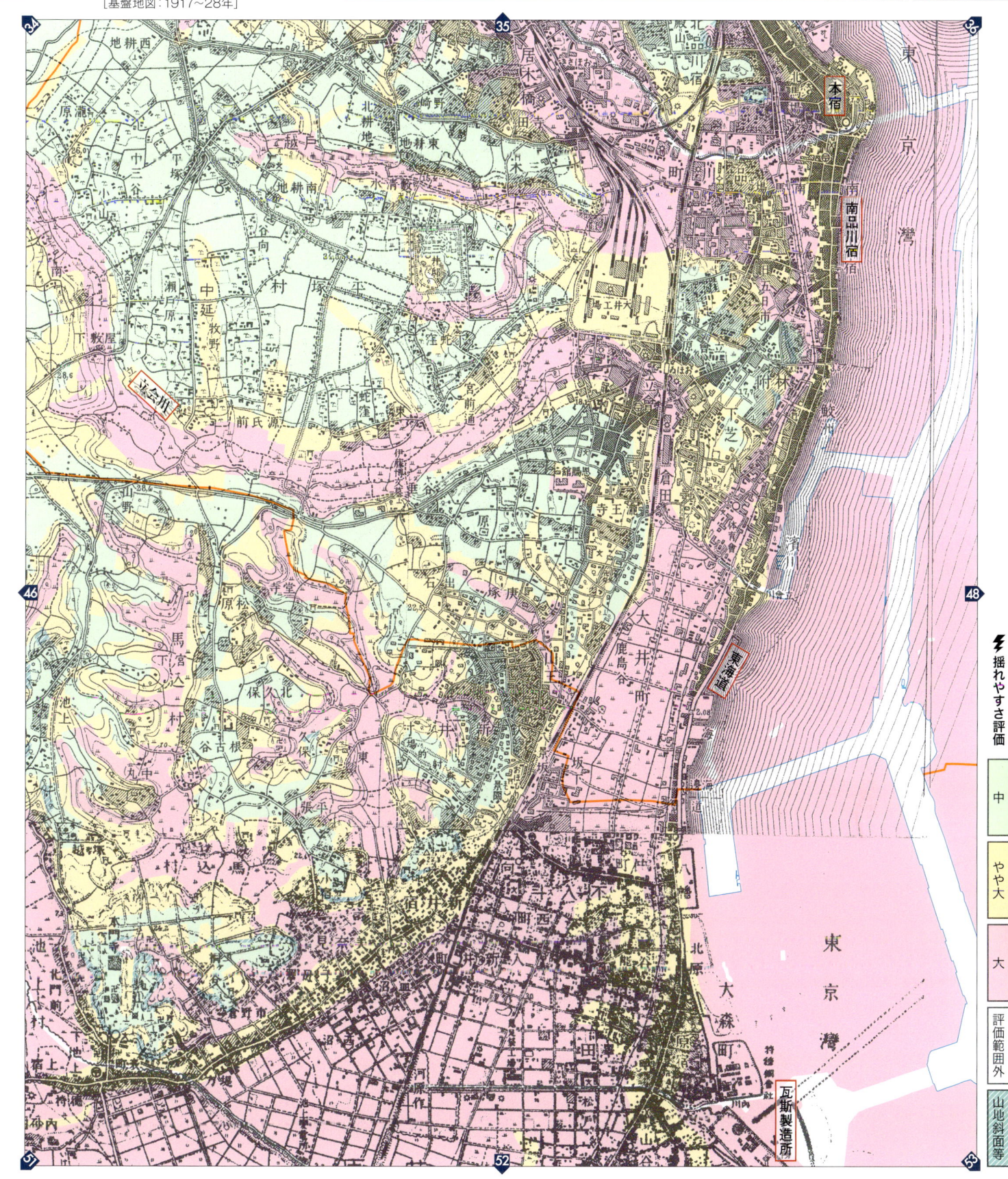

旧版地図・揺れやすさ評価図
[基盤地図：1917～28年]

1：25,000

揺れやすさ評価
- 中
- やや大
- 大
- 評価範囲外
- 山地斜面等

とにより、樹枝状の「谷底平野・氾濫平野」（土地条件図では「盛土地・埋立地」）が発達していることが分かる。標高も荏原台の方がやや高く、谷の多さも相まって起伏に富んだ地形になっている。逆に目黒台は樹枝状の谷は少なく、むしろ直線的な「凹地・浅い谷」の分布が目立つ。「更新世段丘」は比較的地盤が良好なのに対して谷底平野は軟弱地盤であり、立会川や目黒川の流域では過去の浸水実績もあることから、豪雨時の内水氾濫にも注意が必要だ。

大森貝塚：JR大森駅の駅前の品川区と大田区にまたがるあたりに「大森貝塚」と呼ばれる縄文時代後期の貝塚がある。1877年にアメリカ人動物学者のエドワード・S・モースが横浜から新橋へ向かう途中、列車の窓から崖に貝殻が積み重なっているのを発見し、発掘調査が行われた日本考古学発祥の地といわれる貝塚だ。これはとりもなおさず、この地が縄文海進期に海に面していたことを示すものである。貝塚のある荏原台の麓に砂州があり、その先が海退により海底が陸化した海岸平野・三角州が広がる地形から、この周辺がかつて遠浅の海であったことが想像できる。大森が古くから農業（水田）とともに海苔の養殖が盛んであり、沖合に羽田空港が設けられたのもこの遠浅の海がなせる業だったのだ。

卍 寺院　 神社　 博物館・美術館　 工場　 発電所・変電所　 図書館　 公民館　━ 区市界　━━ 都県界（右図記号）　山田　Ｙ桑畑　○広葉樹林　∧針葉樹林

101

48 中央防波堤

土地条件図
[基盤地図：2012年]

東日本大震災の震度
- 震度2 ○
- 震度3 ●（青）
- 震度4 ●（緑）
- 震度5- ●（黄）
- 震度5+ ●（橙）
- 震度6- ●（赤）

全域が埋立地：図内全域が比較的新しい埋立地であり、旧版地図には陸域がまったくなく、土地条件図では全域が「高い盛土地」となっている。もちろん揺れやすさ評価は「大」であり、埋め立ての工法等による違いはあるものの、人工地形である以上、地盤は軟弱である。大部分は工業用地や流通用地であり、いわゆる住宅地域としては大井ふ頭のマンモス団地「八潮パークタウン」がある程度であり、居住者0人という町域も多い。

東京湾埋め立ての歴史：東京湾埋め立ての歴史は中世にまで遡る。それまでの江戸は「江戸前島」と呼ばれる砂州（現在の日本橋、銀座あたり）が半島状に発達しており、その向こうには「日比谷入江」が大手町あたりまで入り込んでいた。まずはこの入江が埋め立ての対象となった。その後江戸湊の整備や新田開拓に伴い埋め立ては拡大、幕末には外国船の来航に備えて台場の設置も行われた。

当初の江戸の埋め立ては外堀（現在の神田川）開削のために神田山を切り崩した土砂を利用したが、その後は江戸の街が発展する中でゴミ処理問題が発生、これを埋め立てに利用するようになった。その後明治に入り芝浦、東雲、東品川などが、大正には晴海、豊洲が埋め立てられ、戦後になるとさらに埋め立ては加速していった。図内の埋立地は比較的新

102　地図記号　◎区・市役所　○町・村役場　⊗警察署　×交番・駐在所　♁官公署　Y消防署　⊕病院　⊗高等学校　文小・中学校　⊕保健所　〒郵便局　戸自衛隊

旧版地図・揺れやすさ評価図
[基盤地図：1917〜28年]

1：25,000

揺れやすさ評価
- 中
- やや大
- 大
- 評価範囲外
- 山地斜面等

しく、ほとんどが戦後に竣工したものである。

中央防波堤の帰属問題：中央防波堤はお台場の沖合に建設された東京港の「防波堤」であり、当初埋立地を指すわけではなかった。1973年から防波堤の南北両側が廃棄物処分場として埋め立てられ、最終的には約989ヘクタールまで広げて都立公園などが整備される予定になっている。しかしその帰属をめぐって、当初江東区・大田区・中央区・港区・品川区が自区の行政区域と主張した。後に中央区・港区・品川区は主張を取り下げたが、江東区と大田区は引かず、行政区域が未確定のまま争っている状態にあり、現在の住所は暫定的に「江東区青海三丁目地先」と表記する。

江東区は、埋め立て当初から江東区とトンネルで結ばれていたことから、「ゴミの焼却灰や建設残土なども江東区を通って運ばれ、渋滞や騒音に耐えてきた歴史的経緯」から自区への帰属を主張した。これに対し大田区は、区内の漁協が持っていた海苔の養殖の漁業権を放棄した経緯から「埋め立てられた海の既得権」を指摘し、「陸海空運の拠点として羽田空港と一体的に活用するためにも大田区に帰属するのが合理的」としている。

ちなみに過去にお台場を臨海副都心として整備した際に、帰属を江東区・品川区・港区が争った末、3区に分割された例がある。

卍 寺院　日 神社　血 博物館・美術館　☆ 工場　発電所・変電所　図書館　公民館　― 区市界　--- 都県界（右図記号）　Ⅱ 田　Y 桑畑　○ 広葉樹林　Λ 針葉樹林

103

49 荏田、港北ニュータウン

土地条件図
[基盤地図：2012年]

東日本大震災の震度
- 震度2 ○
- 震度3 ●
- 震度4 ●
- 震度5- ●
- 震度5+ ●
- 震度6- ●

多摩丘陵と下末吉台地：地形的には平坦地があまりない、起伏に富んだ地形を呈する地域だ。図内のほぼ全域にわたって「更新世段丘」が広がるが、おおむね西側半分を多摩丘陵が東側半分を下末吉台地が占める。形成年代は多摩丘陵の方が古く地盤もより強固だが、下末吉台地も地盤は安定している。

旧版地図を見ると、現在の姿が想像できないほど集落は少ない。農地もそれほど多くなく、丘陵地や台地に樹枝状の谷戸が複雑に発達する起伏に富んだ土地だったことが分かる。その一帯が大規模造成され、現在では「港北ニュータウン」に姿を変えている。

港北ニュータウン：港北ニュータウンは1965年に発表された「横浜市六大事業」に端を発し、地元の意向を確認しながら換地による土地区画整理という手法で事業を進めることで、74年から造成が始まった。80年代から入居が進み、96年に港北ニュータウン計画は一応終えている。

起伏に富んだ土地を平坦化したため、「切土地」が主体ながらも、谷の部分は「盛土地・埋立地」となっている場所もあり、同じエリアの中で切土地と盛土地が複雑に入り組む形で造成されている。切土地の地盤は元の地形分類を反映するため、それほど悪くない。一方の盛土地はもともと軟弱地盤であ

104 地図記号 ◎区・市役所 ○町・村役場 ⊗警察署 ✕交番・駐在所 ☖官公署 Y消防署 ⊕病院 ⊗高等学校 文小・中学校 ⊕保健所 〒郵便局 ⊠自衛隊

旧版地図・揺れやすさ評価図
[基盤地図：1927年]　　1：25,000

49

多摩丘陵

早渕川

下末吉台地

揺れやすさ評価
- 中
- やや大
- 大
- 評価範囲外
- 山地斜面等

る谷地に、さらに盛土を施しているため、どうしても地盤が不安定になる。地震時の揺れの増幅や液状化、また、谷埋めした場所は地すべりのリスクもある。該当地域に住んでいる場合は今一度古い航空写真等で確認しておきたい。

🔍 **早渕川の谷底平野**：図内中央に「谷底平野・氾濫平野」を形成しているのは早渕川だ。早渕川は青葉区美しが丘西2丁目付近が源流となり、都筑区の中央を流れ、港北区で鶴見川に合流する全長13.7kmの一級河川。鶴見川同様にかつては暴れ川と呼ばれ、氾濫することも度々あった。戦後では1958年の狩野川台風や、61年の第2室戸台風、66年の台風4号、76年の台風17号などで甚大な浸水被害を記録しているが、案外忘れられている。

もちろん、下流の鶴見川も含めて様々な洪水対策が進んでいることは間違いない。その反面、宅地開発が進めば進むほど、かつての豊かな自然は一面のアスファルトへと姿を変えている。それまでであれば自然に地中に浸透していた雨水さえも排水溝のほかに行き場がない。そして排水が集中する中小河川は豪雨の際にどうしても水量が増える。そして、排水容量を越えた水は溢れて内水氾濫になる。谷地は水が集まる場所であり、それゆえに地盤が軟弱であることを忘れてはいけない。

卍 寺院　⛩ 神社　🏛 博物館・美術館　☼ 工場　⚡ 発電所・変電所　📖 図書館　◎ 公民館　━━ 区市界　━━ 都県界　(右図記号) ‖ 田　Y 桑畑　○ 広葉樹林　Λ 針葉樹林

105

50 日吉、綱島

土地条件図
［基盤地図：2012年］

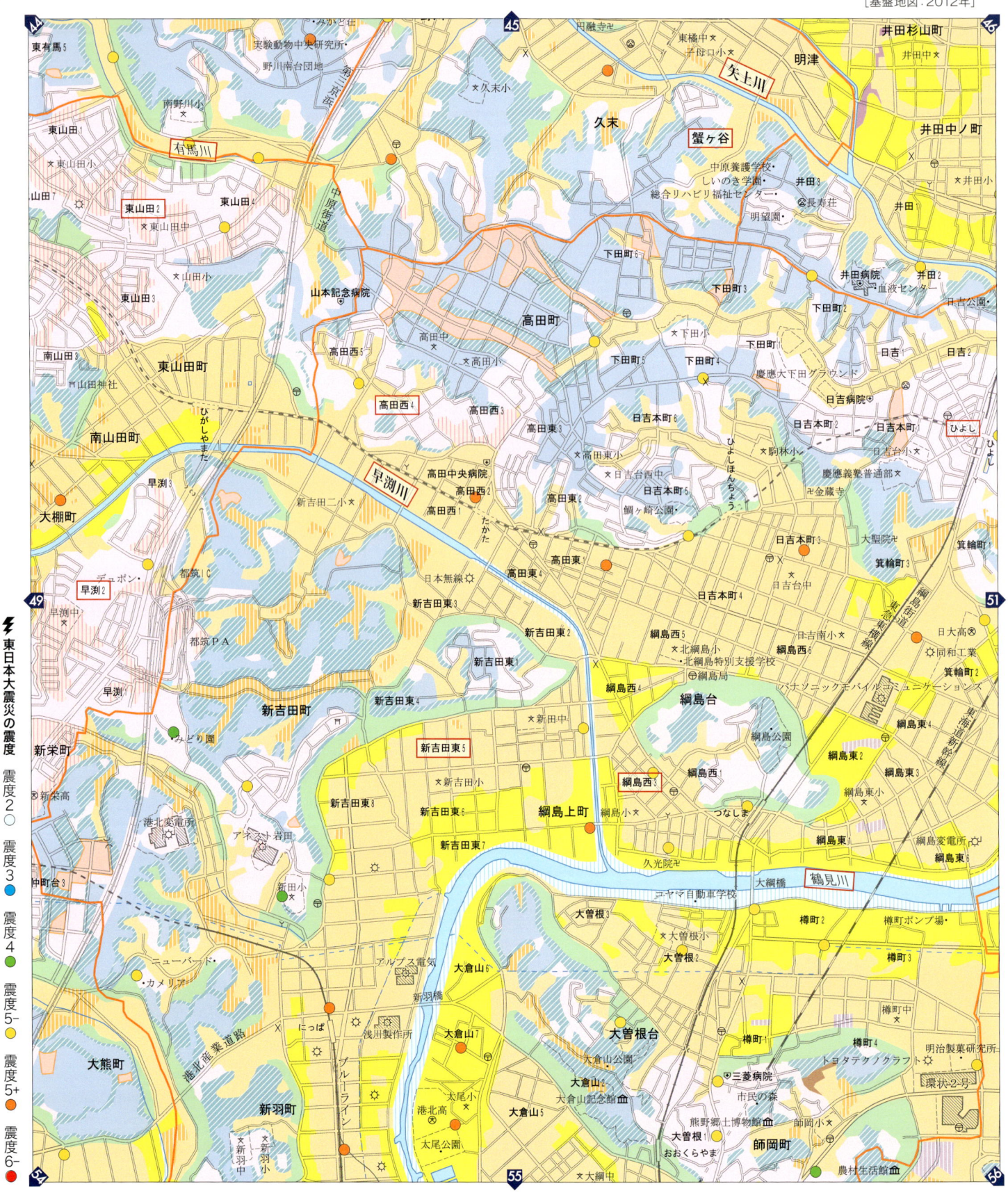

東日本大震災の震度
- 震度2 ○
- 震度3 ●
- 震度4 ●
- 震度5− ●
- 震度5+ ●
- 震度6− ●

鶴見川の氾濫平野：鶴見川の流域には「谷底平野・氾濫平野」（土地条件図では「盛土地・埋立地」も）が広がるが、その中に「自然堤防」が点在する地形となっている。また、早渕川の谷底平野も広めで、いずれも旧版地図では一面の水田地帯となっている。元来地盤は軟弱で、また出水時には浸水しやすく水はけの悪い土地だが、現在ではほぼ隙間なく住宅が建ち並んでいる。

鶴見川と早渕川はいずれもかつての暴れ川であり、何度となく氾濫を繰り返してきた。特に1958年の狩野川台風では、床上・床下浸水合わせて2万戸以上、66年の台風4号では床下浸水1万1840戸、76年の台風17号では床上・床下浸水3940戸、82年の台風18号では床上・床下浸水2710戸など、甚大な被害を出している。公開されている流域の浸水実績図でも、浸水範囲は氾濫平野や谷底平野の分布とほぼ一致する。特に早渕川が鶴見川に合流する綱島や吉田周辺は頻度が高い。近年では流域の水害対策が進んでおり、大規模な氾濫は少なくなったが、反面排水施設の容量を上回るようなゲリラ豪雨などで、内水氾濫が発生するケースは増えている。

下末吉台地と樹枝状の谷：図内に広く分布する「更新世段丘」は下末吉台地で、比較的地盤が安定しており、揺れやすさ評価

106 地図記号 ◎区・市役所 ○町・村役場 ⊗警察署 X交番・駐在所 ⚓官公署 Y消防署 ⊕病院 ⊗高等学校 ✱小・中学校 ⊕保健所 〒郵便局 ⊟自衛隊

旧版地図・揺れやすさ評価図

[基盤地図：1922〜27年]

1：25,000

揺れやすさ評価
- 中
- やや大
- 大
- 評価範囲外
- 山地斜面等

も「中」だ。東日本大震災の震度分布でも、低地と比べて低めの震度5弱が多い。下末吉台地は形成年代が古いことから樹枝状の谷が発達しており、起伏の激しい地形を形成している。早渕や東山田、高田西や日吉駅周辺など切土による平坦化で宅地造成がされている場所も多いが、こうしたケースでは「切土地」（台地を削った部分で比較的地盤が良好）と「盛土地」（谷地を盛土した部分で地盤が軟弱）が混在しているので、該当する地域は過去の航空写真等で確認することをお勧めする。なお、ところどころに「山地斜面等」が存在するが、この地域においてこれらは基本的に「斜面」であり、地盤の良さとは結びつかない。むしろ斜面崩壊等への警戒が必要で、実際に蟹ヶ谷などでは過去10年の間に崩壊実績がある。

🔍 **多摩川低地**：矢上川より北側は多摩川の氾濫が形成した多摩川低地である。自然堤防が発達しているが、それ以外は「氾濫平野」や「盛土地」、あるいは「旧河道」などが分布しており、地盤は軟弱だ。矢上川や有馬川の谷底平野も同様である。旧版地図ではこうした場所は水田として利用されており、集落は必ずと言っていいほど自然堤防上にある。現在とは治水インフラが異なるものの、土地利用としてはこれが常識だった。

卍 寺院　日 神社　博物館・美術館　工場　発電所・変電所　図書館　公民館　──区市界　---都県界（右図記号）　田 田　桑畑　広葉樹林　針葉樹林

107

51 鹿島田、矢向

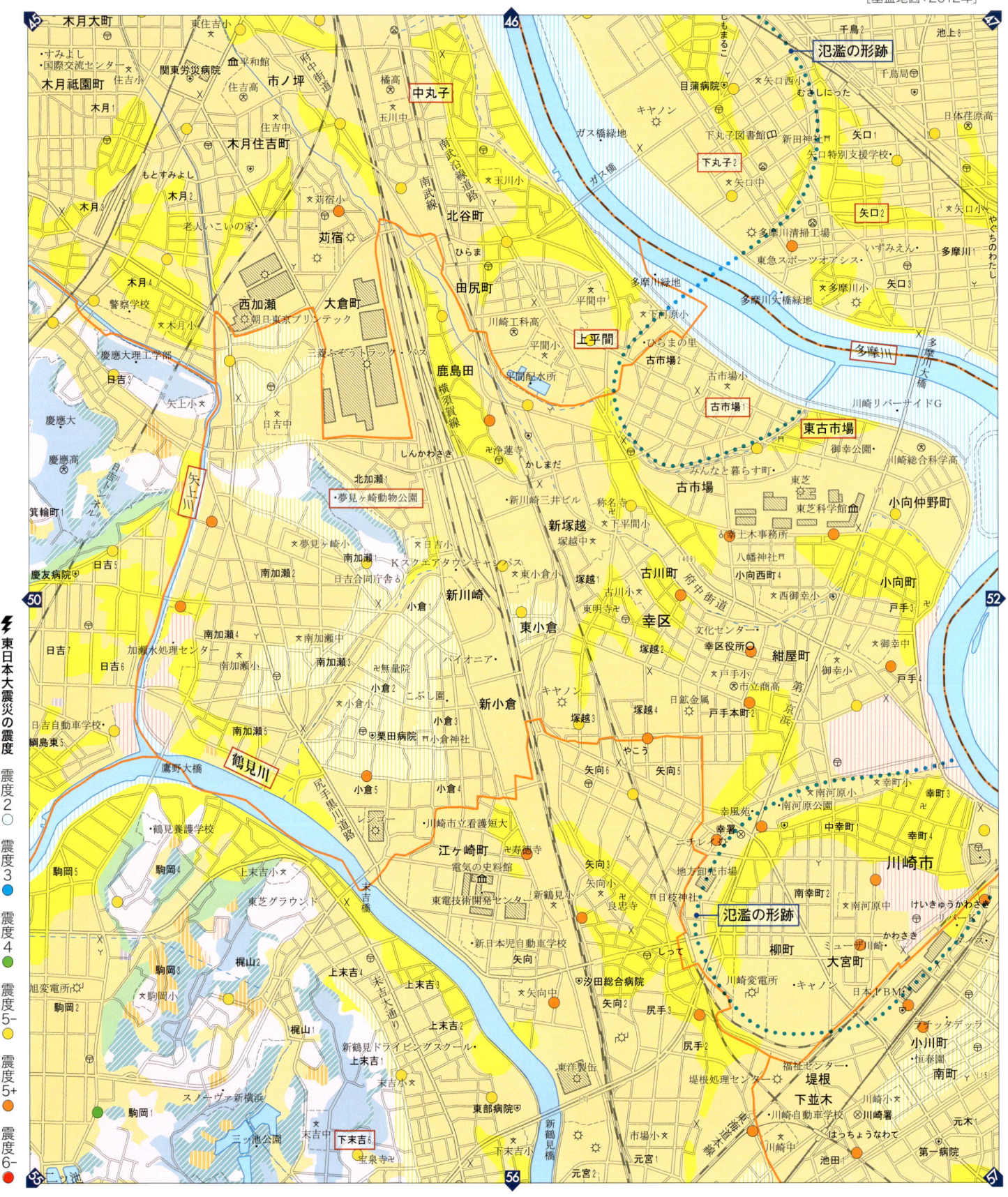

土地条件図
[基盤地図：2012年]

東日本大震災の震度
- 震度2○
- 震度3●
- 震度4●
- 震度5-●
- 震度5+●
- 震度6-●

🔍 **二つの河川の下流域**：多摩川の下流部に鶴見川の下流部も重なり、軟弱な「谷底平野・氾濫平野」（土地条件図では「盛土地・埋立地」も）が広がる地域である。鶴見川の南西側と夢見ヶ崎動物公園のあたりに、比較的地盤が良好な「更新世段丘」である下末吉台地の突端が確認できる。夢見ヶ崎は多摩川低地に突き出す形で小高い丘を形成していることもあり、中世には太田道灌がこの地に城を築こうとしたが縁起の悪い夢を見て断念したという逸話が残っている（道灌はその後江戸に築城した）。この地からは4〜7世紀にかけて築造されたとされる古墳群も発見されている。夢見ヶ崎の周辺部には海成の微高地である「砂州・砂堆・砂丘」の分布も見ることができる。多摩川低地は、砂州・砂堆や自然堤防などの微高地以外は揺れやすさ評価が「大」の地域が広がっている。

🔍 **多く残る氾濫の痕跡**：東京都大田区にある「下丸子」はかつての「下丸子村」。江戸時代初期は「武州橘樹郡（神奈川県側）六郷領下丸子村」であったのが、元禄年間には「武州荏原郡（東京都側）下丸子村」に変わっている。また、川崎市中原区にある「中丸子」〔46図にある「上丸子」も〕とはもともと一体の村だったものが、現在多摩川を挟んで存在している。これらは多摩川の氾濫による流路

108 **地図記号** ◎区・市役所 ○町・村役場 ⊗警察署 ✕交番・駐在所 ⸙官公署 Y消防署 ⊕病院 ⊗高等学校 ✕小・中学校 ⊕保健所 〒郵便局 ⊟自衛隊

旧版地図・揺れやすさ評価図
[基盤地図：1922年]

1:25,000

揺れやすさ評価
- 中
- やや大
- 大
- 評価範囲外
- 山地斜面等

変更が村を分けたことによるもので、氾濫の形跡の一つといえる。

また、自然堤防の分布や水路・道路の形状などから、かつての多摩川の氾濫の形跡を見ることもできる。前述の下丸子と矢口の間や川崎市側にある古市場と上平間・下平間・東古市場の間、あるいは旧版地図の南河原の周囲などに、かつての河道の形状を確認できる。そもそもこの低地そのものが多摩川の氾濫により形成されたものであり、現在では堤防で制御されている多摩川も、ひとたび破堤すれば広範囲が浸水する可能性がある。

🔍 **下末吉台地の由来**： 図内南西部に一部顔をのぞかせている「更新世段丘」は下末吉台地だ。当地の地名が「下末吉」であり、これが台地の名称になった。また、この名称は「下末吉面」という関東地方で同時期に形成された台地を表す地質学用語として定着している。12万5千年前の間氷期における海進（「下末吉海進」と命名されている）時に形成された段丘面を指し、「武蔵野面」より上位の台地として、東京の淀橋台や荏原台などが該当する。形成が古い分、武蔵野面以上に地盤は安定しているが、樹枝状の谷が発達しているため、造成等で平坦化する場合にはどうしても谷埋盛土を含み、軟弱地盤が混在することになるので注意が必要だ。

52 川崎、蒲田

土地条件図
[基盤地図：2012年]

東日本大震災の震度
- 震度2 ○
- 震度3 ○（青）
- 震度4 ○（緑）
- 震度5- ○（黄）
- 震度5+ ○（橙）
- 震度6- ●（赤）

🔍 **多摩川下流に広がる低地**：図内のほぼ全域が多摩川下流に広がる低湿な軟弱地盤のエリアだ。もともとは「谷底平野・氾濫平野」と「海岸平野・三角州」が入り混じった場所だったが、大部分が「盛土地・埋立地」に改変され、今では住宅や商業地、工業用地などに利用されている。揺れやすさ評価はほとんどが「大」であり、東日本大震災時の震度分布も震度5強である。また、関東大震災でも大きな被害が出た地域であり、現在でも建物の密集度等から、地震時のリスクが高い地区といえる。また、川崎市が発表した津波予測によると、千年に一度とされる「慶長型地震」を対象として最悪のケースを想定した場合、津波の高さは3.71mとされ、臨海部にあたる川崎区では浸水深は最大3mに達し、浸水面積は川崎区の45%、最大死者は5816人と試算されている。堤防のかさ上げなどのハード面の充実には限度もあり、避難の徹底など、ソフト面の強化が今後のポイントとされている。

🔍 **暴れる多摩川**：土地条件図からは、低地の中に「自然堤防」や「砂州・砂堆・砂丘」といった微高地が広く分布していることが分かる。砂州・砂堆はJR・京急の川崎駅前の繁華街（川崎市役所周辺）と、産業道路よりも海側にわずかに見られるが、それ以上に自然堤防が高い頻度で分布している。もともと

110

旧版地図・揺れやすさ評価図
[基盤地図：1922～28年]

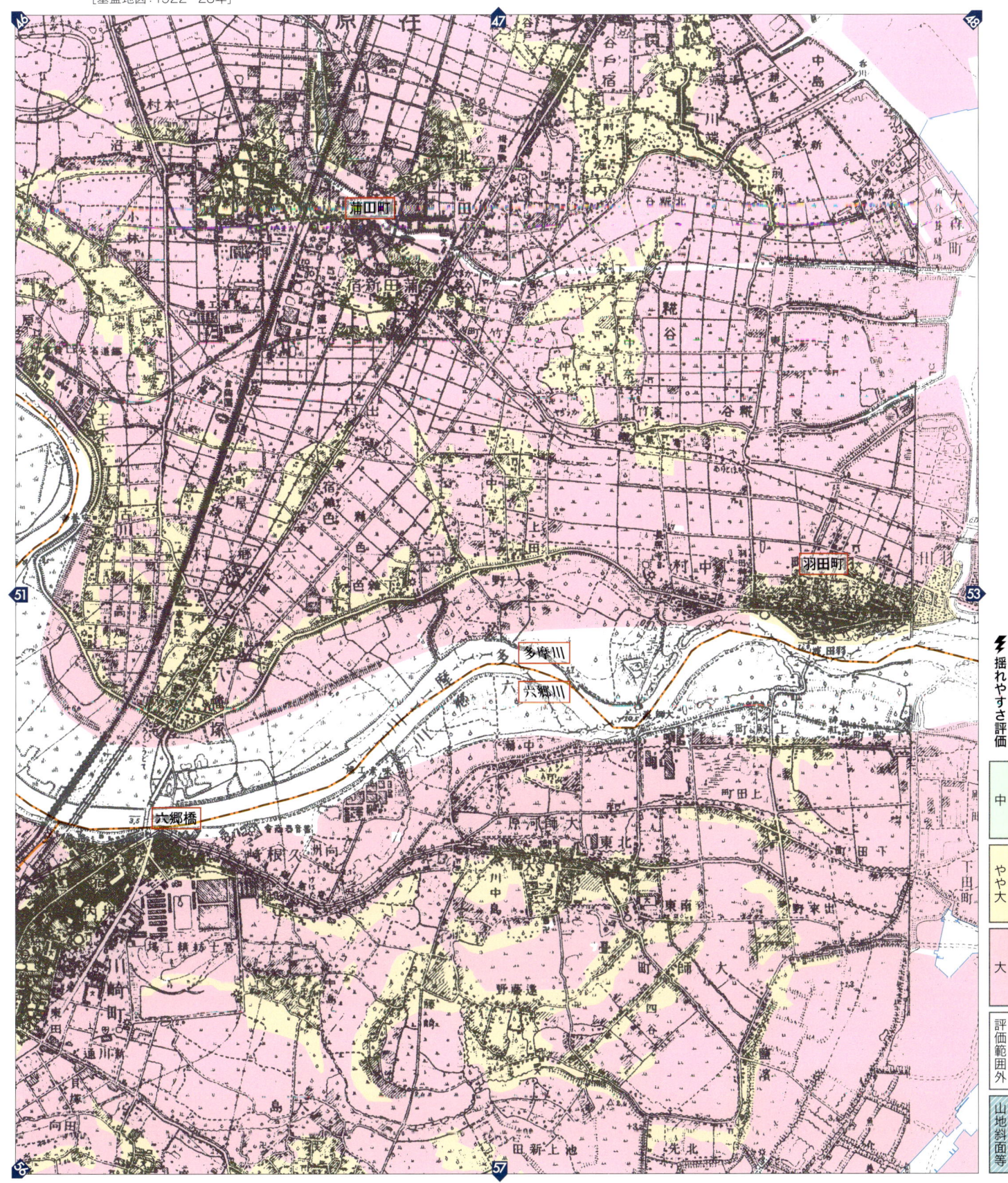

1:25,000

揺れやすさ評価
- 中
- やや大
- 大
- 評価範囲外
- 山地斜面等

海岸平野・三角州といった海成の地形が多く分布しながらも、河成の自然堤防がこれだけ多いのは、海退により海岸平野・三角州が陸化した後に、多摩川が何度となく氾濫を繰り返して土砂を堆積させたことを物語っている。

実際に暴れ川として知られる多摩川は、記録の残る戦国期以降だけでも相当数の洪水履歴があり、図内でも六郷や蒲田、羽田、川崎などで繰り返し氾濫があったことが確認でき

る。現代では様々な治水事業が進んで、氾濫の頻度は少なくなっているが、多摩川がそういう性質を持っていることは覚えておきたい。

🔍 **六郷川と六郷橋梁**：旧版地図を見ると、多摩川と並ぶ形で「六郷川」の表記を見ることができる。六郷川は多摩川下流部の呼び名で、六郷橋付近から河口までをいうが、現代の地図ではこの名称は表記されていない。六郷は東海道が多摩川を渡る交通の要地として

知られ、1600年に徳川家康が六郷大橋を架けさせて以降5度にわたり架け替えたものの、度重なる洪水のため1688年以降は六郷の渡しに移行した。明治になってから再び架橋が行われたが、3度にわたり流失しており、多摩川の洪水の激しさを物語っている。現在の六郷橋は1984年使用開始。なお、1871年完成の東海道本線の六郷川橋梁は、日本初の鉄道橋梁であり、現在の橋は四代目にあたる。

111

53 羽田空港

土地条件図
[基盤地図：2012年]

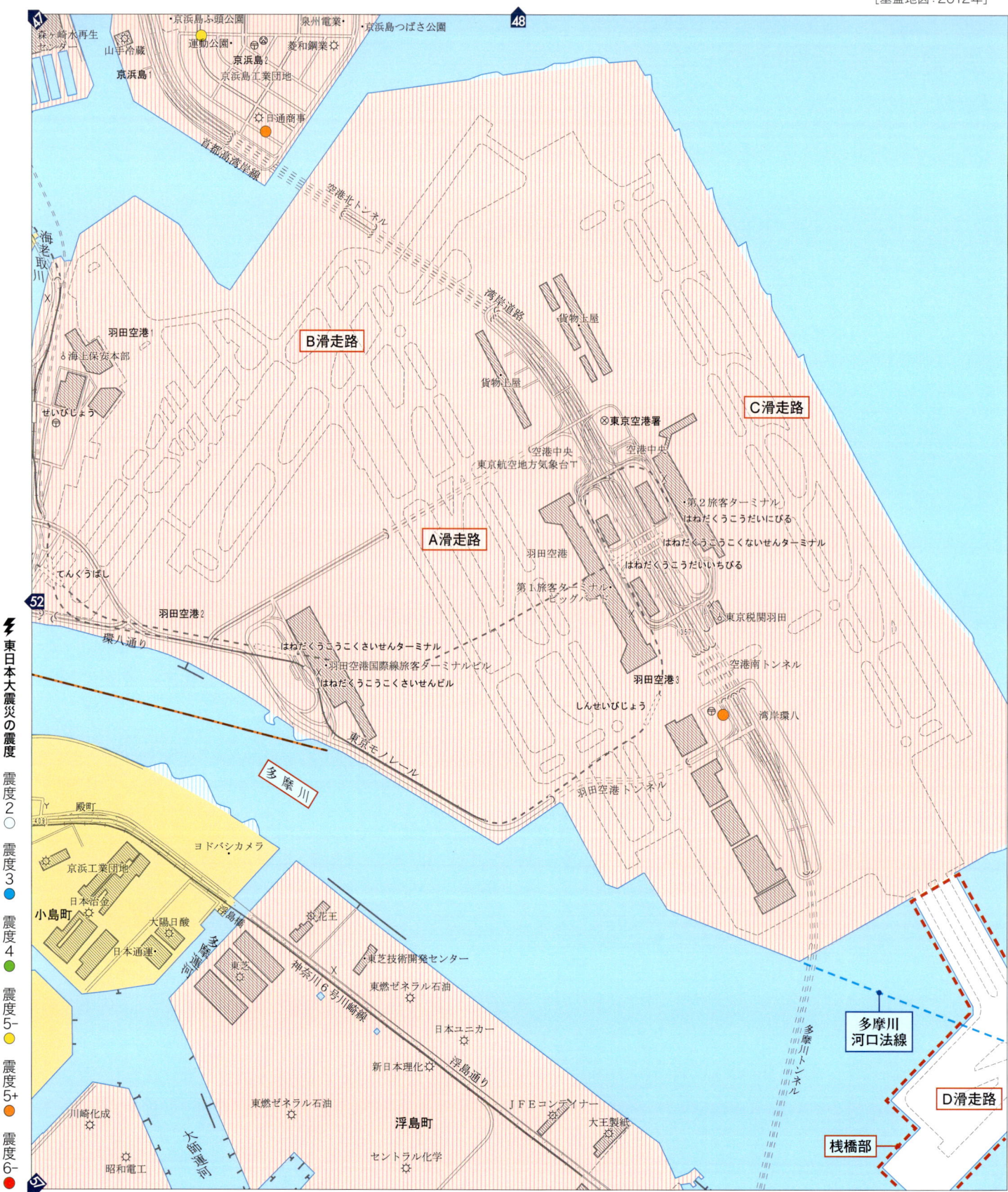

東日本大震災の震度
- 震度2 ○
- 震度3 ○（青）
- 震度4 ○（緑）
- 震度5- ○（黄）
- 震度5+ ○（橙）
- 震度6- ○（赤）

海の上に出現した羽田空港
現代図では羽田空港（東京国際空港）が、新たに沖合展開したD滑走路も含めて大きな面積を占めているが、旧版地図では多摩川（六郷川）の河口に羽田村の鈴木新田がある以外は海が広がっている。

埋立地なので揺れやすさ評価は「大」。また、液状化の懸念もあり空港施設として地震へのリスクは大きいが、こうした問題にはどのように対応しているのだろうか。

羽田空港の地盤特性
羽田空港は多摩川河口に位置しており、もともと海苔の養殖場として利用されていた、遠浅の三角州性の地盤の上に埋め立てがされている。また、沖合展開で埋立地が拡大したこともあり、旧海岸線から離れると地盤条件も異なる。

空港用地は当然のことながら、航空機の安全運航のために、平坦性の確保が義務づけられている。このため、埋立地特有の地盤沈下（特に不同沈下）への対応にはかなり気を使った地盤改良が施されている。

特に1984年以降の沖合展開事業では、直下の地盤が70年代から東京港の浚渫土や首都圏の建設残土の処理場であり、ヘドロが堆積して重機も人間も寄せ付けない「底なし沼状態」（土木関係者から「羽田マヨネーズ層」と揶揄されていた）だったという。このため

112　地図記号 ◎区・市役所　○町・村役場　⊗警察署　X交番・駐在所　ö官公署　Y消防署　⊕病院　⊗高等学校　文小・中学校　⊕保健所　〒郵便局　自衛隊

旧版地図・揺れやすさ評価図

[基盤地図：1928年]

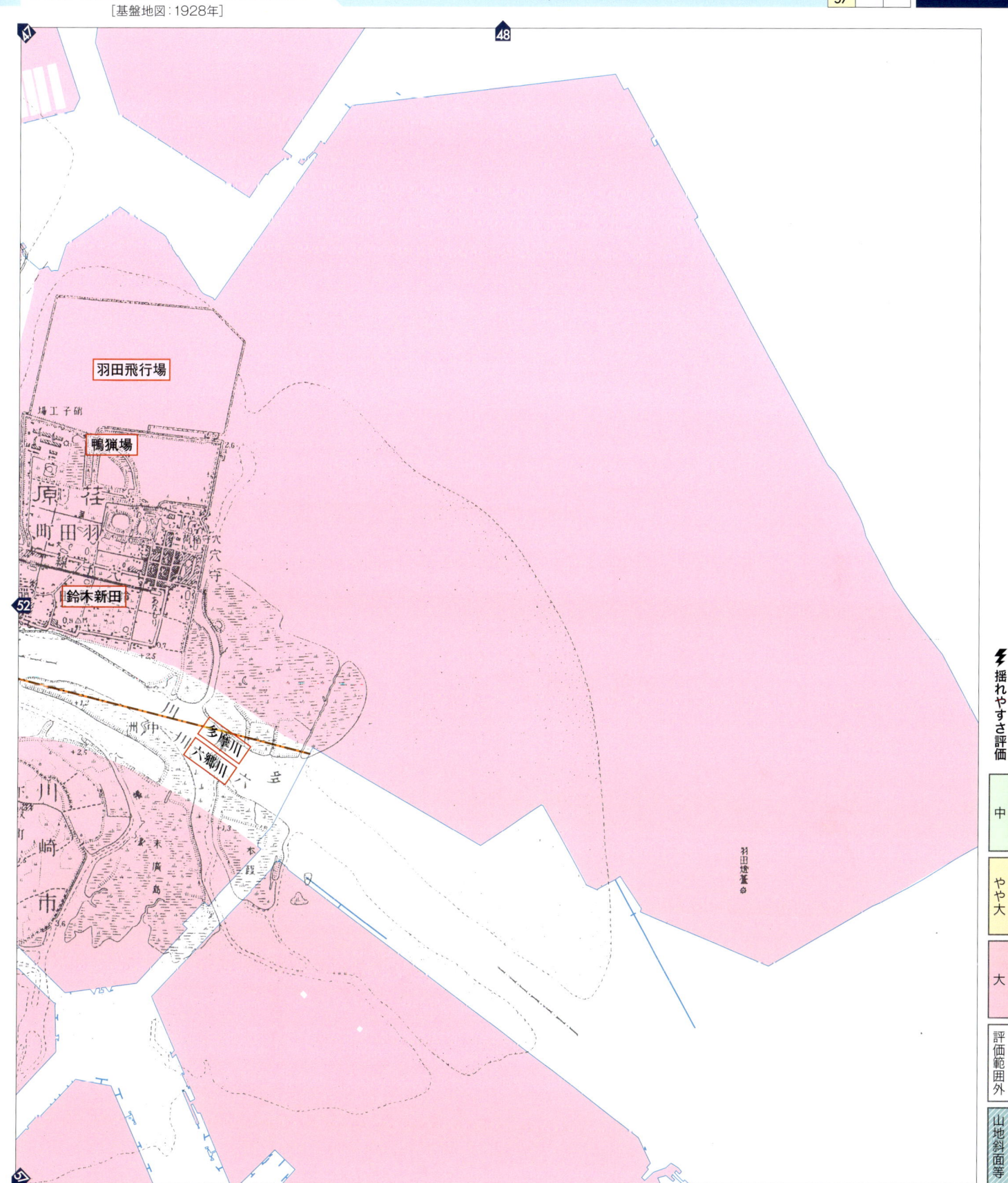

1：25,000

揺れやすさ評価
- 中
- やや大
- 大
- 評価範囲外
- 山地斜面等

水抜きのために様々な工法が駆使され、計画から事業の完成まで20年の月日を要した。この沖合展開により、大田区の面積は東京23区最大となった（羽田空港の敷地は大田区の面積の3分の1を占める）。

さらに羽田空港は混雑緩和と発着枠の増大のため、2001年からは再拡張事業が実施され、10年には多摩川河口に張り出す形でD滑走路が使用開始された。D滑走路は多摩川河口に位置するため、防災対策として、その流れを妨げない（滑走路がダム化してしまうと上流で氾濫の危険がある）ように、河口部にかかる部分を桟橋とし、埋立部と組み合わせるハイブリッド構造という試みがされている。

かつての羽田：旧版地図で多摩川河口に面して確認できる集落が江戸時代の新田開墾による鈴木新田だ。北側には鴨猟場の表記も見える。当時の羽田沖は遠浅の干潟で、海苔の養殖や、江戸前のアナゴ漁などが行われていた。

空港としての歴史は、1917年に日本飛行大学校が開かれて訓練施設として飛行場が置かれたのが始まりだ。31年には正式に民間機の飛行場として「東京（羽田）飛行場」が開港、終戦後はGHQの管理下に置かれたが、52年に返還され「東京国際空港」となった。

54 鴨居、羽沢

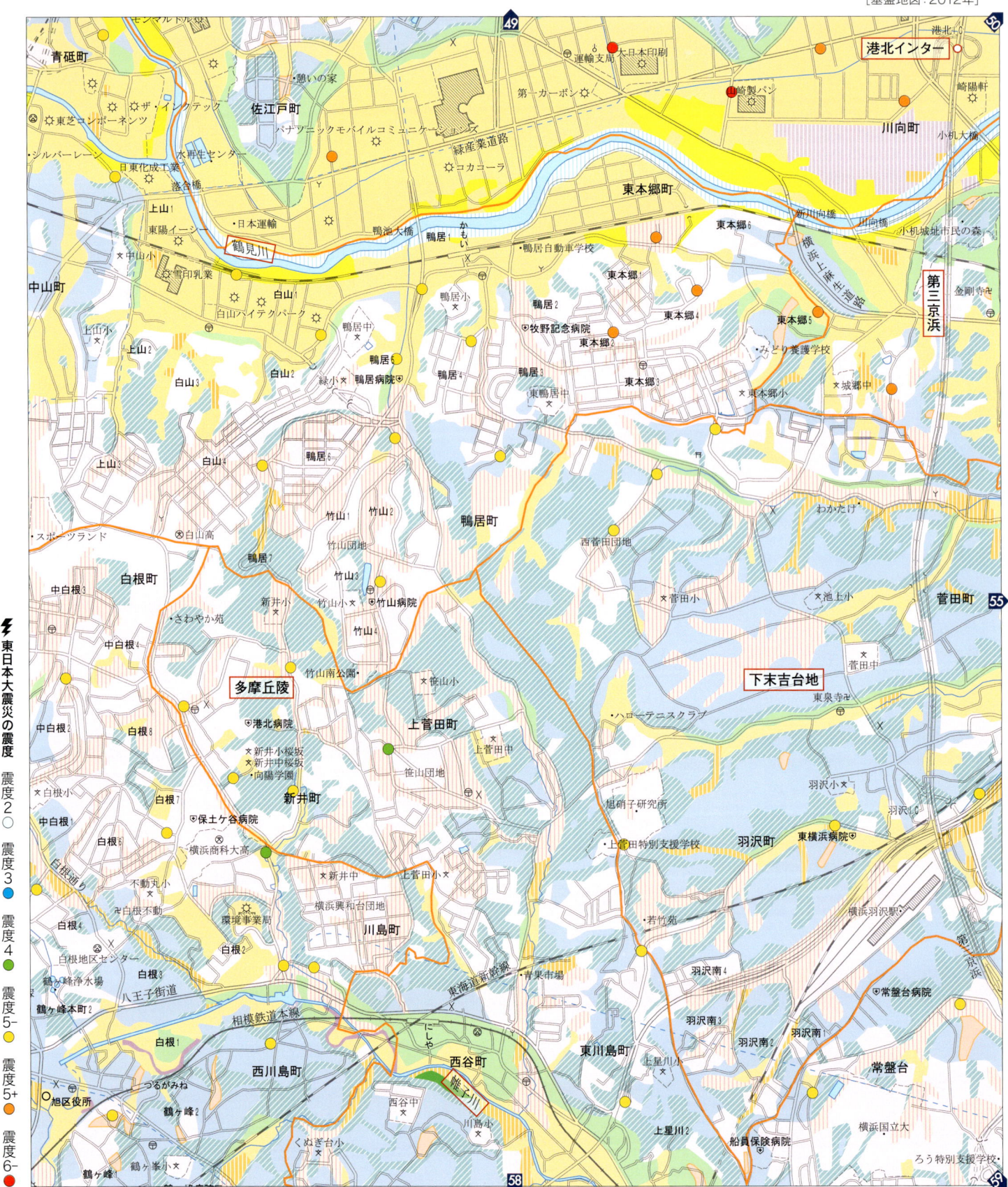

土地条件図
[基盤地図：2012年]

凡例（東日本大震災の震度）：
- 震度2
- 震度3
- 震度4
- 震度5−
- 震度5+
- 震度6−

🔍 **鶴見川の氾濫平野**：図内北側には鶴見川の氾濫平野が横たわる。現在ではほとんどが「盛土地・埋立地」となっているが、盛土の下は「谷底平野・氾濫平野」や「後背低地」（一部盛土されずに残っている）という低湿地で、揺れやすさ評価は「大」。東日本大震災時の震度分布を見ても、広い後背低地がある鶴見川の北側で特に大きく、一部で震度6弱を記録している。旧版地図を見ると自然堤防上に若干の集落が見られるほかは水田地帯となっており、後背低地に適した土地利用がされている。現在では第三京浜の港北インターが近いという立地を活かして工業用地となっているほか、現地にはまだ一部水田が残っている。

🔍 **氾濫を繰り返した鶴見川**：鶴見川は過去に氾濫を繰り返した暴れ川である。床上・床下浸水2万戸以上を出した1958年の狩野川台風以降でも10回以上の出水を記録している。低地では地盤の悪さばかりでなく、豪雨時等の浸水についても注意しなければならない。近年は堤防を越えるような氾濫は少なくなったが、逆に集中豪雨に排水能力が追いつかないことで起こる内水氾濫は増える傾向にある。これは地面がアスファルトで固められたことで、雨水が地中に透過することができなくなったことや、遊水池として機能してい

114　地図記号：◎区・市役所　○町・村役場　⊗警察署　✕交番・駐在所　õ官公署　Y消防署　⊕病院　⊗高等学校　✱小・中学校　⊕保健所　〒郵便局　自衛隊

旧版地図・揺れやすさ評価図

[基盤地図：1922～27年]　　1:25,000

た土地が宅地化・工業地化したことも大きい。排水機能の強化など対策は進んでいるが、それでも集中豪雨の際には注意が必要だ。

丘陵地の宅地造成：鶴見川低地の南側には大規模な宅地造成が進んでいるが、元の地形は「更新世段丘」であり比較的地盤は安定している。この地域の更新世段丘は2種類の地形からなり、大雑把に分ければ図の中央より西側が「多摩丘陵」、東側が「下末吉台地」となる。「多摩丘陵」の方がやや標高が高く、形成年代も古く樹枝状の谷が発達している。「下末吉台地」は多摩丘陵に比べれば起伏の差は小さく、台地上の平坦面も多い。

土地条件図を見ると、多摩丘陵の方は「切土地」が多く分布しており、宅地造成が進んでいることが分かる。確かに多摩丘陵は下末吉台地より地盤が固いが、谷が複雑に入り組んでいるため、平坦化の際に切土部（元は丘陵地）と盛土部（元は谷底平野）が混在することになる。切土地の地盤は比較的良好だが、谷埋盛土の場合は地盤が悪いところに盛土を施しているため軟弱で、地盤が不均質になることが多い。このため地震時の揺れの増幅や液状化などに加え、地すべりの危険性もあり注意が必要だ。また、図内南側には地盤が軟弱な帷子川の谷底平野（土地条件図では「盛土地」も）がある。

115

55 新横浜、六角橋、子安

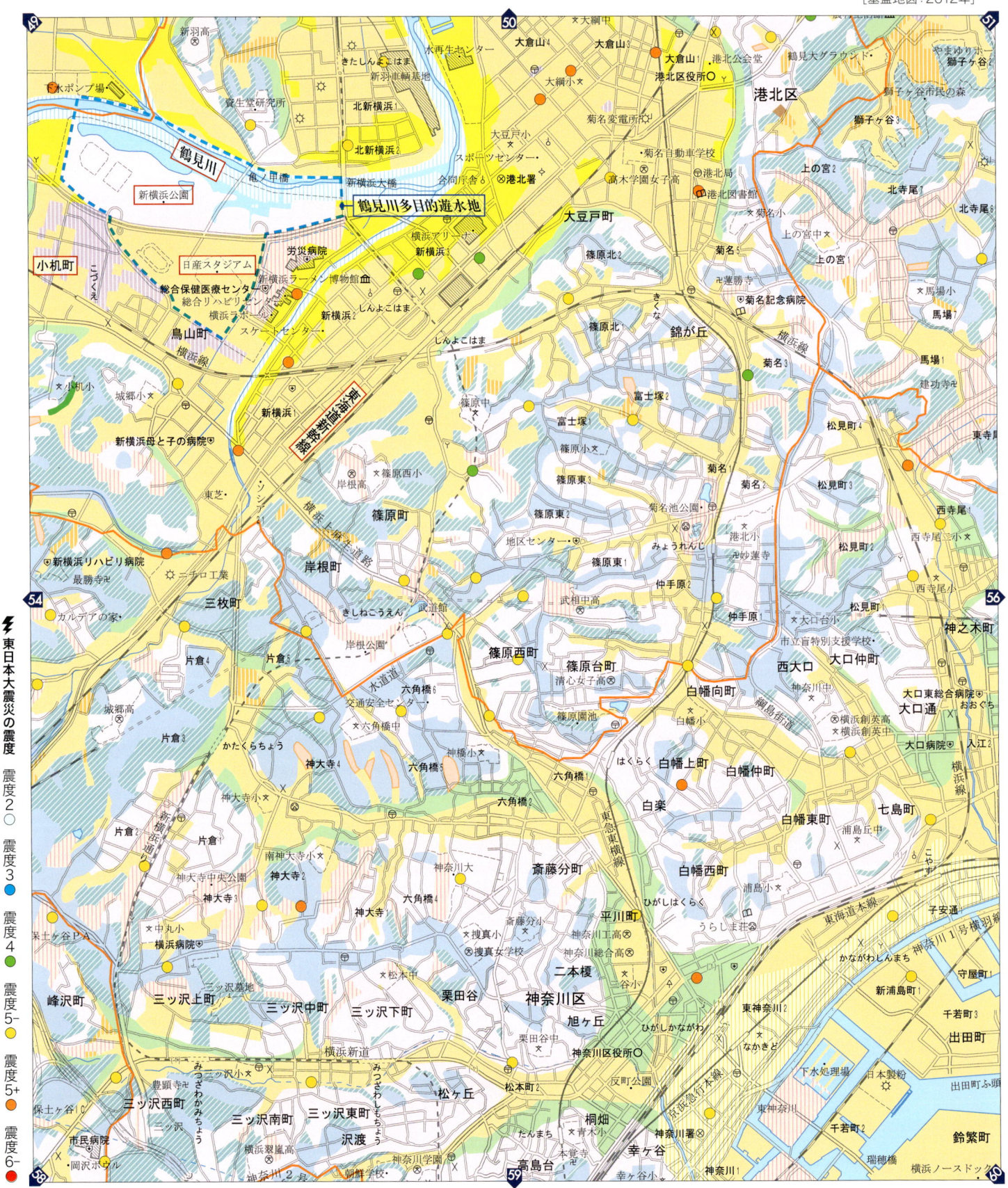

土地条件図
[基盤地図：2012年]

東日本大震災の震度
- 震度2 ○
- 震度3 ○(青)
- 震度4 ○(緑)
- 震度5− ○(黄)
- 震度5+ ○(橙)
- 震度6− ○(赤)

鶴見川の氾濫平野：東海道新幹線の南東側に比較的地盤の良い「更新世段丘」（下末吉台地）が広がるが、谷（土地条件図では「谷底平野・氾濫平野」「盛土地・埋立地」「高い盛土地」）が樹枝状に入り込み、この部分の地盤は軟弱である。旧海岸線沿いには微高地である「砂州・砂堆・砂丘」があり、これより海側は地盤の悪い埋立地だ。

図内北西側は旧版地図では、当時横浜随一といわれた広大な水田地帯があった鶴見川の氾濫平野や後背湿地（土地条件図では「後背低地」）にあたる場所。一般的にはこうした土地は、後背湿地を水田とし、「自然堤防」を集落として利用することが多いが、ここはそれもない。自然堤防のような微高地でさえも冠水することが多い場所だった可能性が高い。

地盤は軟弱で、揺れやすさ評価は「大」、東日本大震災時の震度も5強が分布している。

土地利用の変化：横浜市が公開している昭和初期の地形図を調べると、ちょうど川が大きく蛇行するあたりに、「蛇袋」という地名がある。文字通り蛇行部が袋状の地形を形成していたことを示す地名だが、こうした場所は洪水時に水がたまりやすく、遊水地として機能するような土地であることが多い。また東日本大震災で液状化した「小机」も横浜

116 地図記号 ◎区・市役所 ○町・村役場 ⊗警察署 ✕交番・駐在所 Υ官公署 Υ消防署 ⊕病院 ⊗高等学校 ✕小・中学校 ⊕保健所 ⊕郵便局 ⌷自衛隊

旧版地図・揺れやすさ評価図
[基盤地図：1922～27年]

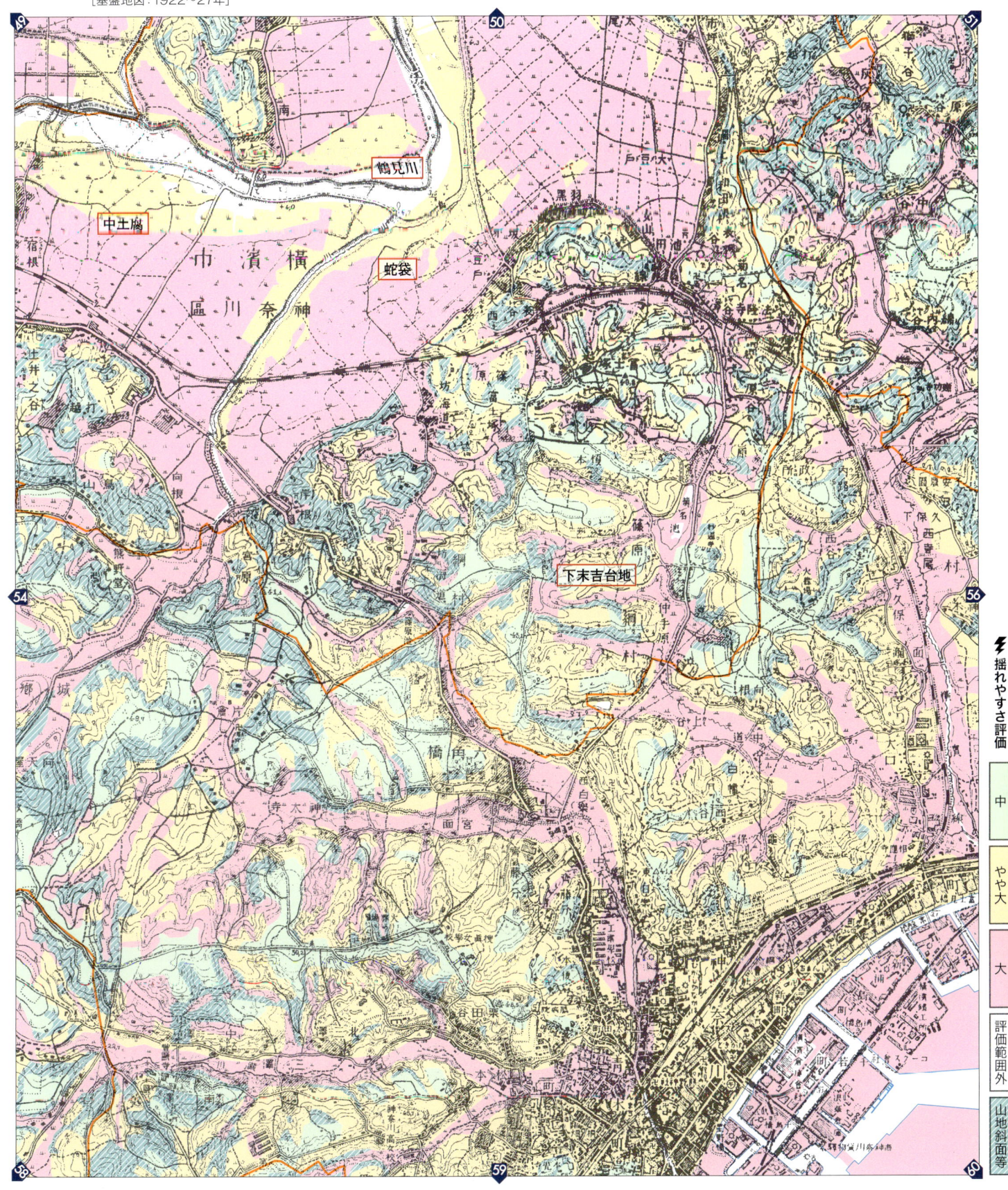

1:25,000

55

揺れやすさ評価
- 中
- やや大
- 大
- 評価範囲外
- 山地斜面等

市の地形図では「中土腐」という地名がある。「腐」は軟弱地盤を表す地名であり、液状化もやむを得ない場所であったと考えられる。

こうした土地も現在では多くが「盛土地」となり、工業用地や商業用地、そして住宅地へと転用されている。一部は後背湿地の立地を活かして農地として残っているものの、割合としては極わずかである。土地の性質やリスクを知ったうえで住む分には構わないが、そうでないケースも多いのは心配だ。

鶴見川多目的遊水地：鶴見川が蛇行する手前の南側に「新横浜公園」があり、土地条件図で「　切土地」となっている。一般的に切土地は台地等の高い部分を切土するので地盤は良好とされ、揺れやすさ評価でも「やや大」となっているが、ここは例外的に後背湿地を切土しているため、地盤も後背湿地同様に軟弱だ。このような特殊な切土をしたのは、この部分を洪水時に水をためる遊水池として利用するためだ。

実は日産スタジアムも含めたここら辺一帯は、2003年から「鶴見川多目的遊水地」として供用されており、実際に最大流入量を記録した2004年の台風22号をはじめ、2013年7月現在で11回、増水した本流の水を遊水池（切土地の部分）に貯めることで流域の氾濫を防いだ実績がある。

卍 寺院　H 神社　血 博物館・美術館　☆ 工場　 発電所・変電所　 図書館　 公民館　── 区市界　── 都県界（右図記号）　 田　 桑畑　 広葉樹林　 針葉樹林

117

56 鶴見

土地条件図
[基盤地図：2012年]

東日本大震災の震度
- 震度2 ○
- 震度3 ○
- 震度4 ○
- 震度5− ○
- 震度5+ ○
- 震度6− ○

🔍 鶴見川の河口部：鶴見川の下流〜河口部にあたる地域で、全体的に「海岸平野・三角州」や「谷底平野・氾濫平野」が分布するが、土地条件図ではその後の改変された人工地形を採用して「　　盛土地・埋立地」となっており、旧版地図と現在で景観が一変している。全体に地盤は軟弱で、一部の微高地（「　　砂州・砂堆・砂丘」「　　自然堤防」など）を除けば揺れやすさ評価は「大」、また標高も低いため、津波や高潮に対する警戒も必要だ。沖合の埋立地は土地条件図で「　　高い盛土地」となっているように、一般の盛土地よりさらに地盤は緩い。ほとんどが工業用地であり、住宅地は少ないが注意が必要である。

🔍 低地に残る砂丘と内陸の台地：鶴見川下流の低地にはいくつかの微高地が分布している。海岸沿いに砂が堆積した「砂州・砂堆・砂丘」や鶴見川や多摩川の氾濫により上流から運ばれてきた土砂が堆積した「自然堤防」だ。旧版地図を見ると、東海道が市場〜鶴見〜生麦〜子安と砂堆や砂丘の上を通っていることが分かる。潮田の集落も旧海岸近くの砂丘・砂堆の上に乗っており、水田の中の島のようでもある。また、菅澤の集落は鶴見川沿いの自然堤防の上にあることも確認できる。このように旧版地図当時の居住地は基本的に微高地であり、低地は水田として使われてい

118　**地図記号** ◎区・市役所　○町・村役場　⊗警察署　✕交番・駐在所　♨官公署　Y消防署　⊕病院　◎高等学校　⊗小・中学校　⊕保健所　〒郵便局　⋔自衛隊

旧版地図・揺れやすさ評価図

[基盤地図：1922年]

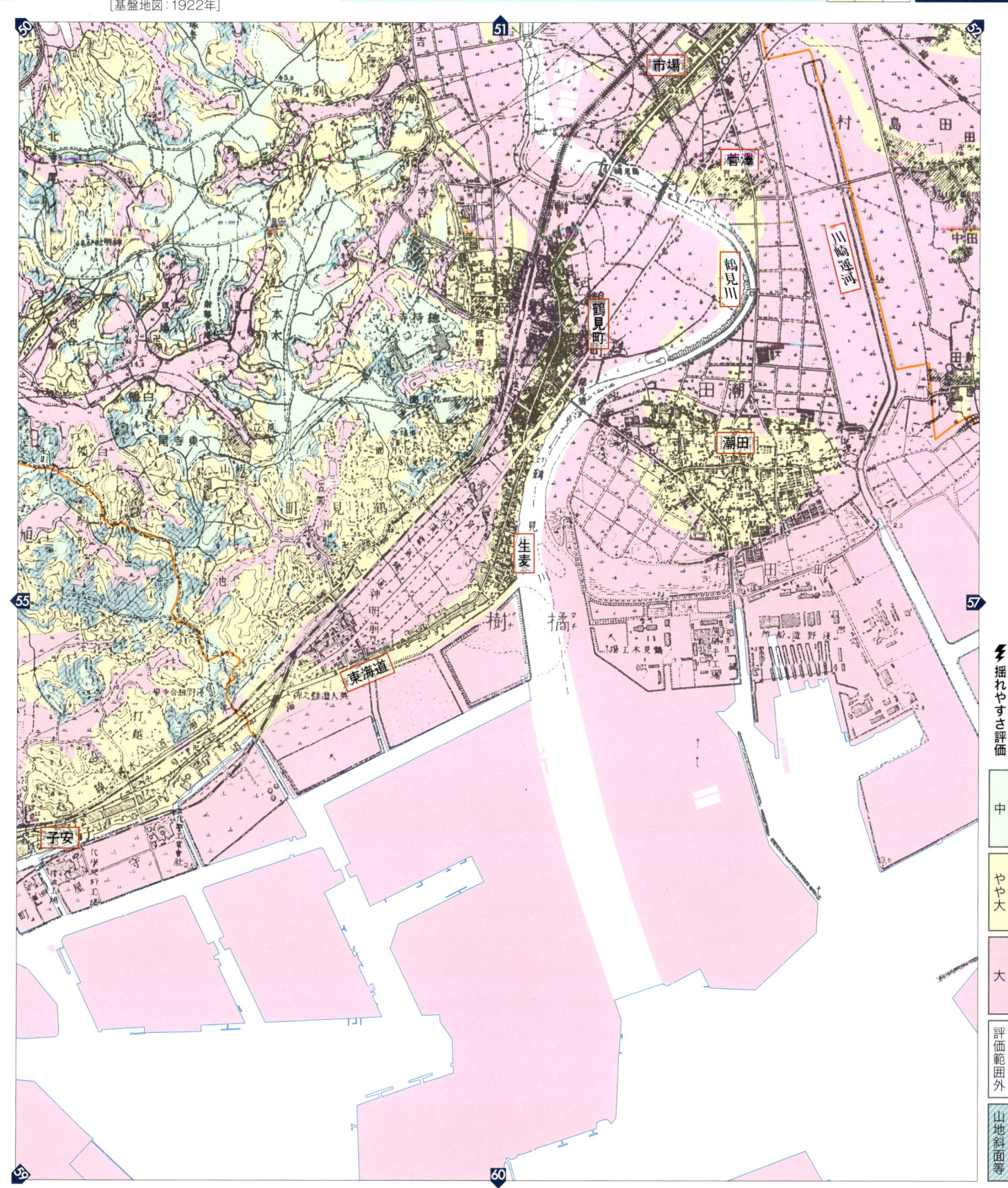

1:25,000

56

揺れやすさ評価
- 中
- やや大
- 大
- 評価範囲外
- 山地斜面等

た。現在ではかつての水田地帯も盛土されて、ほぼ隙間なく住宅地に転用されているのは気になる。

東海道本線の北西側は下末吉台地が広がる。比較的地盤のよい「更新世段丘」で揺れやすさ評価「中」だが、谷底平野（土地条件図では「盛土地」や「高い盛土地」）が複雑に入り組んでおり、その部分は地盤が軟弱である。台地を平坦化して「切土地」として

いる場所も多いが、谷の部分では逆に盛土している場合もあるので注意が必要だ。

川崎運河の現在：旧版地図を見ると、東端の方に、海から水田の中に伸びていく水路があることに気づく。これは「川崎運河」と呼ばれ、いわゆる京浜工業地帯の黎明期に、工業用地の造成に合わせて京浜電鉄（現京浜急行電鉄）が1919〜22年に建設した全長2.4kmの運河である。しかし運河が完成した

ものの、関東大震災や経済不況で思ったほどの工場の進出はなく、京浜電鉄は結局残った用地を住宅地として分譲する方針に転換する。その後運河は徐々に埋め立てられ、1980年代に姿を消した。運河の跡地は一部緑地になっているが、大部分は住宅地として利用されている。埋土地なので地盤は非常に軟弱で、本来住宅地としては好ましくない。地震時の揺れの増幅や液状化も心配される。

卍 寺院　　日 神社　　血 博物館・美術館　　☼ 工場　　発電所・変電所　　図書館　　公民館　　━━ 区市界　　━━━ 都県界（右図記号　Ⅱ 田　Ⴗ 桑畑　◯ 広葉樹林　∧ 針葉樹林）

119

57 扇島

土地条件図
[基盤地図：2012年]

東日本大震災の震度
- 震度2 ○
- 震度3 ●（水色）
- 震度4 ●（緑）
- 震度5- ●（黄）
- 震度5+ ●（橙）
- 震度6- ●（赤）

🔍 **鶴見川の河口部**：図内の大半は埋立地（「▨▨ 高い盛土地」）、それも工業用地で、いわゆる京浜工業地帯の中核をなすエリアである。

埋立地以外については、かつて海中にあった土地が海退とともに陸化した「海岸平野・三角州」であり、そこに多摩川や鶴見川の氾濫で上流から運ばれてきた土砂が堆積した自然堤防がところどころ乗っているような地形となっている。海岸平野・三角州の部分は旧版地図ではほとんどが水田地帯だが、現在では大部分が人工地形の「▨▨ 盛土地・埋立地」となっており、地盤が軟弱な低湿地である。揺れやすさ評価は「大」で、東日本大震災時の震度分布も軒並み5強となっている。

🔍 **東日本大震災における液状化**：川崎市の臨港部では、東日本大震災の際に液状化の被害があったことが報告されている。東扇島では公園内や緑道、道路に亀裂や陥没、段差が生じるなどの被害が出ている。民間企業の敷地内については、私有地であるため通報義務もなく、市としての立入調査は行わなかったものの、臨港部立地企業117社に対してアンケートを行った結果92社から回答があり、7社が液状化による被害があったと答えている。発生箇所は東扇島に集中しており、建物への被害は報告されていないが、事業活動に影響があったと報告した企業も4社あった。

120　地図記号　◎区・市役所　○町・村役場　⊗警察署　✕交番・駐在所　♂官公署　Y消防署　⊕病院　⊗高等学校　文小・中学校　⊕保健所　〒郵便局　⊟自衛隊

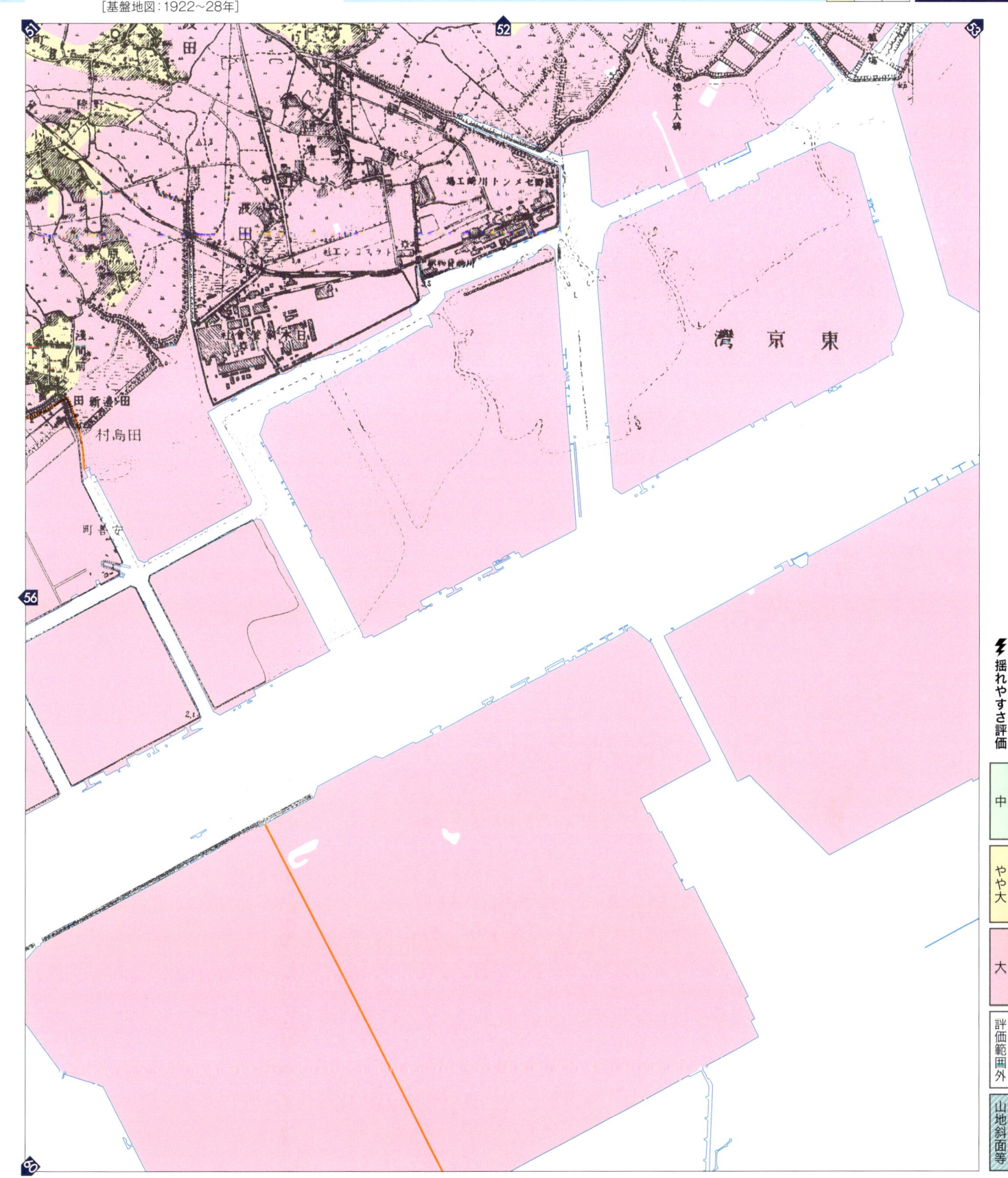

旧版地図・揺れやすさ評価図
[基盤地図：1922～28年]

1：25,000

揺れやすさ評価

- 中
- やや大
- 大
- 評価範囲外
- 山地斜面等

また、臨海部の石油コンビナートにおいて、屋外タンクで浮き屋根などが破損する被害も出ている。川崎市ではこれは液状化によるものではなく、長周期地震動に伴う内容液の液面振動（スロッシング）が原因であると分析している。備蓄タンクなど、固有周期の長い施設を有する地域では、液状化ばかりでなく、長周期地震動への対策も求められる。

🔍 **扇島**：扇島は川崎市と横浜市にまたがる埋め立てによる人口島だ。もともとは京浜運河を開削した際に浚渫された土砂がここに捨てられたことで砂州となり、昭和初期には海水浴場となった。一時は「水のきれいな扇島」という宣伝文句があったほど、遠浅の綺麗な砂浜だったという。埋め立てが行われるようになったのは1970年代で、シルトと呼ばれる泥が堆積する軟弱地盤地で条件は決して良くなかったが、サンドマット工法という手法で千葉県から運ばれた山土を用いて埋め立てられている。

首都高速が通過しているものの、残念ながら扇島は関係者以外立ち入りができない。これは企業の私有地であることに加えて、当地が「国際船舶・港湾保安法に基づく制限区域」に定められているため（テロ防止の意味も含めて）、自己警備としての保安措置が義務づけられていることによる。

卍寺院　日神社　血博物館・美術館　☆工場　発電所・変電所　図書館　公民館　─区市界　━━都県界（右図記号）　⼭⽥　Y桑畑　○広葉樹林　∧針葉樹林

58 保土ヶ谷、東戸塚

土地条件図
[基盤地図：2012年]

東日本大震災の震度
- 震度2 ○
- 震度3 ●
- 震度4 ●
- 震度5- ●
- 震度5+ ●
- 震度6- ●

🔍 **盛土部が多い平坦化地**：図内の大部分を台地と丘陵地が占める。この一帯は土地条件図では「更新世段丘」で、地盤は比較的良好だ。旧版地図を見ると集落は、街道沿いなどにわずかにあるのみで、農地も谷戸の部分に見られる程度だ。それが現在では丘陵地を切り開く形で平坦化され、大規模な住宅地へと姿を変えている。平坦化された場所は、土地条件図では「切土地」が中心になるが、もともと丘陵地に深い谷戸が複雑に入り込んでいたため、谷の部分は「盛土地・埋立地」や「高い盛土地」となっており、比較的地盤のいい切土地に比べて、地盤は不安定だ。揺れやすさ評価も谷を埋めた部分は「大」となっており、地震の揺れの増幅はもちろん、液状化の可能性も否定できない。土地条件図を見る限り、この地域の平坦化にあたっては、その他の地域とくらべても「高い盛土地」の面積が広いのは気になるところだ。

🔍 **宅地化された多摩丘陵**：図内の更新世段丘は、おおむね図の半分くらいのところで「多摩丘陵」と「下末吉台地」に分かれる。土地条件図を見ると、宅地造成が進んでいるのは多摩丘陵の側で、航空写真などを見ると、下末吉台地の方は比較的まだ農地も緑地も残っていることが分かる。形成年代は多摩丘陵の方が古いため、谷がより複雑に発達して

122 地図記号 ⊚区・市役所 ○町・村役場 ⊗警察署 X交番・駐在所 Y宮署 Y消防署 ⊕病院 ⊗高等学校 文小・中学校 ⊕保健所 〒郵便局 ⊡自衛隊

旧版地図・揺れやすさ評価図
[基盤地図：1922年]

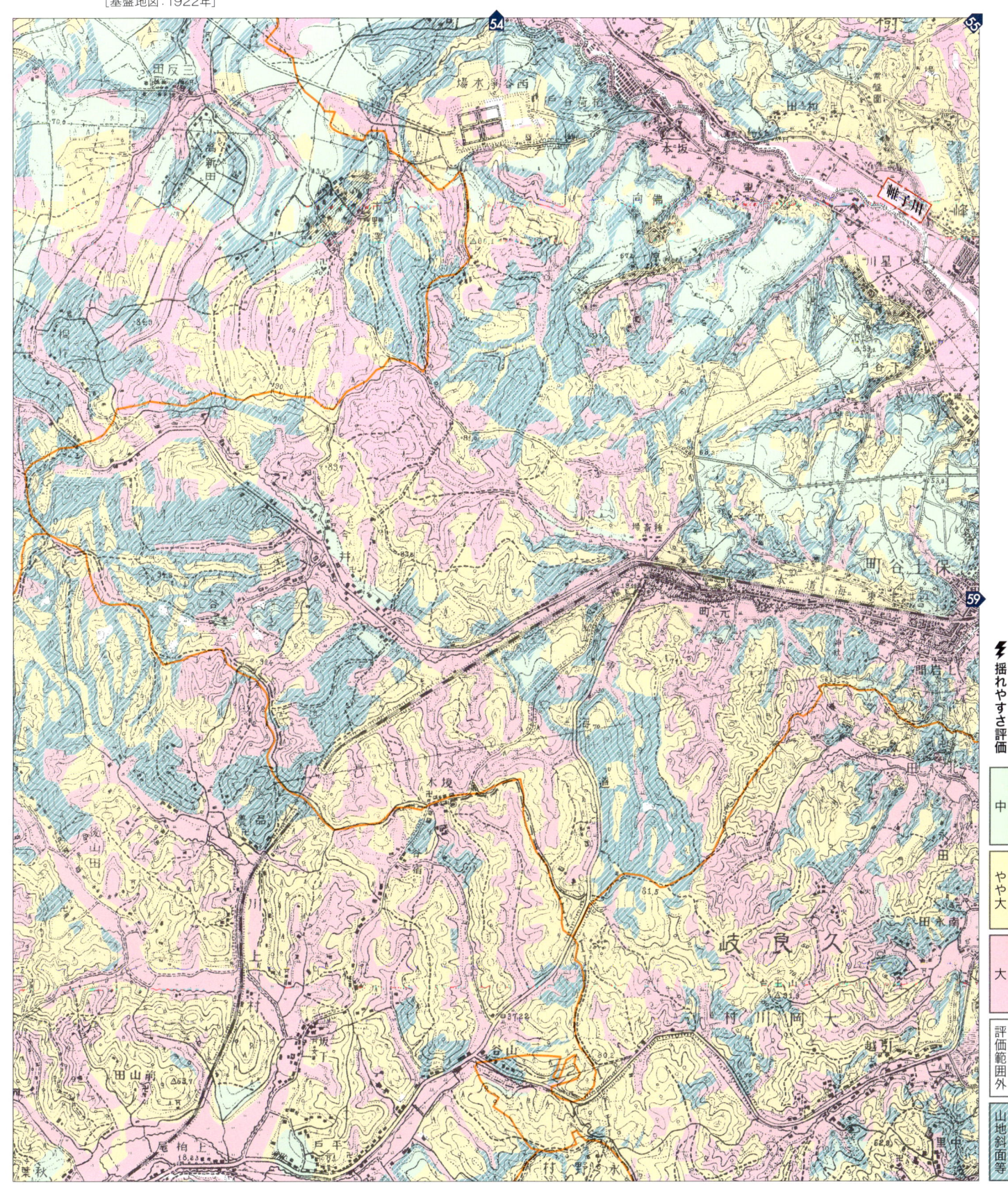

1：25,000

揺れやすさ評価
中
やや大
大
評価範囲外
山地斜面等

いる分、平坦化した際の谷埋盛土部が多くなるというマイナス面がうかがえる。

また土地条件図では「山地斜面等」が多く分布しているが、これはほとんどが（地盤の硬い）「山地」でなく、「斜面」にあたる部分で、地盤は必ずしもよくない。むしろ不同沈下の原因になったり、場所によっては土砂災害警戒区域や急傾斜地崩壊危険区域に指定されているなど、斜面災害にも注意が必要だ。

🔍 **帷子川**：図内にはいくつかの中小河川の谷が入り込んでいるが、最も大きいものが帷子川の氾濫平野だ。かつては天王町〔図59〕まで入江が侵入してきていたため、この周辺も河口の側だったが、江戸時代の富士山の宝永噴火による降灰で川筋が埋まり河口が下流へ移動、その後埋め立てが進んで現在の流れになった。

流域は旧版地図では水田地帯となっているが、現在では「盛土地」となり、住宅地が建ち並んでいる。揺れやすさ評価は「大」で地盤は軟弱である。また、1958年の狩野川台風（床上・床下浸水4500戸以上）をはじめとしてたびたび浸水被害が出ているように、水害の多い河川でもある。近年では分水路の整備など様々な治水対策が進んでいるが、ゲリラ豪雨などでは急激な増水による浸水に注意が必要だ。

卍寺院　 ⛩神社　 🏛博物館・美術館　 ✦工場　 ⚡発電所・変電所　 📖図書館　 ◎公民館　 ── 区市界　 ─·─ 都県界（右図記号）　 ⅠⅠ田　 Υ桑畑　 ○広葉樹林　 ∧針葉樹林

59 横浜

土地条件図
[基盤地図：2012年]

東日本大震災の震度
- 震度2 ○
- 震度3 ●
- 震度4 ●
- 震度5- ●
- 震度5+ ●
- 震度6- ●

🔍 **伊勢佐木町は海の上**：この地域には横浜市の中心部がほぼ含まれているが、特筆したいのは左図中央部の川に囲まれた三角形の部分（ここには伊勢佐木町をはじめとした横浜随一の繁華街が含まれる）だ。土地条件図では「盛土地・埋立地」となっているように、ここはかつて「吉田新田」と呼ばれた土地で、江戸時代に大岡川が注ぐ入海を埋め立てた土地なのだ。古い埋立地とはいえ、地盤は軟弱であり、地震の際には揺れやすく、液状化の可能性もある土地だ。大岡川流域にも盛土地が広がっているが、もともと谷底平野で地盤は軟らかく、揺れやすさ評価は「大」となっているので注意が必要だ。

🔍 **湿地帯にある横浜駅**：現在の横浜駅周辺部も「盛土地・埋立地」だが、かつては帷子川の河口に広がる大きな湿地帯だった場所にあたり、地盤は悪い。東日本大震災の際にも震度6弱を記録した箇所があるほか、液状化の被害も確認されている。帷子川や支流の今井川の流路も谷底低地を盛土した土地で地盤は軟弱だ。

現在の県庁や馬車道周辺は、吉田新田開墾で埋め立てられた入海があった頃には砂州を形成していた微高地であり、揺れやすさ評価は「やや大」である。

🔍 **坂を上がれば良好な地盤？**：帷子川低地

124 地図記号 ◎区・市役所 ○町・村役場 ⊗警察署 X交番・駐在所 ♁官公署 Y消防署 ⊕病院 ⊗高等学校 ✱小・中学校 ⊕保健所 〒郵便局 ⛋自衛隊

旧版地図・揺れやすさ評価図
[基盤地図：1922年]

1:25,000

と、旧吉田新田も含む大岡川低地の間、そして元町から山手、根岸にかけては「更新世段丘」の下末吉台地が広がっており、全般に地盤は安定しており、揺れやすさ評価でも「中」となっている部分が多い。東日本大震災の際にも、この地域では揺れは震度5弱におさまった場所が多い。

谷地と斜面は要注意：ただし、これらの台地には複雑に谷が刻まれており（土地条件図では「盛土地」や「凹地・浅い谷」）、こうした箇所は周囲に比べて地盤が軟弱で、揺れやすさ評価も「大」や「やや大」となっているので注意が必要だ。また、土地条件図では台地上に「山地斜面等」が分布している。「山地」は元来地盤がいいが、ここではあくまでも「斜面」である。

こうした斜面は平坦化して利用されている場所も多く、その際に盛土したのか切土したのかで地盤の強弱は大きく異なる。また、横浜市ではこうした斜面が土砂災害警戒区域や、急傾斜地崩壊危険区域に指定されていることも多く、大雨の際などには警戒が必要だ。

ところで、みなとみらい地区は埋立地だが、海底地盤が下末吉台地の延長にあることから、一般的な埋立地に比べれば地盤は悪くないとされており、防災施設なども置かれている。

60 本牧、大黒ふ頭

土地条件図
[基盤地図：2012年]

東日本大震災の震度
- 震度2 ○
- 震度3 ●（青）
- 震度4 ●（緑）
- 震度5- ●（黄）
- 震度5+ ●（橙）
- 震度6- ●（赤）

🔍 **「本牧岬」**：旧版地図の頃にはまだ埋立地がなく、本牧周辺は下末吉台地が海に突き出すような地形で、「本牧岬」と呼ばれていた。かつての海岸周辺には「砂州・砂堆・砂丘」が形成され、漁村としての集落があった。砂州は本来微高地だが、今は周囲の埋め立てや盛土が進んだことでほとんど高低差は感じられない。砂州の背後にはかつての海中にあった土地が陸化した地盤の軟弱な海岸平野があるが、現在では「盛土地・埋立地」となって、住宅地や一部商業地として開発されている。図の南西部に顔をのぞかせている下末吉台地は「更新世段丘」で、総じて地盤は良好だが、樹枝状に谷底平野が発達しており、この部分の地盤は軟弱である。また、住宅地として開発する際に平坦化された箇所の多くは、台地を切り取る形で「切土地」となっているが、一部谷の部分が盛土（土地条件図では「高い盛土地」）されており、局地的に地盤が悪いので注意が必要だ。

🔍 **横浜における過去の災害**：大正年間には横浜で災害が相次いだ。1917年の東京湾台風による高潮災害（「大正6年の大津波（または大海嘯）」と呼ばれている）では3100隻以上の船舶が転覆し、多くの港湾労働者や水上生活者が犠牲になった。中央防災会議の「大規模水害対策に関する専門調査会」が2010年に

126　地図記号　◎区・市役所　○町・村役場　⊗警察署　✕交番・駐在所　ঙ官公署　Y消防署　⊕病院　🏫高等学校　文小・中学校　⊕保健所　〒郵便局　⚐自衛隊

旧版地図・揺れやすさ評価図

[基盤地図：1922年]

1:25,000

60

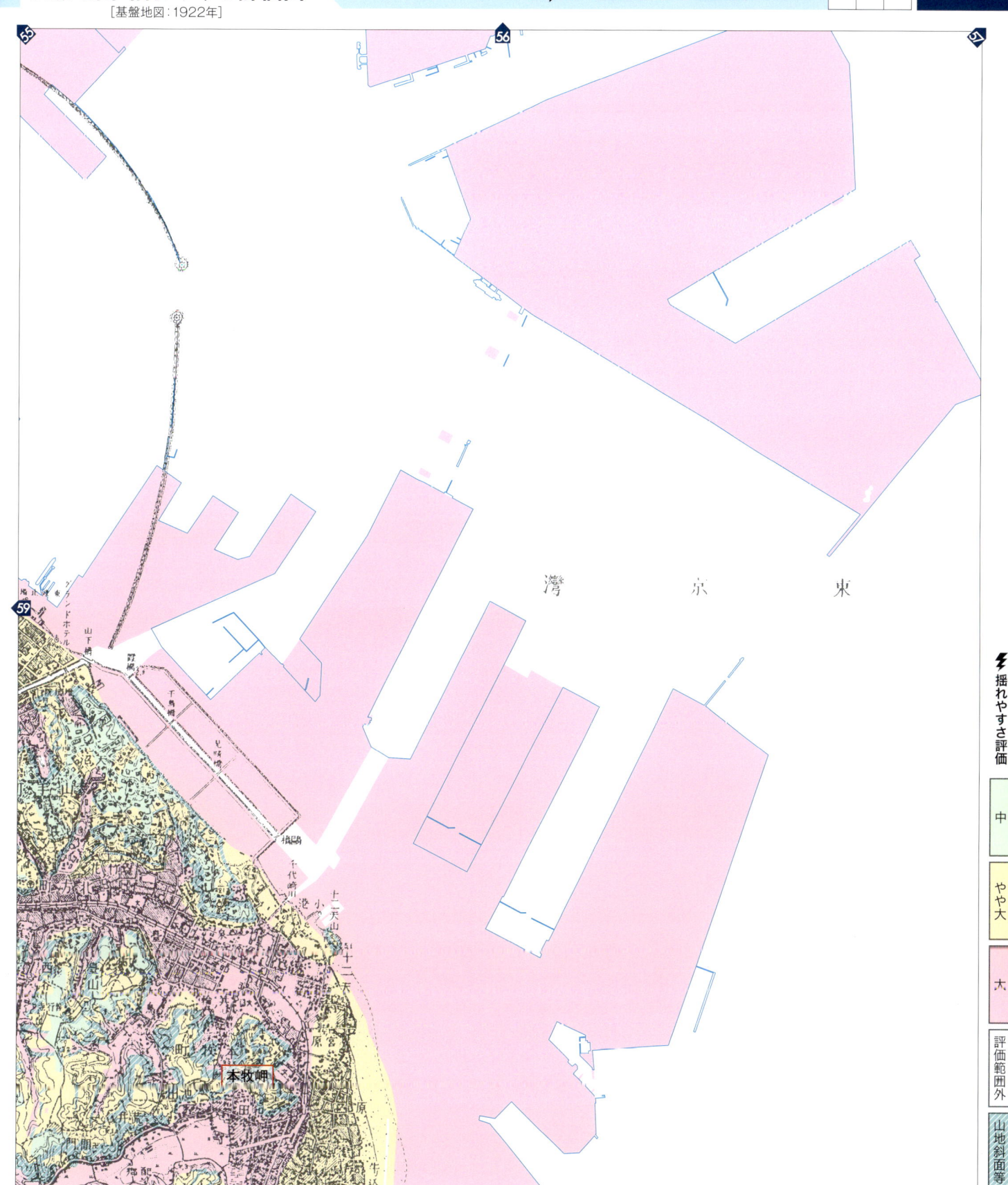

揺れやすさ評価
- 中
- やや大
- 大
- 評価範囲外
- 山地斜面等

公表した東京湾を巨大台風が直撃した場合の高潮による被害想定では、最悪の場合死者は伊勢湾台風を上回る約7600人と試算されており、高潮への備え、特に地下空間における避難誘導策などが課題として挙げられている。

また、1923年の関東大震災についても、東京での被害はよく知られるが、実際には横浜市でも当時の人口の5％にあたる約2万1000人の死者を出し、被災戸数は全住宅戸数の95％にものぼる甚大な被害を記録している。

埋立地における東日本大震災の被害：東日本大震災においては、埋立地で液状化の被害が確認されている。本牧地区では、錦町の港湾住宅周辺の道路で噴砂や陥没が見られたほか、神奈川臨海鉄道で地盤が沈下して線路が浮くなどの被害が報告された。また、大黒ふ頭においても地盤沈下が発生、横浜市の調査によれば、同地に立地する企業100社中37社の敷地で壁が傾くなどの被害が出たという。多くは倉庫会社で、アスファルトの陥没や壁の傾き、配水管の露出などである。

津波についても、東日本大震災では横浜市でも1mを越える波高が観測されているが、2011年に神奈川県が想定した「慶長型地震」による津波モデルでは市内での最大波高は4m、満潮時には標高4.9mにまで到達するとされており、臨海部では警戒が必要である。

127

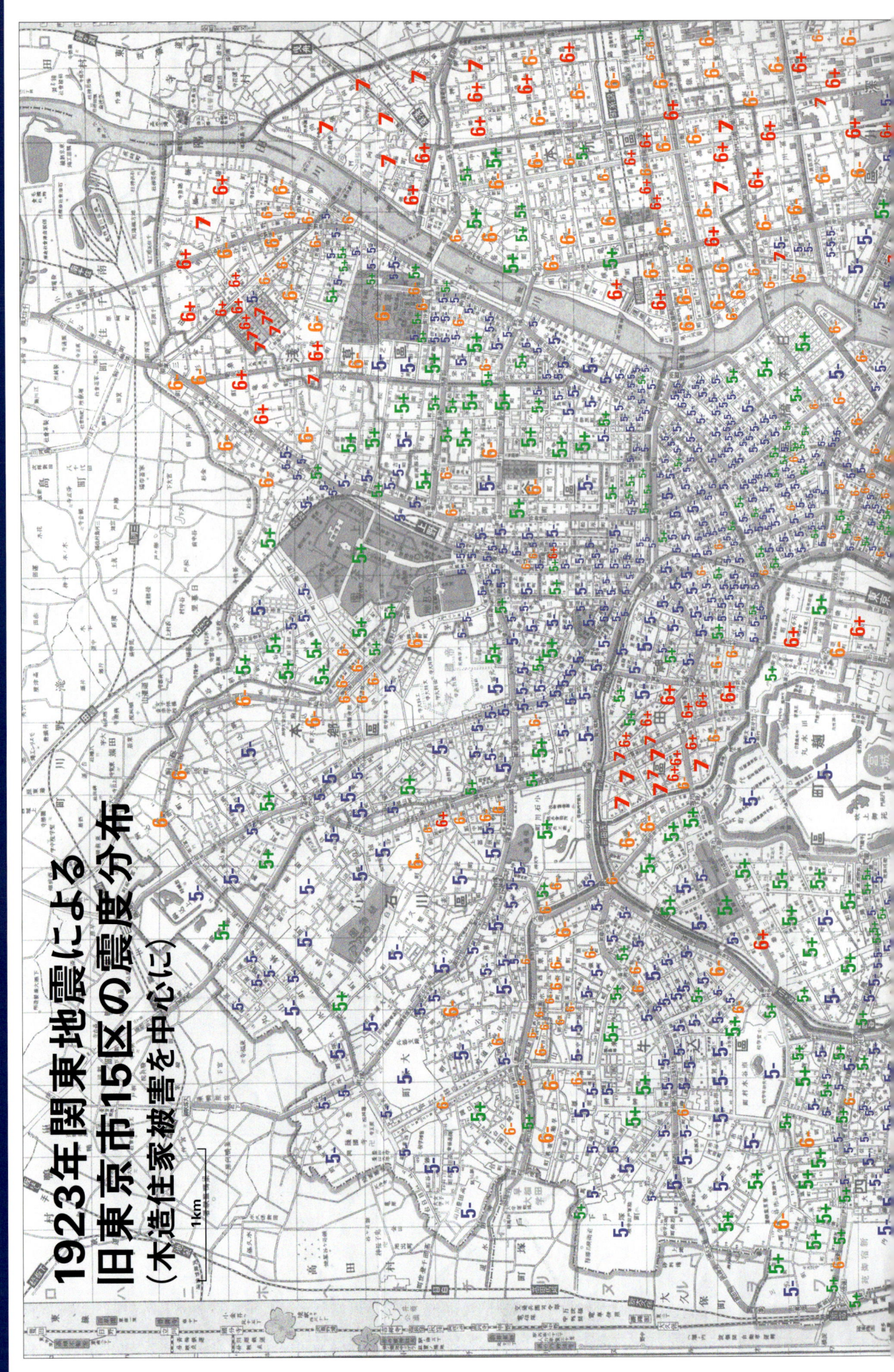

関東大震災の震度分布

1923年関東地震による
旧東京市15区の震度分布
(木造住家被害を中心に)

本書の「旧版地図・揺れやすさ評価図」では、1923年9月1日に発生した関東大震災（関東地震）の際に震度6強と震度7だった地域を青と赤の点線で囲んで表示しました。震度評価は、武村雅之先生の「1923年関東地震による東京都中心部（旧15区内）の詳細震度分布と表層構造」の「付表1」の丁目ごとのデータを使わせていただきました。

本書の「旧版地図・揺れやすさ評価図」では震度6強と震度7の地域のみを示しましたが、この頁には旧15区内の震度5弱から震度7の震度分布図を掲載しました。

武村先生は、同論文で、「まず、山の手台地上は一般に震度が小さく大半が5強以下である。これに対し、震度が6強から7と判定される地域は、1つは下町低地の隅田川の両側の本所区、深川区、以西の浅草区と下谷区の上野公園と浅草公園を結ぶ線より北側である。下町低地のうちでも南側の浅草区南部、神田区東部、日本橋区、京橋区は震度が低く、これらの地域は現在の上野合地や本郷合地の一部が波食によって削られた波食合と呼ばれる埋没合地が地下に存在する地域に対応する。この他震度の高い地域は、日比谷、大手町、神田神保町にかけての地域である。江戸時代以前は、日比谷から大手町にかけては日比谷の入江合が存在し、そこに神田神保町方面から神田川の前身である平川が流れ込んでいた。今でも地下には丸の内、平川谷と呼ばれる沖積基底の谷地形があり、それに沿う形で震度が高い。」とまとめられています。

地図は「大正12年版新東京大地図」日本地図選集（人文社）を使用しました。

出典：武村雅之『関東大震災―大東京圏の揺れを知る』鹿島出版会、2003年。

東日本大震災の震度分布

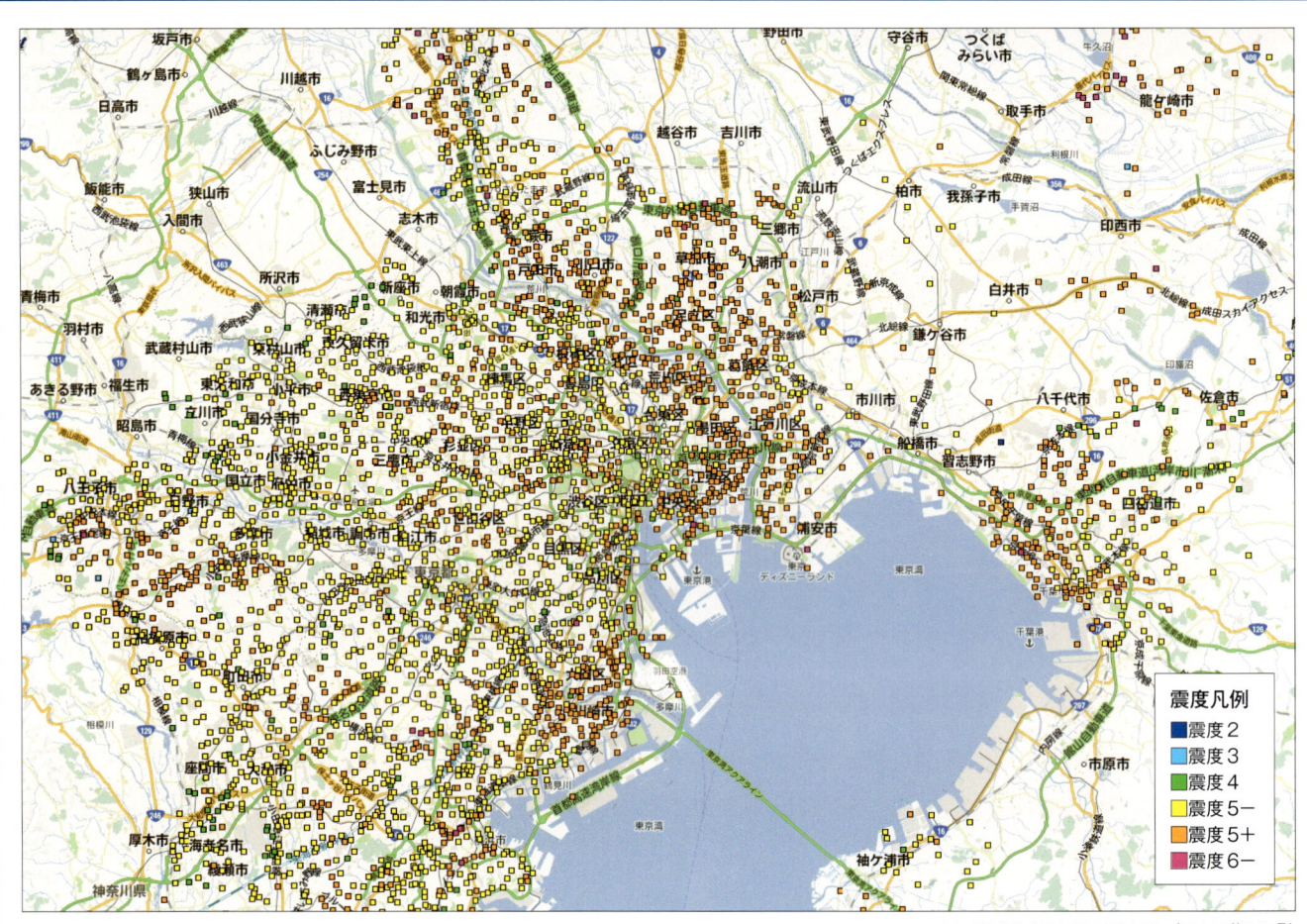

copyright (C) 2013 ZENRIN CO.,LTD. (Z11LE第267号)

震度凡例
- 震度2
- 震度3
- 震度4
- 震度5−
- 震度5+
- 震度6−

　本書の「土地条件図」では、2011年3月11日に発生した東日本大震災（東北地方太平洋沖地震）による震度（2〜6弱）を色分けして表示しました。2001年7月に運用を開始した東京ガスの地震防災システム、シュープリーム（超高密度リアルタイム地震防災システム：SUPREME）のデータを提供いただいたものです。本書では地域ごとに震度分布を示しましたが、この頁には首都圏全体の震度分布を掲載しました（http://demo.jishin.net/map）。

　シュープリームは、東京ガスの供給エリア内の約4000ヶ所の全ての地区ガバナ（整圧器）にSIセンサー（地震計）を設置し、約1km^{2}に1基という高密度地震計ネットワークを実現した世界でも例のないシステムです。SIセンサーが地震を感知すると地区ガバナ単位でガス供給が自動的に遮断されるほか、遠隔操作による遮断も可能となっています。これまでは、作業員が個々の地区ガバナに出向いていたため、阪神・淡路大震災クラスの地震の場合には供給停止に40時間かかると想定されていましたが、このシステムによっ

て、わずか15分に短縮されました。また、地震情報の収集に要する時間も従来に比べ大幅に短縮され、約10分間で必要かつ高精度な情報の把握が可能になり、保安レベルの向上にもつながりました。

　また、SUPREMEシステムと連携し、インターネット等を介してリアルタイムに地震情報を配信するサービスが「地震ネット（jishin.net）」で、2003年6月から本格稼動しています（http://jishin.net/）。

SUPREMEによるガス供給停止の仕組み

地震発生
地区ガバナが自動停止
- ガス導管に被害を及ぼすような大きな揺れを感知した地区ガバナ（ガスを中圧から低圧に変換する圧力調整器）では、ガス供給が自動停止する。
- ガス供給が停止した地区ガバナの近くでも、地盤が良い場所は大きく揺れないため、地区ガバナは停止せずにガスが供給され続ける。

5分後
ガス供給停止が必要なブロックを特定
- 供給指令センターでは、地震発生後約5分で、SIセンサーで測定された地震情報と、地区ガバナのガス供給停止情報の収集を完了する。収集した情報から、ガス供給停止が必要なブロックの特定を行う。

10分後
該当するブロックの地区ガバナを遠隔遮断
- 集めた地震情報から、被害が大きいと推定された地域で、未遮断の地区ガバナがある場合、SUPREMEによる遠隔遮断を行い、地域全体の安全を確保する。

第1次緊急停止

2時間後
二次被害が予測されるブロックを追加停止
- 第1次緊急停止後に、導管被害箇所の情報およびSUPREMEの導管被害推定機能を利用して、追加で供給停止が必要なブロックを洗い出す。

第2次緊急停止

地名から知る危険な地域

災害の記憶は地名となって多く残されています。水害や地崩れなどが起きやすい場所には特徴的な災害地名が付けられており、それは首都圏においても同様です。しかし土地利用の変遷が著しく、かつての地名が変えられている場合も多く見受けられます。本書の旧版地図を見ると、元来その土地が何と呼ばれていたのかがわかります。土地の特性を地名から知る———これも防災・減災への重要な一歩です。

	読み	災害	解説	地名例（数字は地図番号）
ア	アイ	水害地名	川の合流点で氾濫常襲地帯	落合01、23
	アカ	崩壊地名・水害地名	垢がたまるように土砂がたい積した低湿地	赤羽08、赤堤33
	アズ	崩壊地名・水害地名	土砂災害の多い土地、低湿地	小豆沢08
	イグサ	水害地名	湿地帯	井草14
	イケ	水害地名	池や窪などの不良な土地	池尻34、池上47
	ウシ	水害地名・崩壊地名	地すべり崩壊地、洪水氾濫地。古語「憂し」に由来し、不安定な土地の意	牛込24
	ウメ	崩壊地名・水害地名・液状化地名	土砂崩れで埋まった場所、埋め立てた場所、低湿地	梅島09
	エ	水害地名	海・川・掘を意味する頻水地名	江古田15、平井26（平江が転訛）、一之江27
カ	カキ	崩壊地名	崩れやすい崖や急坂	柿の木坂34
	ガケ	水害地名・崩壊地名	①崖 ②氾濫常襲地	垳10
	カネ（曲）	水害地名	河川の決壊や氾濫が起こりやすい場所	金町19（「曲」に由来）、曲金19
	カマ	水害地名	「噛マ」に通じ、浸食を受けやすく水がたまりやすい場所	鎌田45、蒲田52
	カメ	水害地名・崩壊地名	「噛メ」に通じ、浸食を受けやすく水がたまりやすい場所	亀有18、亀戸26
	カワ	水害地名	低湿地	川口08、川崎52
	クボ	水害地名	水がたまる窪地	太田窪04、五郎窪15、境窪15、宮久保15、20、荻窪22、大久保24
	ケミ	水害地名	低湿地	検見川41
	コウジヤ	水害地名	荒地谷が転じたもの。湿地帯を開墾した場所	糀谷52
	コマ	崩壊地名・水害地名	①崩れやすい窪地 ②込み入った小さな谷や沢	駒込17、駒場34
サ	サキ	崩壊地名・水害地名	「裂キ・割キ」から割れる・崩れるを意味する	鷺宮14、鷺沼30、川崎52
	サワ	水害地名	谷地形の湿地帯	北沢34、駒沢34
	シオイリ	水害地名	満潮の際に潮が入ってきた低湿地	汐入18
	シシ	水害地名	低湿地	鹿骨27
	シッケミ	水害地名	低湿地	湿化味15
	シバ	水害地名	①氾濫時に冠水する場所 ②氾濫時に土砂がたい積した場所	柴又19、芝35
	シマ	水害地名	低湿地	柳島09、西島09
	シュク	水害地名・崩壊地名	①河川の氾濫しやすい場所 ②河川沿いで崩れやすい場所	三宿34、宿河原44
	シンデン	水害地名	湿地を新たに水田にした場所。河川氾濫のリスクが大きい	「〇〇新田」
	スガ・スゲ	水害地名	低湿地	巣鴨16、小菅18、菅野20
タ	ツル	水害地名	川の流れが渦を巻く場所	鶴巻24、弦巻34
ナ	ヌマ	水害地名	低湿地	沼影04、蓮沼09、横沼09、沼田09、皿沼09、天沼22、沼袋23、鷺沼30
	ネ	崩壊地名	崖や傾斜地の麓	宇奈根45、中根46
	ネギシ	水害地名・崩壊地名	台地と川や海が接する場所	根岸04
	ノゲ	崩壊地名	①崖地 ②地すべり地	上野毛45、下野毛45
ハ	ハキ	水害地名	ハキは「吐き」に由来。川の合流部で水が出やすい場所	柏木23（カシハキの転訛）
	ハギ	水害地名	「剥ぎ」に通じ、水流に浸食されやすい湿地帯	萩中52
	ハタ	水害地名	①端 ②川岸・海岸	田端17、幡ヶ谷23
	ビジョ	水害地名	ぬかるみや湿地帯をあらわす	美女木04
	フ	崩壊地名・水害地名	「腐」に由来。軟弱地盤をあらわす	中土腐55
	フクロ（フロ）	水害地名	川が大きく蛇行し水がたまる場所	鹿手袋03、江戸袋09、袋在家09、池袋16、沼袋23、蛇袋55
	フチ	水害地名	水が深くよどんでいる場所	岩淵08、北早淵15
	フナ	水害地名	土地の端を意味する。「ハナ」が転訛	舟渡07
	ホキ	崩壊地名	崖地	保木間10
マ	ママ（マ・マメ）	崩壊地名	①河川沿いの急崖。崩壊地 ②河川の氾濫地点	真間20、馬込47
	マタ	水害地名	川の合流部	花又10、柴又19
	モリ	水害地名・崩壊地名	①川岸が決壊しやすい場所 ②崩壊地	大森47
ヤ	ヤ	水害地名	低湿地	谷塚09、古千谷09、入谷09、阿佐谷22、千駄ヶ谷24、渋谷35
	ヤス	水害地名	①浸水しやすい低湿地 ②砂れきがたい積した氾濫原	子安56
	ヤト	水害地名・崩壊地名	丘陵地や台地の間の低湿地	広ヶ谷戸04、馬喰ヶ谷戸15、北宮ヶ谷戸15、海老ヶ谷戸15
	ユキ	崩壊地名	崩れやすい崖地	雪谷46
ワ	ワセ	水害地名	「裂（ワザ）く」が語源。破堤や洪水を意味する	早稲田24
	ワダ	水害地名	低湿地。川の湾曲を示す「輪田・円田」が転じたもの	須和田20、和田23
	ワラビ	水害地名	川に挟まれた場所	蕨04

131

イラストで知る災害と仕組み

土地の災害は大きく「土砂災害」「地盤沈下」「液状化」の3つに分類され、さらに「土砂災害」は「がけ崩れ」「土石流」「地すべり」に分類されます。いずれも甚大な被害を招く可能性を持ちます。その特徴と発生の仕組みについて解説します。

土砂災害

がけ崩れ

豪雨や地震などで傾斜地の地盤が緩み、突然斜面が崩れ落ちること。崩落のスピードが速く、逃げ遅れによる人的被害が多い。都市部では急傾斜地の周辺まで宅地化が進んでいるため、発生した場合に大被害を招くおそれがある。

がけ崩れの警戒区域：指定されるのは①傾斜度が30°以上、②高さ5m以上の場所。その範囲は①斜面の上端から水平距離10m以内、②斜面、③斜面の下端から水平距離で急傾斜の高さに相当する距離の2倍（最大で50m）以内。

がけ崩れの特別警戒区域：建物が破壊され、人命に大きな被害が生ずるおそれがある区域で、急傾斜の崩壊による外力が建築物の耐力を上回る範囲が指定される。

土石流の警戒区域：指定される場所は土石流のおそれがある渓流（ただし流域面積が5km²以内）で、その範囲は谷出口から下流端は渓床勾配が2°までの場所（明らかに土砂が到達しない範囲は除く）。

土石流の特別警戒区域：建物が破壊され、人命に大きな被害が生ずるおそれがある区域で、土石流による外力が建築物の耐力を上回る範囲が指定される。

土石流

山間部の渓流にたまった土砂や石が、大雨などにより谷沿いに一気に押し流される災害。非常に破壊力が大きく、人命や家財に大きな被害をもたらすことが多い。津波のように押し寄せることから「山津波」とも呼ばれる。

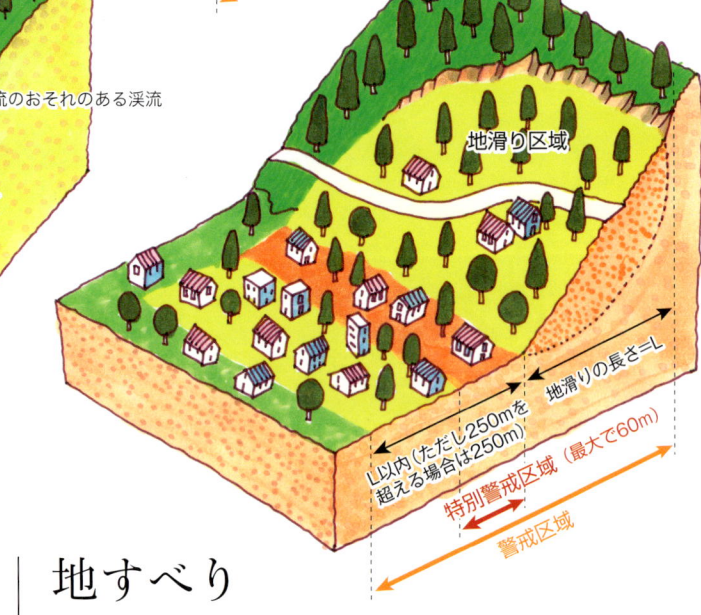

地すべり

土地の一部が地下水の影響などにより、ゆっくりとすべり落ちる現象のこと。比較的緩い傾斜地で発生することが多く、広い範囲が一度に動く。亀裂の発生、土地の陥没・隆起、地下水の変動など発生前に徴候があらわれることも多い。

土砂災害の前兆現象

	がけ崩れ	土石流	地すべり
音	山鳴り、地鳴り	山鳴り、地鳴り	山鳴り、地鳴り
	がけからの小石の落下		樹木根の引きちぎれる音
水位・湧水	斜面途中や湧水のなかった場所からの湧水、湧水の急激な増加や停止、沢・井戸・湧水の濁り	河川水量の急激な減少、河川の水の急激な濁り、流木の混入	斜面途中や湧水のなかった場所からの湧水、湧水の急激な増加や停止、沢・井戸・湧水の濁り
臭い	-	腐敗臭	腐敗臭
ひび割れ	斜面上や山腹のひび割れ	-	斜面上や山腹のひび割れ
樹木	樹木の傾斜や倒壊、揺れ	-	樹木の傾斜や倒壊、揺れ
家・電柱	-	-	家のゆがみ、戸やふすまの開閉困難、壁や塀のひび割れ、床・壁・電柱等の傾き

地盤沈下

地表面が沈み、構造物が傾くなどの被害が発生する。地下水の過剰な汲み上げにより帯水層（砂れき層等）の水圧が下がり、不透水層（粘土層等）の水が帯水層に絞り出され、その結果、不透水層が収縮して発生すると考えられている。

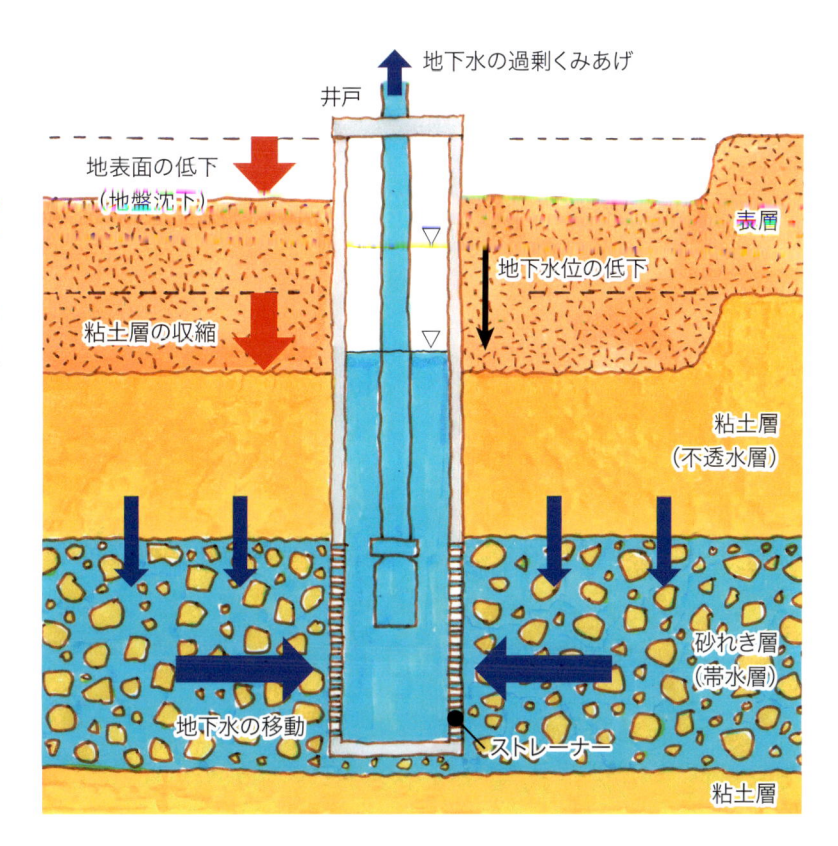

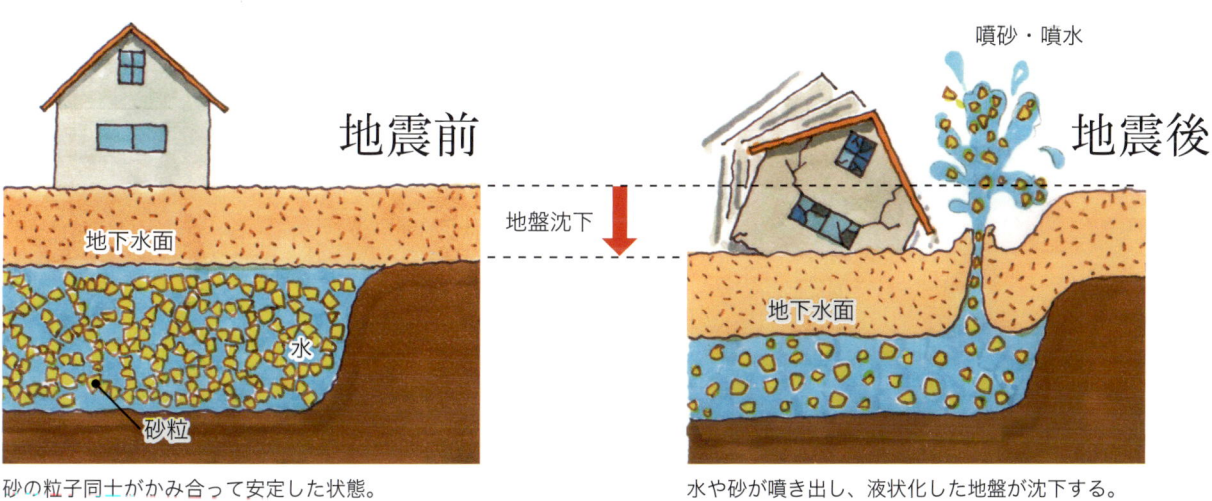

地下水の過剰くみあげ
井戸
地表面の低下（地盤沈下）
表層
粘土層の収縮
地下水位の低下
粘土層（不透水層）
地下水の移動
ストレーナー
砂れき層（帯水層）
粘土層

地震前
地下水面
水
砂粒
砂の粒子同士がかみ合って安定した状態。

地盤沈下

噴砂・噴水
地震後
地下水面
水や砂が噴き出し、液状化した地盤が沈下する。

地震時
地下水面
粒子が離れて水に浮き、泥水化した状態。

液状化

地震の揺れによって、砂粒どうしの骨格がくずれ地下水に浮いた状態となり、地盤が流動化すること。地下水位が高い緩い砂地盤で発生しやすく、構造物が傾いたり、埋設物が浮き上がったり、泥水が噴き出すなどの被害が起きる。

首都圏の液状化予測地図

首都圏での巨大地震発生時に懸念されているのが液状化現象です。
湾岸には埋立地が広がり、内陸にも地盤の弱い地域が存在します。
首都直下地震が起きた場合、東日本大震災以上の被害が発生することは必至。
各自治体では来るべき巨大地震に備え、液状化予測を行っています。

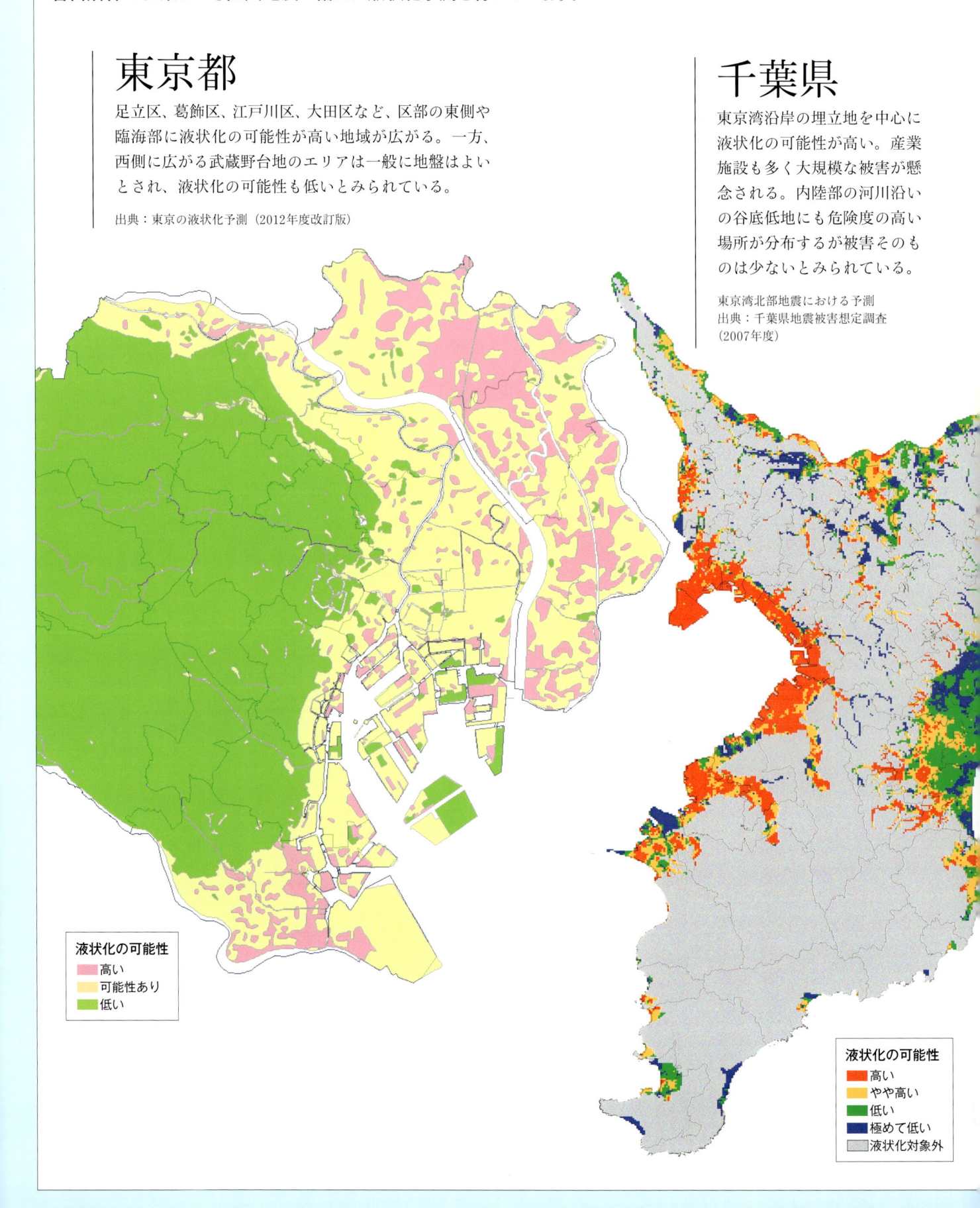

東京都

足立区、葛飾区、江戸川区、大田区など、区部の東側や臨海部に液状化の可能性が高い地域が広がる。一方、西側に広がる武蔵野台地のエリアは一般に地盤はよいとされ、液状化の可能性も低いとみられている。

出典：東京の液状化予測（2012年度改訂版）

液状化の可能性
- 高い
- 可能性あり
- 低い

千葉県

東京湾沿岸の埋立地を中心に液状化の可能性が高い。産業施設も多く大規模な被害が懸念される。内陸部の河川沿いの谷底低地にも危険度の高い場所が分布するが被害そのものは少ないとみられている。

東京湾北部地震における予測
出典：千葉県地震被害想定調査（2007年度）

液状化の可能性
- 高い
- やや高い
- 低い
- 極めて低い
- 液状化対象外

神奈川県

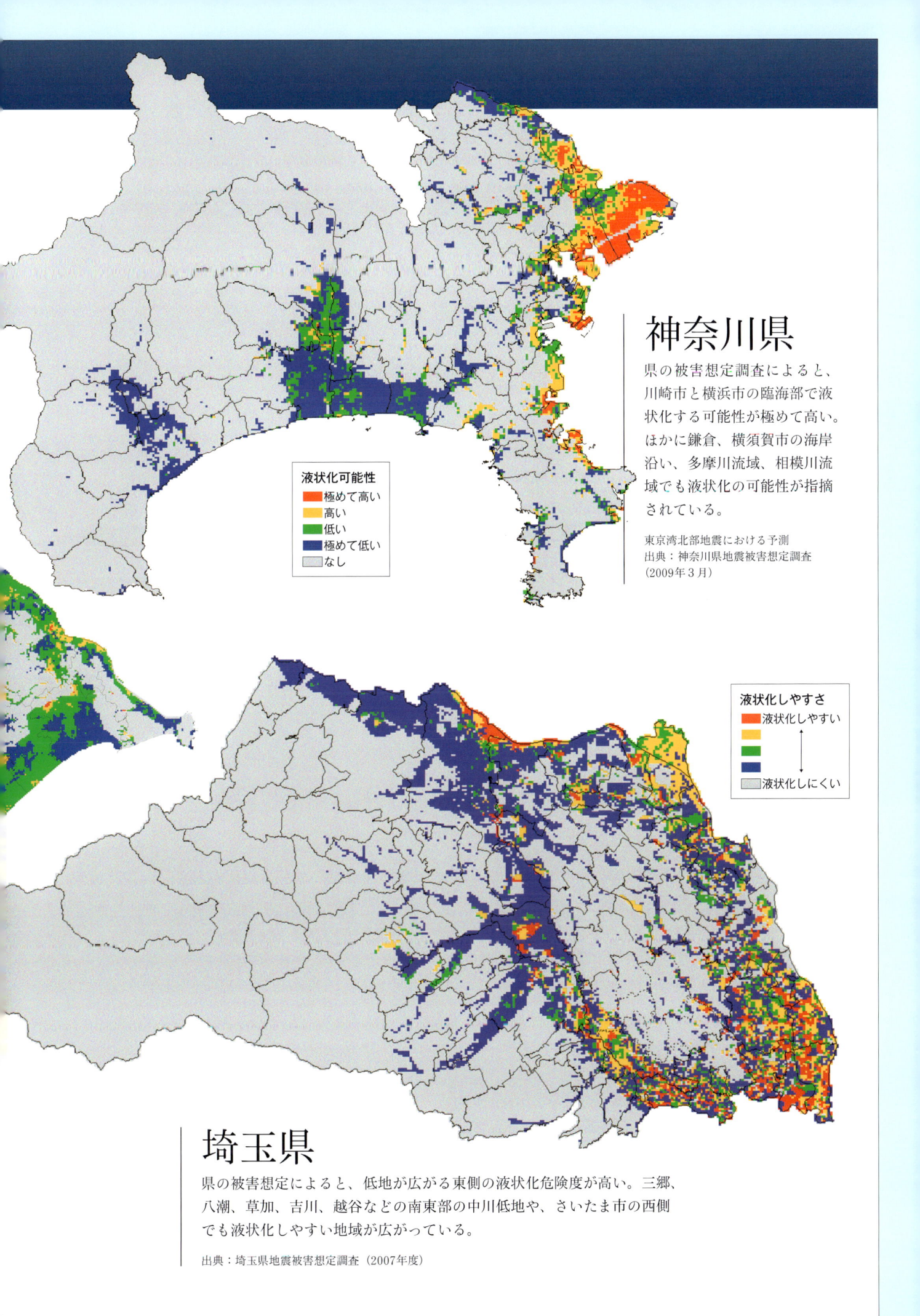

県の被害想定調査によると、川崎市と横浜市の臨海部で液状化する可能性が極めて高い。ほかに鎌倉、横須賀市の海岸沿い、多摩川流域、相模川流域でも液状化の可能性が指摘されている。

東京湾北部地震における予測
出典：神奈川県地震被害想定調査
（2009年3月）

液状化可能性
- 極めて高い
- 高い
- 低い
- 極めて低い
- なし

液状化しやすさ
- 液状化しやすい
- 液状化しにくい

埼玉県

県の被害想定によると、低地が広がる東側の液状化危険度が高い。三郷、八潮、草加、吉川、越谷などの南東部の中川低地や、さいたま市の西側でも液状化しやすい地域が広がっている。

出典：埼玉県地震被害想定調査（2007年度）

首都直下地震の震度予測地図

発生が懸念されている首都直下の大地震。場所とマグニチュードの異なる（M6.8〜7.3）18通りの地震を想定する中で、被害が最も大きな東京湾北部地震（M7.3）の被害想定を首都圏の各自治体（東京都、神奈川県、埼玉県、千葉県）が行っています。その震度予測図を見ると震度6弱以上の揺れが関東の広範囲を襲い、地盤の悪い場所では震度7の激震に見舞われると予測しています。

東京湾北部地震（マグニチュード7.3）

政府の中央防災会議「首都直下地震対策専門調査会」は、想定される首都直下地震タイプの中で、その被害が最も甚大だと考えられる東京湾北部地震を首都直下地震対策の検討の中心に位置づけている。

千葉県

東京湾北部地震が発生した場合、県全体の約40%の地域が震度6弱以上の揺れに襲われると予測されている。とくに埋立地が多く、地盤が脆弱とされる東京湾沿岸は震度6強を示す濃い黄色の地域が広がっている。

出典：千葉県地震被害想定調査（2007年度）

埼玉県

24市区町が最大震度6強の激震に見舞われると予測。震度6強の領域は集中しておらず、地盤が悪く揺れやすい箇所に点在している。三郷、八潮、草加など東京に隣接する南東部が全体的に揺れが大きく、西部ほど揺れが小さい。

出典：埼玉県地震被害想定調査（2007年度）

東京都

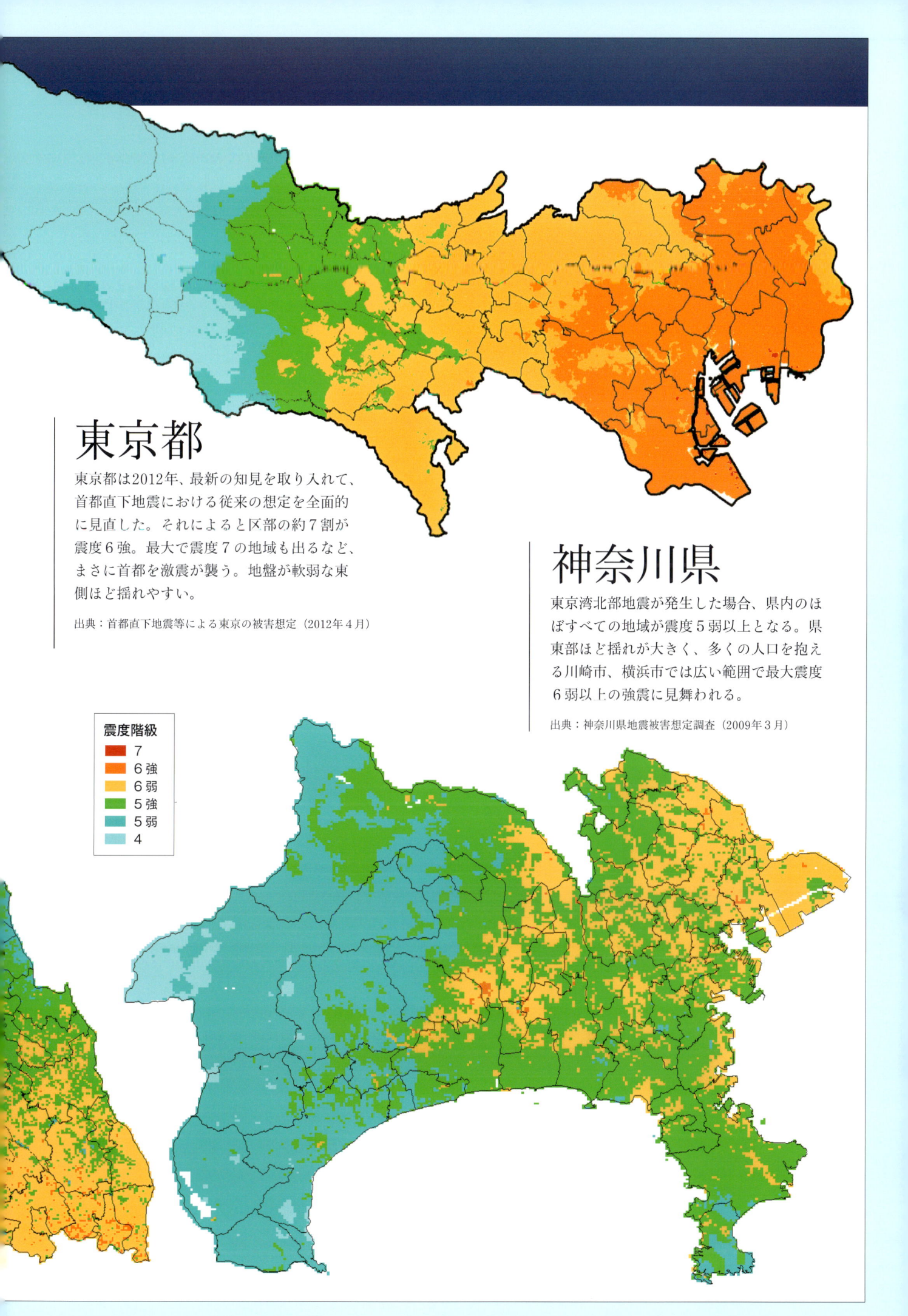

東京都は2012年、最新の知見を取り入れて、首都直下地震における従来の想定を全面的に見直した。それによると区部の約7割が震度6強。最大で震度7の地域も出るなど、まさに首都を激震が襲う。地盤が軟弱な東側ほど揺れやすい。

出典：首都直下地震等による東京の被害想定（2012年4月）

神奈川県

東京湾北部地震が発生した場合、県内のほぼすべての地域が震度5弱以上となる。県東部ほど揺れが大きく、多くの人口を抱える川崎市、横浜市では広い範囲で最大震度6弱以上の強震に見舞われる。

出典：神奈川県地震被害想定調査（2009年3月）

震度階級
- 7
- 6強
- 6弱
- 5強
- 5弱
- 4

南海トラフ地震の震度予測地図

首都直下地震と同様に発生が懸念されているのが、南海トラフ沿いの巨大地震です。駿河湾から九州東方沖まで続く南海トラフ沿いにM9クラスの巨大地震が発生すると、関東から九州まで広範囲が強い揺れに見舞われます。津波の発生も懸念され、最悪のケースでは、32万人を超える死者が発生すると予測されています。

南海トラフ地震の震度分布

政府の中央防災会議が発表した震度の最大値の分布図がこれだ。東海や四国には震度7のエリアも点在する。東海から西日本の太平洋側を中心に、広範囲で震度6弱以上の揺れが予想されている。

出典：中央防災会議「南海トラフ巨大地震の地震像」
（2013年5月）

震度階級
- 7
- 6強
- 6弱
- 5強
- 5弱
- 4

東京都の震度分布

ほとんどの地域が震度5強以下。ごく一部の地域が震度6弱となると予測。首都直下地震よりは揺れが弱い。

出典：東京都防災会議「南海トラフ巨大地震等による東京の被害想定について」
（2013年5月）

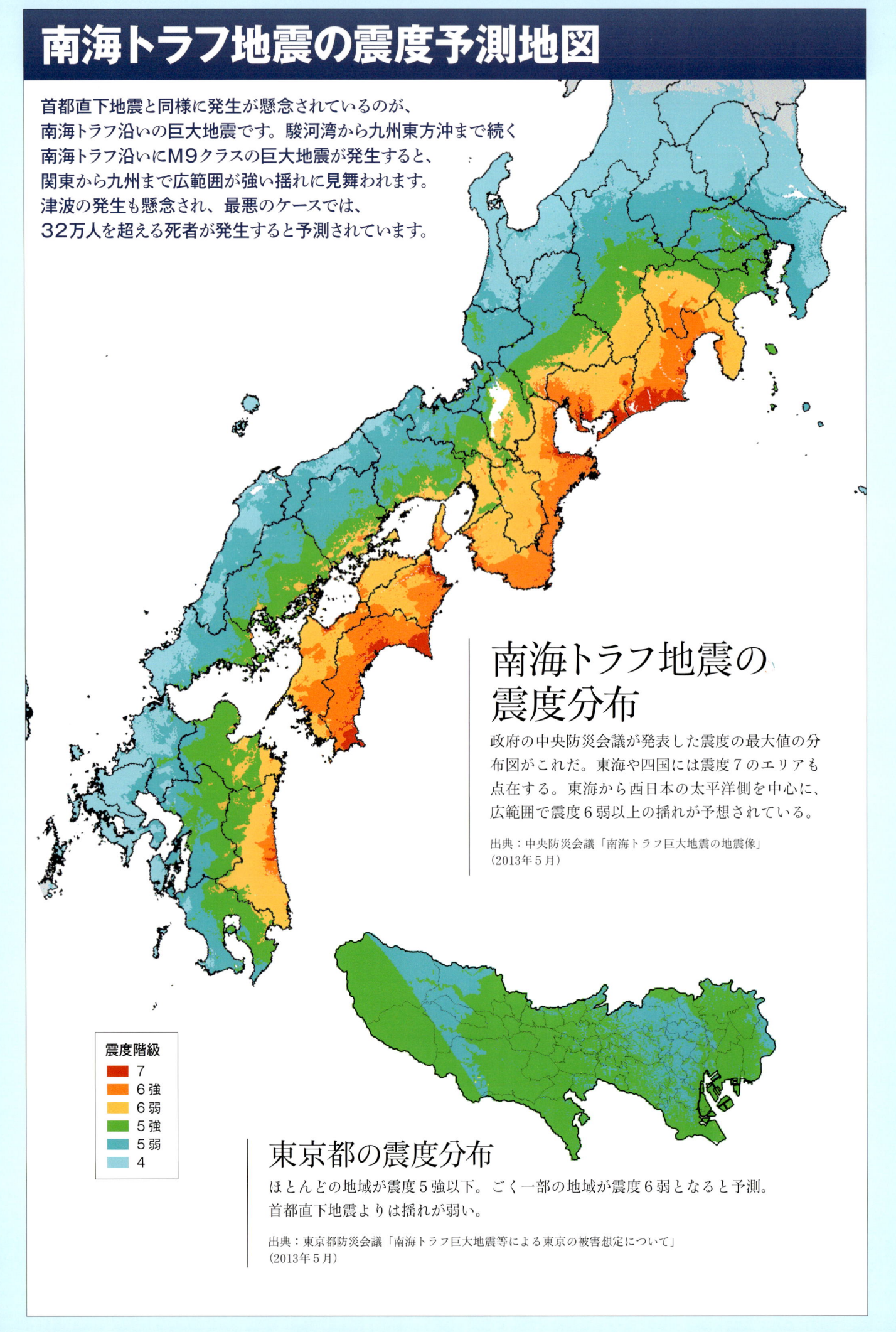

縄文海進と首都圏の地形

本書の「土地条件図」「旧版地図・揺れやすさ評価図」の解説では、今日の首都圏の地形の形成に関わる「下末吉海進」「縄文海進」、地層の違いとして「多摩面」「下末吉面」「荏原台」「淀橋台」「武蔵野面」「立川面」といった言葉が出てきます。これらは、住む土地の揺れやすさに関わる地盤の違いを理解する上で知っておきたい言葉です。

首都圏の地形は、最も高い関東山地から、丘陵、台地と低くなって、そして東京低地が最も低くなっています。これは、地形が形成された年代の順番でもあり、地盤の固さの順番でもあります。揺れやすさは、この逆の順番となり、低地が最も揺れやすく、山地が最も揺れにくいということになります。

本書に登場する多摩丘陵をはじめとする丘陵は、多摩面と呼ばれ、約70万年前頃に、海底に堆積していた地層（上総層群）が隆起して造られました。

武蔵野台地は、約13万年前の最終間氷期に起こった下末吉海進によって、そこが海だった時代に海底に堆積した地層からできています。「海進」とは、温暖化などの影響で海面が高くなり、海水が陸地奥深くへ浸入する現象を指します。下末吉海進では、海面が現在より5〜10メートル高くなり、関東平野の広い範囲が浅い海（古東京湾）になっていたと考えられています。

そしてその後、約7万年前に始まった最終氷期における海退期に、海面が下がってこの地層は陸地化しました。陸地化によって海成堆積物が川に削られ、段丘が形成されます。段丘の下には川によって運ばれた堆積物やローム層が蓄積されて、新たな地層となります。このとき侵食されずに残って段丘化したところが下末吉面（地図番号59の解説でもふれましたが、最初に調査された横浜市鶴見区の下末吉地域にちなんで名付けられた）です（東京では淀橋台、荏原台と呼ばれています）。その後、侵食による段丘の形成と新たな地層の堆積が何段階かに分かれて進み、武蔵野面、立川面も形成されました。

最終氷期は約1万年前に終了し、その後の温暖化によって海面が上昇して行きました。約6000年前の縄文時代前期にピークを迎え、海面が今より2〜3メートル高い位置に上昇し、海は平野部深くまで入り込み奥東京湾を形成していました。縄文海進と呼ばれる海進です（本頁の地図は縄文時代の貝塚の位置をもとに作成された縄文海進期の首都圏）。この海進は東京の有楽町で最初に調べられたこともあり、「有楽町海進」、あるいは「完新世海進」とか「後氷期海進」などと呼ばれることもあります。

東京低地は、この海進によって海底に堆積された地層（沖積層）からできています。その後海面は現在の高さまで低下し、かつての入り江は堆積物で埋積されて、比較的広く低平な沖積平野を作りました。この地層は、その後の海退による陸地化から時間が経っていないので地盤が軟弱です。

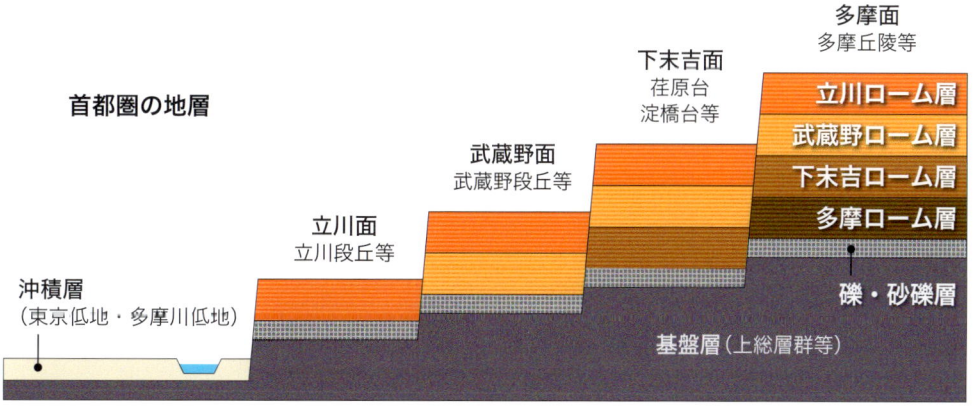

首都圏の地層

縄文海進図　出典：東木龍七「地形と貝塚分布より見たる関東低地の旧海岸線」地理学評論（1926年）より作成。

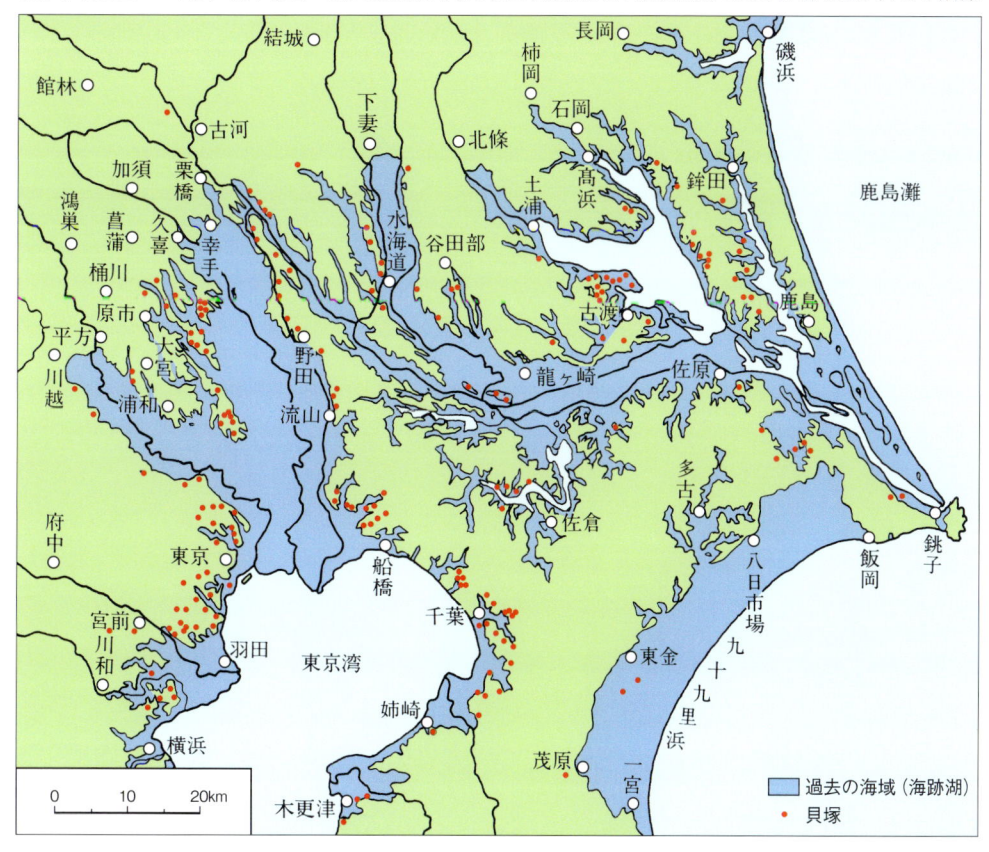

139

首都大地震 揺れやすさマップ
東京23区・横浜・川崎・千葉・松戸・大宮・浦和など60地域

■ 監修者紹介

目黒公郎（めぐろ・きみろう）

東京大学生産技術研究所都市基盤安全工学国際研究センター長／教授。東京大学大学院情報学環総合防災情報研究センター教授。

中央防災会議専門委員ほか、多数の省庁や自治体、ライフライン企業等の防災委員、国際地震工学会「世界安全推進機構」理事、日本自然災害学会理事、地域安全学会理事、日本地震工学会理事、日本活断層学会理事などを歴任。

専門は、都市震災軽減工学、防災戦略論。構造物の破壊シミュレーションから防災の制度設計まで幅広く研究。途上国の地震防災の立ち上げ運動にも参加。内外の30を超える自然災害・事故の現地調査を実施。「現場を見る」「実践的な研究」「最重要課題からタックル」をモットーとする。

主な編著書は『被害から学ぶ地震工学―現象を素直に見つめてー』（鹿島出版会）、『地震のことはなそう（絵本）』（自由国民社）、『東京直下大地震 生き残り地図』、『間違いだらけの地震対策』（以上、旬報社）、『ぼくの街に地震がきた（コミック）』、『じしんのえほん（絵本）』（以上、ポプラ社）、『大地震 死んではいけない』（アスコム）、『緊急地震速報』（東京法令出版）など多数。

■ 執筆者

遠藤宏之（えんどう・ひろゆき）
本書地図面8～127頁解説執筆

地理空間情報アナリスト。地図会社を経て、現在は「GIS NEXT」副編集長。土地条件図の作成にも従事した。主な著書に『地名は災害を警告する』（技術評論社）、『みんなが知りたい地図の疑問50』（共著・ソフトバンククリエイティブ）など。

■ 編集協力

熊谷 満

■ デザイン・地図制作

株式会社ネオプラン
アートディレクション　河田 純
デザイン　天川真都・猿田雅彦

■ 地図制作協力

株式会社東京地図研究社

■ イラストレーション

日野浦剛

■ 協力

東京ガス株式会社
京葉ガス株式会社
株式会社ティージー情報ネットワーク

＊本書に掲載した現在の地図は北海道地図株式会社の「GISマップシリーズ」を使用して作成した。
＊この地図の作成に当たっては、国土地理院長の承認を得て、同院発行の2万5千分の1地形図を使用した。（承認番号 平24情使、第244-30785号）
＊本書に掲載した旧版地図は、国土地理院長の承認を得て、同院発行の2万5千分の1地形図を複製したものである。（承認番号 平25情複、第261号）
＊本書に掲載した地図を複製する場合には、国土地理院の長の承認を得なければなりません。

首都大地震 揺れやすさマップ

2013年10月15日　初版第1刷発行

監修者　目黒公郎
発行者　木内洋育
発行所　株式会社旬報社
　　　　〒112-0015 東京都文京区目白台2-14-13
　　　　TEL.03-3943-9911　FAX.03-3943-8396
　　　　ホームページ　http://www.junposha.com/
印刷製本　株式会社光陽メディア

© Kimiro Meguro, Hiroyuki Endo, Neoplan Inc 2013,
Printed in Japan
ISBN978-4-8451-1326-2 C2036

いかなる形式においても著作権者に無断で本書に掲載された記事、地図、図版、写真の無断転載・模写を禁じます。乱丁・落丁本は、お取り替えいたします。

＊本書に関するご質問につきましては、本書に記載されている内容に関するもののみとさせていただきます。内容と直接関係のないご質問につきましては、一切お答えできませんので、あらかじめご了承ください。また、電話、メール、ファクスでのご質問は受け付けておりませんので、書面にて小社企画編集部までお送りください。なお、ご質問の際には、本書名と該当頁・箇所、返信先を明記してください。ご質問には、迅速にお答えするよう努力しておりますが、時間がかかる場合もございますこと、ご了承くださいますようお願いいたします。